KB034372

보이는 대로 믿으면 바보 되기 딱 좋은

문명사회?
문맹사회!

보이는 대로 믿으면 바보 되기 딱 좋은

문명사회?
문맹사회!

지은이 | 김헌식·양정호

펴낸곳 | 북포스
펴낸이 | 방현철

편집자 | 공순례
디자인 | 엔드디자인

1판 1쇄 찍은 날 | 2017년 3월 23일
1판 1쇄 펴낸 날 | 2017년 3월 30일

출판등록 | 2004년 02월 03일 제313-00026호
주소 | 서울시 영등포구 양평동5가 18 우림라이온스밸리 B동 512호
전화 | (02)337-9888
팩스 | (02)337-6665
전자우편 | bhcbang@hanmail.net

이 도서의 국립중앙도서관 출판시도서목록(CIP)은 e-CIP 홈페이지(http://www.nl.go.kr/ecip)와
국가자료공동목록시스템(http://www.nl.go.kr/kolisnet)에서 이용하실 수 있습니다.
(CIP제어번호: CIP2017005931)

ISBN 979-11-5815-006-8 03300
값 18,000원

"한국출판문화산업진흥원의 출판콘텐츠 창작자금을 지원받아 제작되었습니다"

보이는 대로 믿으면 바보 되기 딱 좋은

문명사회?
문맹사회!

| 김헌식 · 양정호 지음 |

북포스

당연하다고 생각했던 것, 정말 당연할까?

철학자이자 심리학자인 에리히 프롬(Erich Fromm)은 고통만큼 쾌락이 따른다고 했다. 꼬집히면 아프지만, 아픈 만큼 시원하기도 하다. 물론 그것은 제대로 꼬집었을 때다. 시원하지 않다면 잘 꼬집지 못한 셈일 것이다. 꼬집는 목적은 혼자 즐겁자는 것이 아니라 함께 즐거워하자는 것이다. 일방적인 것이 아니라 서로 즐겁고 행복한 방향을 모색해보자는 것이다. 그것이 비평을 통해 꼬집는 이유다. 이 책을 쓴 목적이자 이유가 이것이다. 어떻게 보면, 꼬집는다기보다는 긁어준다는 말이 정확할지 모르겠다. 잘 긁어주면, 시원한 법이다. 여기에서 다룰 내용도 그러하리라 생각한다.

이 책은 우리가 당연시하는 생각이나 인식을 다시 한 번 되짚는다. 옳거나 그르다는 가치맥락적 측면이 아니라 이런 면도 숨겨져 있다는 점을 함께 생각해보자는 뜻을 담았다. 겉으로 드러난 것과 달리 안으로 숨겨진 행간의 의미를 해석하고 바람직한 방향성도 모색해보자는 것이다. 다만, 혼자만의 생각은 억제하고 집단 지성의 면모를 갖추고자 했다. 혼자만의 주관이나 아집을 통해서 각각의 현상을 꼬집는 것에 머물지 않고, 여러 사람의 생각이나 사유를 통합하여 응집하고자 했다. 이를 위해 정치학, 사회학, 의학, 심리학, 경제학, 정책학, 과학 실험에 이르기까지 다양한 학술적 견해와 연구 결과도 인용했다.

1장에서는 일상생활에서 우리가 끊임없이 마주치는 화두나 이야깃거리를 다루었다. 특히 개인적인 라이프 스타일과 그것이 앞날에 미칠 영향을 살폈다. 남녀 관계는 물론 처세적인 담론까지 적극 수용했다. 2장에서는 우리를 둘러싸고 벌어지는 사회·문화적인 현상들을 개인적인 의사선택과 연결하여 살폈다. 특히 섹슈얼리티(sexuality)와 관련한 내용을 좀더 강조했다. 근래의 사회적 이슈를 반영하다 보니 아마도 가장 많은 이야깃거리가 여기에 속할 수밖에 없을 듯싶다. 3장은 '현시대의 여성은 과연 약자라고 할 수 있는가'라는 결코 가볍지 않은 사회적 성 평등에 대한 고민의 흔적이다. 남녀 문제는 정치와 종교라는 주제와 맞먹을 정도로 소통이 잘될 것 같으면서도 오해와 불신을 낳을 여지가 큰 분야다. 특히 저성장 시대에 경제 문제와 맞물리면서 여성의 성적 정체성은 남성의 성적 역할을 능가하(려)는 현상을 낳고 있다. 따라서 남녀의 역할 재정립에 대한 고민이 그 어느 때보다 필요한 시대에 살고 있음을 다양한 소주제를 통하여 전달하려고 하였다. 4장에서는 저성장 경제, 취업, 고용 문제를 중심으로 다루었다. 이 부문은 따로 구성할 필요가 있을 만큼 다양하지만 상징적인 차원에서 몇 가지 소재를 추려 정리했다. 5장에서는 정치와 제도를 다루었다. 선거 행태와 리더십의 유형 그리고 제도 도입을 위한 전제조건들을 살폈다. 정치는 논쟁이 다층적이기 때문에 짧은 글로 담아낼 수 없는 측면이 있고, 많은 양을 구성하면 독자들이 부담을 느낄 수도 있기 때문에 상징적인 소재를 중심으로 골라 배치했다.

무엇인가를 지적한다는 것은 반대로 지적을 당할 수 있다는 의미도 함께 있다. 이 책은 많은 현상이나 화두를 지적하고 때로는 비판했다. 당연히 그에 상응하여 지적을 당하고 비판을 받을 수도 있을 것이다. 이때의 비판은 당연시되는 일상의 행간을 제대로 꿰뚫어

봄으로써 나오는 피드백일 것이다. 이 책이 독자들에게 그러한 성
찰적이고 자성적인 셀프 피드백의 계기를 선물했으면 한다.

1장

나와 내 주변

친구에게 털어놓으면
치유가 될까?

　미국의 한 연구팀이 신체 건강한 대학 2학년 남학생 268명을 대상으로 장수 비결에 대해 연구했다. 1940년부터 72년이라는 시간을 들여 출생 배경, 사회적 지위, 개인 재산 등을 추적 조사했다. 그 결과 남성의 장수에 영향을 미치는 결정적인 요인은 바로 행복한 결혼, 친구 간의 우정, 애완견이라는 결론을 얻었다. 무엇보다 연구팀은 "두터운 우정은 행복을 가져다줌과 동시에 건강에도 이로워 장수할 수 있게 해준다"라고 밝혔다. 그중에는 31명의 독신이 있었는데, 그 가운데 4명만이 2012년 당시까지 건강하게 살고 있는 것으로 나타났다. 이는 혼자 사는 것이 장수에 불리함을 단적으로 증명해주었다. 연구팀은 "친한 친구가 있는 사람들은 3분의 1 이상이 아직도 건

강한 체력을 유지하고 있는 것으로 나타났다"고 밝혔다.

가까운 거리에 친구를 두면 장수한다거나 많은 사람과 유대를 맺을수록 장수한다는 연구 결과는 이 외에도 많다. 이러한 연구들 때문인지 장수하려면 친구를 두어야 한다는 생각이 많아졌다. 대화를 나눔으로써 일상에서 받는 여러 가지 스트레스를 풀 수 있어 '많은 친구=장수'라고 간주하는 인식도 흔해졌다. 이런 맥락에서 볼 때, 스트레스를 풀기 위해 친구들과 수다를 떨거나 분노한 일을 털어놓으면 속이 시원해지고 받은 상처가 다 치유될 듯싶다. 그렇게 되었을 때 장수가 가능한 것 아닌가.

대화만으로 상처가 사라질까? _____

중증의 상처라면 단순히 털어놓는다고 해서 해결되지는 않는다. 화재 현장에 출동한 한 경찰관의 이야기를 해보겠다. 그는 친구가 처참하게 불에 타 숨지는 걸 속수무책으로 지켜봐야 했다. 이후 그는 심한 정신적 외상으로 잠을 잘 수도 먹을 수도 없었다. 그에게 곧바로 '위기 상황 스트레스 해소 활동(CISD)' 참가 처방이 내려졌다. 이 프로그램은 일반인들도 익히 알고 있다. 영화나 드라마에 자주 등장하기 때문이다. 참석자들은 자신의 감정을 격하게 털어놓는다. 그리고 이에 대해서 공감해주거나 서로 이야기를 나눈다. 미국에서 공인된 기법이어서 많은 매체에 자주 등장했다. 또한 전문가들 앞에서 당시의 상황이나 느낌을 털어놓는 장면도 많이 볼 수 있다. 과연 이

기법으로 그 경찰관을 치유할 수 있었을까? 결과는 그렇지 못했다는 것이다. 화재 뒤 4년이 지나도록 그는 친구의 처참한 이미지를 머릿속에서 지우지 못했다. 그러나 그는 글쓰기를 통해 비로소 그 아픈 기억을 지우고 상처를 치유할 수 있었다. 그는 홀로 책상 앞에 앉아 당시의 상황을 차분히 적어 내려가기 시작했고 이를 통해 치유의 계기를 마련했다.

미국 버지니아대 심리학 교수인 티모시 윌슨(Timothy D. Wilson)은 《스토리: 행동의 방향을 바꾸는 강력한 심리 처방》에서 이 같은 처방을 제시했다. 그 경찰관은 며칠 밤에 걸쳐 당시 체험에 대한 가슴속 깊은 생각과 감정, 그리고 자기 삶과의 연관성을 직접 글로 썼다. 훈련된 진행자들의 도움도 필요 없었다. 그냥 그 혼자 나흘 밤 정도 글을 쓴 것이 전부였다. 사회심리학자 제임스 페너베이커(James W. Pennebaker)가 개척한 것이 이 글쓰기 요법이다. 이 요법은 단지 외상을 극복하는 데에만 적용되는 것이 아니라 심리적 역량을 확장하는 데에도 대안을 제공해준다.

나를 바라보는 글쓰기 _____

백인과 흑인 학생들이 거의 반반인 뉴잉글랜드 중학교에서 새 학기에 15분 동안 글쓰기를 했다. 친구나 가족과의 관계, 종교, 음악, 정치 등 아이들이 가치 있게 여길 만한 것들의 목록을 주고 자신에게 가장 중요한 두세 가지를 선택하게 했다. 그다음 그것이 자신에게 왜 중요한지 이유를 적게 했다. 그런 과정을 3~5차례 반복했다. 단지 그렇게만 했을 뿐인데 그 학생들은 그냥 일상적 주제로 작문한 대조군의 학생들에 비해 성적이 높았다. 한 번만 그런 것이 아니라 2년 동안 월등히 높은 성적을 받았다. 이는 단지 원상태로 복귀하는 것을 넘어 자아의 확장이 이루어질 수 있도록 하는 긍정심리학의 관점이기도 하다.

이것이 '스토리 편집(story editing) 접근법'이다. 여기에서 스토리 편집은 재미난 이야기가 아니라 개인적 내러티브(personal narrative), 곧 자신에게 의미 있는 방식으로 세상을 해석하고 재구성하는 것을 말한다. 자기 세계관이나 인생관의 재해석·재구성이다. 이는 독일계 미국인 심리학자 쿠르트 레빈(Kurt Lewin)의 이론을 확장한 것이다. 그는 사람들이 어떤 행동을 하는 이유를 이해하려면 그들의 눈을 통해 세상을 바라보고 그들이 상황을 어떻게 파악하는지 이해해야 한다고 했다. 그런 다음 거기에 대한 간단한 개입만으로도 그들의 관점과 행동, 나아가 삶 전체를 새롭게 바꿀 수 있다는 것이다. 그냥 글쓰기만 하는 것에서 벗어나 일정하게 유도하면 다른 효과를 낼 수 있다. 사람들을 특정한 내러티브 경로로 유도해 자기 파괴적인 사고 패턴에서 벗어날 수 있도록 변화의 단서를 갖게 '개입'하는 것이다. 개입은 '최소 충분 원리'를 따라야 한다. 윌슨은 뇌 신경 퇴행으로 중년에 사망하는 불치의 유전병인 헌팅턴병 유전자를 지닌 사람도 스토리 편집을 통해 삶의 의미를 재구성하면 행복해질 수 있다고 말했다.

어쨌든 중요한 것은 자신의 억울함과 고통을 누군가에게 그냥 털어놓는다고 해서 자연스럽게 외상이 치유되지는 않는다는 것이다. 누군가가 그 털어놓음에 공감한다고 해서 해결되는 것은 없다. 차라리 자신이 스스로 차분히 정리하는 것이 더 낫다. 친구들 간에 이야기를 들어주느라 시간을 많이 쓰는 것에 비해 오히려 효과가 높으면서 서로에게 부담을 줄 염려도 없다. 누군가에게 고통이나 상처에 관한 이야기를 털어놓고 나면, 그 사람에게는 계속 그런 이야기를 털어놓게 된다. 잘못하면 둘 다 상처가 깊어질 수 있다.

자기 스스로 자신감을 부여하는 것을 말하는 자기계발서는 더 무용하다는 주장도 있다. 스티브 샐러노(Steve Salerno)는 《SHAM: 자기계발 운동이 어떻게 무력한 미국인을 만들었는가(SHAM: How the Self-Help Movement Made America Helpless)》에서 처세서들의 한계를 19세기 약장수에 비유한 바 있다. 일시적으로 기분을 좋게 하지만 고통의 원인을 치유하진 못한다는 의미다. 근본적인 해결책은 없고 위약(僞藥) 효과만 준다는 점을 꼬집은 것이다.

말과 글의 차이 _____

글을 쓰면 치유 속도가 3배나 빨라지는 것으로 나타났다. 영국 글래스고 칼레도니언 대학교 일레인 던컨(Elaine Duncan) 박사 팀은 농구, 축구 등 운동 경기를 하다가 부상을 당해 뛰지 못하는 19~34세

학생 46명을 대상으로 글쓰기를 시켰다. 연구진은 대상자를 두 그룹으로 나누어 첫 그룹에는 운동 때 어떻게 다쳤는지, 지금 기분은 어떤지를 매일 쓰도록 했다. 두 번째 그룹에는 일기를 쓰지 않게 했다. 5주 뒤 근육 회복률을 관찰했더니 일기를 쓴 그룹은 9%였던 데 비해 글을 쓰지 않은 그룹은 3%였다. 연구진은 매일 자신의 생각을 쓰면서 스트레스를 마음속에 담고 끓게 한 것이 아니라 정면으로 응시하고 감정을 정리하면, 스트레스 정도가 낮아지고 염증 반응도 줄어들기 때문에 이처럼 빠른 회복 속도가 나타나는 것이라고 했다.

왜 이런 현상이 일어나는 것일까. 말을 하면 감정은 증폭된다. 감정이 증폭되면 분노는 더 일어난다. 분노가 일어나면 상처가 더 깊어진다. 누군가 그것에 이의를 제기하면 섭섭해지는 한편, 공감을 해주면 불에 기름을 붓는 격이 된다. 자신의 감정을 드러내야 하므로 상황이 압축되고 극단화된다. 하지만 글을 쓰면 전체 내용을 다 쓸 수 있고, 정리하는 가운데 스스로 마음이 가라앉는다. 또한 앞으로 어떻게 해야 할지도 가늠할 수 있게 된다.

물론 여기에서 말하고자 하는 것이 글쓰기가 만능이라는 의미는 아니다. 친구를 두면 장수한다. 하지만 그 친구에 너무 의존하면 의가 상할 수도 있다. 도움을 얻으려 하면 할수록 그 도움은 부메랑의 효과를 낳게 된다. 그래서 격의 없는 친구를 옆에 두는 것은 쉽지 않은 일이다. 친구를 감정을 해소하는 도구로 사용하느니 홀로 펜을 들어 그 감정을 종이 위에 내려놓는 것이 낫다. 그럴 때 자신을 구하고 친구도 구할 수 있다. 필담을 하는 친구 사이도 좋을 것이다. 역사 이래로 좋은 친구들은 편지를 주고받지 않았나.

포커페이스가
성공하는 이유

　의사, 판사, 변호사, 약사, 교수, 아나운서, 연예인, 공무원…. 이들의 공통점은 사람들이 선호하는 직종이라는 것이다. 이런 직업에 종사하는 사람들을 좋아하는 이유는 부와 명예가 주어지기 때문일 것이다. 그리고 많은 이들이 이 직업군에 속하는 사람들을 찾기 때문일 것이다. 많은 사람이 찾는다는 것은 그만큼 영향력이 있다는 얘기다. 그 영향력을 유지하는 비결은 뭘까? 바로, 감정을 절제하는 것이다. 이를 일컬어 우리는 '감정노동'이라고 한다. 자신의 감정을 그대로 드러내는 것이 아니라 감정을 숨겨야 하는 노동을 일컫는다.

　감정노동이라는 단어는 앨리 러셀 혹실드(Arlie Russell Hochschild) 캘리포니아 주립대 사회학과 교수가 1983년 《감정노동(The

Managed Heart)》에서 처음 사용했다. 그가 이 책에서 말하고 싶었던 것은 웃음까지도 상품으로 파는 사회에 대한 비판이었다.

감정노동, 그리고 포커페이스 _____

독일이나 일본 등지에서는 감정노동으로 인한 질병을 산업재해로 인정하고 있다. 독일에서는 지난 10년간 심리적인 문제로 인한 병가가 약 2배 증가한 것으로 밝혀졌다. 2001년에는 3,360만 명이 심리적인 문제로 병가를 냈지만, 2010년 이 수는 5,350만 명으로 늘었다. 특히 의료 서비스, 사회복지, 교육 분야에서 증가세가 두드러졌다.

1997년 독일 연방법원 판결은 노동 보호에서 건강의 개념은 노동자의 심리적인 건재를 포함한다며 심리적 부담에 대한 보호 의무를 명확히 한 바 있다. 독일 정부는 심리적인 부담이란 "인간의 외부로부터 오며, 그에게 심리적으로 효과를 미치는 것으로 파악될 수 있는 영향들의 전체"라고 규정했다. 시간적 압력, 노동 강도, 고객관계에서의 어려움과 함께 감정노동도 이에 속한다.

그런데 감정노동 가운데에서 가치중립적이거나 감정에 치우치지 말아야 하는 직업이 있다. 이러한 직종에 속하는 것을 포커페이스 (poker face) 직업이라고 칭한다. 의사, 판사, 변호사, 저널리스트 등이 여기에 속한다. 포커페이스는 말 그대로 포커판에서 유래했다. 포커를 할 때 자신이 가진 카드의 좋고 나쁨에 따라 감정이 일어나지만, 이를 상대편이 눈치채지 못하도록 표정을 일정하게 유지하는 것을 말한다. 물론 이를 잘할수록 자신이 가진 패에 대한 힌트를 주지 않고 이길 가능성이 커진다.

그런데 이런 포커페이스 직종에 속하는 사람들은 다른 서비스업에서 일하는 사람보다 더 극도의 피곤함을 느끼고 업무의 효율도 낮다는 연구가 나왔다. 자신의 감정을 숨기는 데 힘을 많이 들여야 하기 때문이다. 〈응용심리학 저널(Journal of Applied Psychology)〉에 실린 논문에서 미국 라이스대학교의 다니엘 빌(Daniel J. Beal) 교수와 퍼듀대학교 및 토론토대학교 공동 연구팀은 조사원들을 두 그룹으로 나누고 사람들에게 설문조사를 하도록 했다. 한 그룹에게는 특정 대상(단체)에 대해 좋게 생각하도록 친절하게 행동하도록 했다. 그리고 다른 그룹에게는 중립적인 태도를 유지하도록 했다. 다만, 설문에 응답하는 사람들이 불편하지 않도록 하게 했다.

그 결과 후자, 즉 자기 감정을 억압해야 하는 그룹에게는 훨씬 더 많은 노력이 필요하다는 점이 발견됐다. 그래서 설문조사 업무 자체에 대해 지속력이 줄었다. 포커페이스를 잃지 않는 직원을 대하는 사람들은 덜 친근하게 느꼈고 서비스 질이 낮다고 여겼다. 그 직원이 속한 기관에 대해 좋게 보는 감정도 적었다.

선망되는 직업의 그늘 _____

특정 직업에서 중립적인 감정을 취해야 하는 이유는 첫째, 객관성과 신뢰감을 주고, 둘째, 상황을 차분하게 유지하며, 셋째, 다른 사람을 흥분시키는 것을 방지할 수 있기 때문이다. 대체로 진지하고 중요한 사안을 다루기 때문에 감정을 절제하는 것이 문제와 상황을 무게감 있게 컨트롤할 수 있게 한다. 너무 친절한 감정이나 호의를 나타내는 것도 문제를 해결하는 데에는 도움이 되지 않을 수 있다. 예컨대 질병 치료가 안 되거나 위험이 따르는 사안일 때, 의사나 간호사가 친절하게 대할 경우 사태를 악화시킬 수 있다. 급변의 위기 상황일 때는 리더십을 강력하게 발휘해야 하는 상황도 빈번하기 때문이다. 마음속으로는 감정이 있을 수 있지만 그 감정을 드러내는 것이 여러 사람에게 도움이 되지 않기 때문에 억제를 해야 한다.

인간적인 측면에 강한 사람들은 이런 포커페이스 직종에 종사하기가 더욱 힘들 수 있다. 인간적인 의사, 인권을 우선하는 법조인, 사회정의를 위해 분투하는 저널리스트가 그럴 것이다. 차라리 돈만 밝히는 전문 직업인이라면 덜할 수 있는데 인간적인 면모까지 갖추어야 한다면 더욱더 힘들 것이다. 어떤 때는 인간적이어야 하고 어떤 때는 중립적인 표현을 해야 하기 때문이다. 전문 지식이나 경험보다 이런 태도가 중요한 것은 결국 사람을 많이 대하는 직업이기 때문이다.

그러나 보통 이러한 스트레스와 부담에 대해서는 잘 인식하지 못하는 경향이 있다. 돈을 많이 벌고, 안정적이고, 사회적 지위와 명예를 갖게 된다는 점을 강조할 뿐이다. 특정 직업에만 한정되지 않고 대개 남들에게 선망의 대상이 되는 직업은 이러한 감정노동의 그늘이 상존할 수 있음을 예상하고 선택하여야 한다. 사람들에게 영향력을 행사하는 모든 직업은 이러한 운명 속에 있다.

정신일도 하사불성은
가능한가

돈이 많으면 무리하여 일을 하지 않아도 되고, 좋은 음식을 먹고, 쾌적한 환경 속에서 생활할 수 있을 듯싶다. 병이 나면 즉각 의료 서비스도 받을 수도 있다. 그런데 관련 전문가들의 의견에 따르면 장수를 하는 사람은 돈이 많은 사람도, 유전적으로 건강한 사람도 아닌 자기 통제력이 강한 사람이라고 한다. 건강한 사람도 통제력이 없으면 건강을 해치기 쉽다. 건강하게 사는 방법을 우리는 잘 알지만 그것을 추구하면서 살기에는 유혹의 인자가 참 많다. 유혹의 인자를 잘 통제하는 것이 성공과 건강과 장수의 길로 인도하는 것이다.

실제 한 연구를 보면 스스로를 잘 통제하여 목표를 이루는 사람은 장수하는 경향이 있는 것으로 나타났다. 〈건강심리학 저널(Journal of Health Psychology)〉에 소개된 내용을 보면 학력이 높은 사람보다 통제력이 강한 사람이 장수했다. 미국의 브랜다이스대학교와 로체스터대학교, 독일의 경제연구소 등 합동 연구팀은 미국 전역에서 건강 조사에 응한 6,000명의 데이터를 분석하여 이런 결과를 얻었다. "학력이 낮더라도 스스로 절제하고 통제하는 '마인드 컨트롤' 능력이 강하다면 그렇지 않은 사람에 비해 수명이 훨씬 길다."

이전에는 고등학교나 그 이하의 학력을 가진 사람들은 대학교 이상의 학력을 가진 사람보다 더 빨리 사망한다는 연구 결과가 있었다. 그런데 최근의 연구 결과들을 보면 남의 지시에 따르지 않고 스스로 결정하는 능력이 높을수록 오래 사는 것으로 나타난다. 통제력은 본인 스스로의 능력과 동기를 믿고 스스로를 믿는 성향 등이었다. 자기 결정(self-determination) 능력이 높으면 난관에 부딪혀도 헤쳐나갈 수 있고, 더 나아가 본인의 목표를 이룰 확률 역시 높았다.

연구팀은 "높은 자기 통제력 및 결정력은 학력을 떠나 수명의 연장에 도움을 준다"고 했다. 따라서 "낮은 학력을 가졌더라도 스스로를 컨트롤할 수 있는 능력을 기르는 것이 좋다"고 말했다. 교육기관에서 해야 할 일은 학력을 높이는 것 이전에 스스로 통제하고 결정하는 능력을 키워주는 것이다. 연구팀은 '자기 결정권'이 '교육 수준' 보다 기대 수명을 높이는 데 더 큰 역할을 한다고 했다. 교육을 전혀 받지 않아도 자기 삶의 통제감을 가진 이들이 가장 많은 교육을 받은 사람과 비슷한 수준의 기대 수명을 보여줬다. 자기 통제를 잘하는 사람들은 더 행복하고 적응도 잘하며 건강도 좋다. 또한 성적도 좋고 일도 잘한다. 2005년 펜실베이니아대학교의 심리학자 앤절라 덕워스(Angela Duckworth)와 마틴 셀리그만(Martin Seligman)은 학교 성적에 끼치는 영향에서 자기 통제 능력이 지능보다 2배나 더 크다는 연구 결과를 발표했다.

호랑이에게 물려가도 정신만 바짝 차리면 산다? _____

21세기 자본주의 시대, 자기 스스로 결정하고 자제하는 능력도 이제 매우 중요한 시대가 되었다. 밖으로 나가나 안에 있으나 개인을 유혹하는 요소는 너무나 많다. 그러한 요소들에 대해 자기 스스로 결정하고 선택할 역량이 없다면, 자신에게 해가 가해지는 것을 막을 수 없다.

　미국인 전체 사망률의 50%를 차지하는 원인이 있다. 대부분 사람은 무시무시한 암이나 총기 때문에 일어나는 죽음이라고 생각하겠지만, 그게 아니다. 그것은 눈에 보이지 않고 장기간에 걸쳐 일어나기 때문에 겉으로 드러나지도 않는다. 잘 알아챌 수 없으며 직접적인 책임을 묻기도 힘들다. 의심이 들기는 하지만 원인 규명이 만만치 않다. 그게 뭐냐고? 바로 '자제력 부족'이다. 자제력이 부족해서 특정 행위와 대상을 선택하기 때문에 일어난다. 전체 미국인 가운데 흡연, 과음, 비만, 위험한 섹스 등으로 죽는 사람이 연간 100만 명에

달한다. 제2차 세계대전에 미군 총 전사자가 40만이었다. 그런데 그 2배가 넘는 사람들이 해마다 자제력 부족으로 인한 선택과 행위로 죽어가고 있다.

《자기 절제 사회》에서 대니얼 액스트(Daniel Akst)는 '과잉 시대의 자기 절제(Self-control in an Age of Excess)'라는 말을 사용했다. 그는 "수천 년 전부터 자제력은 줄곧 성공의 핵심 요소로 인정됐으나 지금처럼 생명을 위협한 적은 없었다"고 했다. 또한 "현대 자본주의 체제는 자제력 엘리트에게 예전보다 훨씬 후한 보상을 준다"고 말했다. 그만큼 우리에게는 스스로 통제력을 행사할 수 없을 만큼 다양한 유혹인자들이 안팎으로 널려 있다는 얘기다.

통제력이나 절제력을 발휘하는 것은 정신력을 보여주는 것처럼 취급된다. 한국 사회에는 정신력을 강조하는 인식이 너무 광범위하게 퍼져 있다. 개인의 정신과 의지를 통해 어려운 일을 극복해야 한다는 지적이 많다. '정신일도 하사불성(精神一到 何事不成)'이라는 말이 이를 잘 말해준다. '호랑이에게 물려가도 정신만 바짝 차리면 산다'는 말도 있다. 그렇지만 정신도 물질의 힘으로 지지받지 않으면 온전할 수 없다. 피곤하면 헛것이 보이고 집중이 잘 안 된다. 배 고프고 영양이 부족하면 뇌가 정상적으로 작동하지 못한다. 또한 몸이 아프면 정신이 온전히 존재하기 힘들다.

오디세우스, 세이렌의 노랫소리를 이기다 _____

2007년 플로리다 주립대학교의 매슈 게일리엇(Matthew T. Gailliot)과 심리학자들은 자기 통제가 에너지를 많이 소모하는 일이라는 걸 보여주었다. 비디오를 보여주면서 화면 한쪽에 글자가 나타났다가 사라지게 했는데, 참가자 그룹 하나에는 글자를 무시하고 영상에만 집중하라고 했다. 비디오를 보는 동안 이들의 혈당이 급격하게 떨어졌다. 또 다른 그룹에는 글자를 무시하라는 지시를 하지 않았는데, 이들의 혈당은 거의 떨어지지 않았다. 이런 간단한 자기 통제에서도 많은 에너지가 소모됨을 보여준다. 또 다른 실험에서는 설탕이 든 음료를 마신 사람들이 그렇지 않은 사람보다 자기 통제 실험을 더 잘 수행했다. 자기 통제는 에너지를 많이 쓴다. 이 때문에 통제력은 오랫동안 지속적으로 작동하기가 어렵다.

이는 오랫동안 정신력만 가지고 스스로 감내하기란 매우 힘들다는 것을 말해준다. 그렇다면 다른 조치가 필요하다는 얘기가 된다. 트로이 전쟁이 끝나고 돌아오던 오디세우스는 세이렌이 사는 암초 해역을 지나가야 했다. 세이렌은 뱃사람들을 노래로 유혹하여 배를 암초에 난파시키는 요정(또는 마녀)들이다. 오디세우스는 이 세이렌들을 뚫고 고향으로 돌아가고 싶었기에 이에 대한 방책을 찾아내고자 애썼다. 오디세우스는 자신을 돛대에 묶게 하고, 뱃사람들은 귀를 막게 했다. 그는 사전에 선원들에게 일러두었다. 자신이 어떤 명령을 내려도 자신을 돛대에서 풀어내지 말라고 말이다. 과연 세이렌의 노래가 들려오자 오디세우스는 가만있지를 않았다. 그럼에도 선원들은 오디세우스가 미리 내려둔 명령에 따라 그를 절대 풀어주지 않았다. 오디세우스는 세이렌의 아름다운 노랫소리를 들으면서 그쪽으로 가고 싶어 몸부림을 쳤으나, 마침내 암초 해역을 무사히 빠져나왔다. 만약 오디세우스가 자신의 통제력을 믿고 그것을 과시했다면 결국 모두 죽었을 것이다. 오디세우스의 위대한 점은 자신의 역량과 상황을 정확하게 파악하고 인정했다는 점이다.

심리학자 로런 노드그렌(Loran F. Nordgren)의 연구에 따르면, 담배를 끊으려고 시도한 사람 가운데 가장 높은 실패율을 기록한 이들은 자신의 의지력에 최고로 높은 점수를 준 사람들이었다고 한다. 개인의 의지력으로 돌파하기에 현대 사회의 유혹은 너무나 교묘해서 인간의 의지력을 무력화한다. 이런 현실을 인정하고 일종의 조치들을 마련해야 한다. 예컨대 다이어트를 하고 싶다면 먹고 싶은 음식에 소금을 뿌려버리는 식이다. 오디세우스처럼 의지력을 믿기보다 아예 가능성을 차단하는 편이 더 절제하기 쉽다는 의미다.

월터 미셸(Walter Mischel)의 실험에서 마시멜로를 먹고 싶다는 유혹을 가장 잘 이겨낸 아이들은 유혹과 '싸우지' 않은 아이들이었다. 그들은 아예 과자를 무시하거나 외면하는 전략을 사용했다. 아이들은 눈을 감거나, 마시멜로에 등을 돌리고 앉았다. 신발 끈을 만지고 놀거나, 노래를 부르고, 책상 밑으로 들어갔다. 아이들은 스스로 주의를 다른 곳으로 돌려 마시멜로를 잊었다. 마시멜로가 눈에 보일수록, 가까운 곳에 있을수록 손이 어느새 그쪽으로 향해 갈 터이므로 그런 일을 차단한 것이다. 마시멜로를 앞에 두고 의지만으로 참은 아이들은 결국 유혹에 지고 말았다. 결국 마시멜로를 안 보이는 곳에 감추어두는 것이 가장 효과적인 것이다.

미셸은 실험에서 아이들에게 주의를 돌리는 요령을 가르쳐주고 마시멜로를 볼 수 없도록 가려주었다. 이런 조치로 아이들은 이전보다 더 오랫동안 마시멜로를 먹지 않고 버틸 수 있었다. 자기 통제는 무조건 참아내는 것이 아니라, 적절한 조치와 상황 조성으로 극복하게 하는 것이다.

애초에 유혹의 상황을 피하는 게 상책 _____

사람이 처한 상황은 통제력을 온전히 발휘하지 못하게 한다. 가난한 상황이거나 불우한 조건에 있을 수 있으며, 차별과 배제의 대상이라면 이 역시 자신의 통제 역량을 다 발휘할 수 없을 것이다. 월간지 〈성격과 사회심리학 저널(Journal of Personality and Social Psychology)〉 2010년 8월호에 실린 캐나다 토론토 스카보로대학교의 마이클 인즈리히트(Michael Inzlicht) 박사 팀의 연구를 참고할 만하다. 이에 따르면, 사회적으로 차별받는 사람들 안에 있다고 느낀 사람은 공격적이 되었고 자기 통제력이 부족했다. 또한 몸에 좋지 않은 음식도 가리지 않고 더 많이 먹었다. 합리적인 결정을 하는 데에도 어려움을 겪었다. 이는 육체적으로나 정신적으로 더 해가 가해

짐을 의미한다. 사회적으로 차별을 받고 있다고 주관적으로 느끼는 것이 아니라 실제 현실이 그렇다면 이런 부정적인 결과는 더 지속될 것이다. 역시 '정신일도 하사불성'이라는 정신력을 강조하는 금언은 한계가 있음을 확인시켜주는 대목이다.

개인들이 스스로 판단하고 결정하는 것이 갈수록 어려워지고 있다. 다양한 상품과 서비스를 통해 불필요한 욕망을 자극하는 과잉 시대이기 때문이다. 이런 시대에 성공은 물론 건강과 장수를 누리기 위해서는 절제력을 발휘하는 것이 중요하다. 다만 단순히 참는다고 되는 문제는 아니다. 우리 사회에서는 정신만을 강조하는 경향이 있다. 철학서부터 처세·성공·경영서 그리고 학교의 교육이나 평생 교육 프로그램, 각종 매체에서 흔히 볼 수 있다. 하지만 자신을 컨트롤할 수 있는 여건을 마련하거나 개인의 의지력이 갖는 한계를 극복할 수 있는 조치들을 사전에 마련해두는 것이 중요하다. 그러한 요인들을 근본적으로 회피하는 것이야말로 현명한 방안일 것이다.

당신은 어느 쪽인가, 낙천주의자 아니면 비관주의자?

'성격이 좋다'라는 말은 긍정적이고 외향적이라는 점을 가리키는 경우가 많다. 역으로, 소심하고 부정적인 경향일 때는 '성격이 좋지 않다'고 말한다. 사람들 사이에서 인기를 끄는 사람은 긍정적이고 외향적이며 낙천적인 사람으로 보인다. 그래서 대개 이런 사람이 되려고 한다. 비록 그런 성격이 아닐지라도 그렇게 살려고 노력한다.

전문가들도 이런 부정적인 성격의 위험성을 경고하는 주장을 많이 한다. 2009년 미국 보스턴대학교 의과대학 토마스 펄스(Thomas T. Perls) 박사 팀이 100세 이상 산 사람의 자손들을 대상으로 성격 특성을 조사한 결과, 신경질은 낮고 외향성은 높은 것으로 나타났다. 노먼 빈센트 필(Norman Vincent Peale) 박사는 《긍정적 사고방식》에서 부정적인 사고는 삶을 불행하고 비참하게 한다고 했다. 적극적이며 긍정적인 사고가 삶을 성공으로 이끈다는 주장이다. 캘리포니아대학교 샌디에이고 캠퍼스의 딜립 예스테(Dilip Jeste) 정신의학 및 신경과학 교수 역시 "우리는 종종 문헌과 공적 담화에서 사람들이 90% 이상 낙천적이길 원한다"고 했다. 특히 긍정심리학에서는 낙관주의가 신체적·정신적 건강을 개선시킨다는 것을 강조해왔다.

시사주간지 〈타임〉은 2009년 4월 21일, 〈미국 노인병학회 저널(Journal of the American Geriatrics Society)〉에 실린 성격과 장수에 관한 연구를 소개했다. 검소한 식단, 규칙적인 운동 외에 사람의 성격도 수명에 영향을 미친다는 연구 결과였다. 최소 100세까지 장수를 누린 사람들의 후손 246명을 상대로 성격 조사를 해보니 외향적이고 활동적이면서 덜 신경질적인 이들이 다른 사람보다 오래 살았다. 특히 장수를 누린 여성들은 단명한 여성들보다 타인에게 감정이입을 잘하고 협력적인 성격을 가진 것으로 나타났다. 이 연구를 수행한 연구팀은 "장수하고 싶다면 가능한 한 외향적인 성격으로 바꾸라"고 했다.

낙천적이면 오래 산다? _____

하지만 반드시 소심하고 부정적인 성격이 장수에 도움이 안 되고, 성공적인 삶을 누리지 못한다고 말할 수는 없다. 딜립 예스테 교수는 "성공을 위해서는 균형 잡힌 시각을 갖고 성격에 약간 비관적인 부분이 있는 것이 훨씬 좋다"고 했다.

비관적인 점을 갖고 있는 성격이 오히려 낙천적인 사고에만 빠져 있는 사람보다 성공할 가능성이 더 크고, 건강하게 오래 살 수 있다. 2013년 〈심리학과 노화 저널(Journal of Psychology and Aging)〉에 실린 한 연구를 보면 미래에 대해 비관적 시각을 가진 노인들이 낙천적 시각을 가진 노인들보다 더 건강하고 오래 살 가능성이 컸다. 독일에서 약 1만 1,000명을 대상으로 한 집단 조사도 있었는데, 그중 66세 이상의 응답자 약 1,300명 사이에서는 더 비관적이었던 사람들의 생존율 혹은 건강 상태가 10%가량 높다는 결과가 나왔다. 이는 무엇을 의미할까. 중요한 것은 완전한 비관주의 또는 부정적인 사고가 아니라 그것의 정도라는 점이다.

에를랑겐-뉘른베르크대학교의 프리데르 랑(Frieder R. Lang) 심리학 및 노인학 교수는 이를 '방어적 비관주의'라고 했다. 그는 "방어적 비관주의자들은 미래를 준비하거나 예방하는 조치에 투자할 가능성이 더 크다"고 말했다. 그렇다면 낙관주의자들은 어떨까. 그는 "낙관주의자들은 그런 것을 신경 쓰지 않는다고 볼 수 있다"고 했다. 즉 낙관주의자들은 미래를 준비하거나 예방하는 조치를 소홀히 한다는 것이다. 따라서 현재에 만족하고 자신이 하고 싶은 대로 하면서 살게 된다. 또한 비관적이고 부정적인 상황을 능동적으로 헤쳐나갈 준비나 훈련이 덜 되어 있다. 그냥 낙천적이고 긍정적인 마음가짐만 가질 뿐 실천적인 행위로 해법을 모색하지 않기 때문이다.

이를 뇌 반응 촬영을 통해 검증한 연구도 있었다. 미국 신경정신과학회(ANPA) 공식 간행물인 〈신경정신과학 및 임상신경과학 저널(Journal of Neuropsychiatry and Clinical Neurosciences)〉에 실린 한 연구에서는 노인 16명이 공포에 찬 얼굴을 처리할 때 뇌가 어떻게 반응하는지 살폈다. 낙관주의 성향이 강한 이들은 감정적 자극을 처리하는 뇌 부분의 활동이 줄었다는 점이 밝혀졌다. 이 연구를 이끌었던 예스테 교수는 "스트레스의 영향을 덜 받는 것이 상황 대처에 도움이 될 수 있다"고 말했다. 하지만 그와 동시에 "위험에 대해 무심한 태도를 보이면 실제 그 일이 닥쳤을 때 상황에 대처할 준비가 되어 있지 않을 수 있다"고도 했다.

낙천주의자들은 긍정적으로만 대하기 때문에 현실에 대한 대비가 적다. 그래서 심각한 상황에 처하면 어쩔 줄을 모르게 된다. 낙천주의자는 스트레스가 많은 상황에 처하면 정말 난감해한다. 커플 250쌍을 대상으로 실시한 2011년 〈성격과 사회심리학 저널〉에 실린 한 연구에서는 지나치게 낙천적인 사람들이 스트레스에 잘 대처하지 못했다. 비관적이고 부정적인 생각을 어느 정도 가지고 있는 이들은 스트레스를 받는 일이 잦기 때문에 이를 소화하고 감내하는 방법을 잘 알거나 이를 극복할 역량을 키우기 마련이다. 이 연구의 에린 오마라(Erin O'Mara) 데이턴대학교 심리학 조교수는 "자기 삶에 무슨 일이 일어나고 있는지 정확하게 평가할 수 있게 해주는 정도의 비관주의는 중요하다고 본다"고 했다.

낙천적인 사람들과 있으면 기분이 좋고 즐거울 수는 있지만 그것은 잠시뿐이다. 더구나 그들은 다른 사람들의 기분은 풀어줄지 모르지만 자신의 문제는 하나도 풀지 못한다. 낙천적이고 긍정적인 행동은 자신의 행동이 가진 위험성을 지나치게 간과하게 한다.

레슬리 마틴(Leslie R. Martin)이 80년 동안 1,528명을 추적한 장기 연구에서는 어렸을 때 가장 낙천적이라고 여겨졌던 실험 대상자들이 가장 빨리 사망했다. 그 이유가 무엇일까? 마음가짐이 아니라 그 마음가짐 때문에 어떤 행동들을 하는가가 중요했기 때문이다. 그들은 위험한 행동들을 낙천적으로 행했던 것이다. 캘리포니아 주 리버사이드의 라시에라대학교에서 사회 및 성격심리학을 연구하는 마틴 박사 팀은 가장 낙천적인 아이들이 위험을 감수하는 경우가 더 많다는 사실을 밝혀냈다. 흡연, 음주, 위험한 취미 등을 낙천주의자들이 더 많이 했고 그에 따라 오래 살지 못했다는 것이다. 그들도 "더 비관적인 아이들이 더 오래 산다"고 했다.

전략적 낙천주의 또는 방어적 비관주의

물론 온전히 부정주의에 빠지고 소심한 상태에서 안절부절못하고 소극적인 태도를 보이는 것 자체가 도움이 되는 것은 아니다. 본인만이 아니라 다른 이들에게도 부정적일 수 있다. 여기에서 언급하는 것은 적절한 비관주의다. 적절한 비관주의는 방어적 비관주의로 볼 수도 있다. 또한 낙천주의자가 무조건 문제가 되는 것은 아니다. 속은 비관주의이지만 겉은 낙천주의를 취하는 전략적 낙천주의자도 현명할 수 있다. 전략적 낙천주의자는 어려움을 극복하고 성공하며 오래 살 수도 있을 것이다. 전략적 낙천주의자는 낙천주의를 취하면서도 부정적인 측면을 여전히 고려하고 대비하는 사람이다. 낙천주의를 무조건 신봉하지 않는 것이다. 겉으로만 비관주의를 드러내는 전략적 비관주의를 선택하는 것도 마찬가지인데, 이럴 경우 좋지 않은 상황에 대한 준비를 할 수 있다. 시나리오별로 준비하는 것이 대표적인 사례다. 일이 잘되는 상황에서도 안 될 수 있는 상황을 가정하여 늘 경계하고 조심하는 것이 이에 속할 것이다.

낙천적인 사람들은 비관적인 상황을 안으로 숨기거나 그것을 가볍게 여기거나 별스럽지 않다고 묵과하기 쉽다. 그런 것이 성격이 좋은 사람, 삶을 행복하게 이끌어가는 사람으로 평가받게 할 수도 있다. 하지만 이는 그 자신은 물론이고 조직 전체, 사회 전반에 걸쳐서 악화되는 일만 만들어낼 가능성이 크다. 또한 누군가 그 결과를 대신 책임져야 하는 최악의 상황도 발생할 수 있다. 긍정적이고 낙관적인 사람에 속하는 이들은 우울해도 우울하다고 하지 못하고, 아파도 아프다고 하지 못한다. 그렇게 했다가는 자신의 존재 자체가 흔들리기 때문이다. 그래서 항상 밝고 명랑하게 행동하는데, 그러다가 한 방에 갈 수 있다. 짧고 굵게 사는 삶을 원한다면 뭐라 할 수는 없다. 하지만 그렇지 않다면, 오히려 방어적 비관주의나 적절한 소심증 환자가 되어 사는 것이 나을 것이다.

성희롱 기준이 엄격할수록
사랑의 결실은 줄어든다

　제목만 보고 분노할 분들도 많을 법하다. 직접 당하는 당사자들의
고통은 말로 다 할 수 없기 때문이다. 여기에서 말하는 것은 최소한
사랑이라는 감정을 제대로 표현하지 못하거나 사랑이라는 감정이
제대로 성숙하지 못한 이들의 존재를 알리기 위한 것 그 이상도 이
하도 아니며, 범죄자들을 옹호하려는 의도는 더더욱 없다.

　법의 강화가 오히려 예상치 못한 효과를 나타내는 경우는 얼마든
지 있다. 명분은 타당하지만 생각하지 못했던 면이 불거지기 때문이
다. 성희롱죄 등의 조항은 여성의 인권을 보호하는 중요한 법적 규
제책이다. 이 조항으로 남성 위주의 사회적 관습이 철퇴를 맞았다.
남성들이 여성에게 무심코 행사하던 성적 폭력에 대해 제재가 가해

졌기 때문이다. 그런데 잠깐! 여기에 벌써 오류가 있다. 성희롱은 남성들을 통제하기 위한 법이 아니다. 따라서 남성 위주의 사회적 관습에 철퇴를 내리거나 제재가 가해졌다고 표현하는 것은 마땅하지 않다. 여성이 남성에게 가한 성희롱죄도 성립됨은 물론이다.

그럼에도 성희롱죄 하면 대개 남성이 여성에게 행사하는 것으로 인식된다. 그만큼 남성이 여성에게 행사하는 비율이 높기 때문일 것이다. 그 이유는 무엇일까. 이는 남성이 더 성적인 욕망의 표현이 적극적이기 때문이다. 여성에게는 전통적으로 성적 욕망을 참으라는 인내의 미덕이 요구되어왔다. 이러한 성적 표출이 상대방의 의사와 관계없이 이루어지기 때문에 문제가 된다. 또한 그동안은 이에 대한 적절한 기준이 없었던 것도 사실이다. 가부장적 사회에서는 남성의 성적 표현이 남자다움으로 미화되기도 했다.

여성의 방식을 모르는 남성의 구애 행위 _____

문제는 구애 행위다. 성희롱이나 성폭력 조항이 남성의 구애 행위에 적용되기도 한다. 남성이 여성에게 구애하는 것이 당연시되는 문화도 있었다. '열 번 찍어 안 넘어가는 나무 없다'는 말도 이러한 맥락에서 오랫동안 생명력을 지녀왔다. 커뮤니케이션상의 불일치도 있을 수 있다. 남녀 간의 의사표현에서 시그널을 잘못 이해하거나 해석하는 경우 이런 성희롱, 성폭력 문제가 불거질 수 있다. 여성이 싫다고 했는데 남성이 이를 내숭이라고 해석하면 문제가 생기기 시작한다. 남성의 시각에서는 자신이 열정을 보이면 여성이 자신을 좋아하게 될 것이라고 생각하는 것이다. 또 하나, 남성은 충동적인 성향이 여성보다 더 강하다. 그래서 성적인 자극에 민감하게 반응을 보인다. 하지만 그러한 충동적인 성향이 있기 때문에 남성들의 모든 행동이 합리화 또는 정당화되는 것은 분명 아니다.

중요한 것은 남성과 여성이 서로에 대해 잘 모른다는 것이다. 이 때문에 이성에 대한 호감 여부가 쉽게 결정될 수는 없다. 특히 복잡다단한 사회구조 속에서 사람들을 속속들이 알 수는 없는 노릇이다. 그만큼 사람을 오래 알고 지낼 수 있는 여건이 되지 않는다.

문제는 순진하고 순수한 남성들이 이러한 성희롱죄 강화에 걸려들 가능성이 커진다는 사실이다. 순진한 남성들은 여성이 좋아하는 방식이 무엇인지 잘 모른다. 그래서 여성이 원하는 방식으로 사랑을 표현할 줄 모른다. 따라서 여성의 시각에서는 비호감이거나 때로는 혐오감이 들 수도 있는 방법을 사용한다. 이때 남성은 사랑의 충동이 이끄는 대로 행동한다. 이성은 마비되고 사랑의 열정만이 있을 뿐이다. 그러나 '앞으로 돌격'만이 능사는 아니다. 이런 돌격 뒤에 찾아오는 것은 사랑의 결실이 아닌 형사적인 책임일 것이다.

사람들은 성희롱죄 등에 걸려든 사람이 많아질수록 우리 사회에 성적으로 못된 짓을 하는 사람이 많구나 하는 생각을 할 것이다. 그런 행위를 한 이들이 있는 것은 분명하다. 하지만 거꾸로, 이런 데 걸려드는 사람들이 정말 문제가 많은 비정상인이거나 변태인지는 좀더 따져보아야 한다.

성희롱의 기본적인 전제는 상대가 내 마음에 들지 않는 사람이라는 것이다. 내 마음에 드는 사람이 특정 행위를 했다고 해서 형사적으로 고소하는 경우는 없다. 분명한 것은 마음에 들지 않는 이들이 이성 간에 있을법한 감정적 언행을 보일 때, 이를 당하는 사람이 성적인 수치심을 느끼거나 고통을 당한다는 것이다. 성적 수치심을 느낀다는 게 반드시 이성적인 관계에만 해당하는 건 아니지만, 여기에서는 일단 이에 국한하기로 한다.

충동은 열정적 사랑의 동력이기도 하다 _____

우리가 주목해야 하는 것은 성희롱에 관한 죄가 엄격하게 적용될수록 프로들만이 활개를 치게 된다는 점이다. 초짜와 달리 타짜일수록 성희롱이나 성폭력의 혐의를 피해 가는 방법을 매우 잘 알고 있기 때문이다. 이들은 여성들이 꼼짝 못하게 하는 방법들도 알고 있다. 그래서 이른바 바람둥이들은 이러한 법률에 잘 걸려들지 않는다. 뒤집어 말하면, 이런 법률들에 걸려드는 이들은 순진하거나 어설픈 사람들이라는 얘기가 된다.

순진남들은 아예 성희롱이나 성폭력에 관한 법률이 무서워서 여성에게 적극적으로 대시하기를 두려워한다. 남성이 여성에게 자신의 마음을 표현하는 행위들을 억제하고 만다. 이렇게 되면, 시도가 없어지므로 결과가 좋게 나올 리 없다. 여성들은 순수한 남성들을 원하지만, 오히려 그들의 접근 자체를 멀어지게 하는 셈이 된다. 앞에서 나온 충동이라는 단어는 대개 좋지 않은 말로 인식된다. 하지만 충동은 열정적 사랑을 가져오는 긍정적 동력이기도 하다.

네덜란드와 미국의 공동 연구진이 〈심리과학 저널(Journal of Psychological Science)〉에 발표한 연구에 따르면 충동적인 사람은 자기 통제력이 강한 사람보다 애인이나 절친한 친구에게 이타적으로 행동한다. 즉 자신보다는 사랑하는 사람을 위해 시간과 에너지를 쓰는 충동을 느낀다는 것이다. 실험에서 연구진은 자기 통제력이 강한 모습을 보인 커플과 자제력이 덜한 커플에게 각각 12명씩 모르는 사람에게 말을 걸어 이상한 질문을 하도록 요청했다.

그 결과 자제력이 강한 커플은 서로 부담을 반으로 줄일 수 있도록 각각 6명씩 맡아 말을 걸었다. 하지만 자제력이 약한 커플은 상대방의 부담을 덜기 위해 커플 각자가 가능한 한 많은 사람에게 말을 걸었다. 결혼한 남녀를 대상으로 한 실험에서도 자제력이 덜한 사람들이 상대방을 위해 더 희생했다.

이는 자제력이 있는 사람들은 상대방에 대해서 열정적인 헌신을 덜 한다는 얘기다. 그래서 사랑에는 불리하다. 거꾸로 자제력이 덜한 사람은 사랑의 감정 때문에 헌신과 희생을 더 하게 된다. 따라서 사랑이 결실로 이어질 가능성이 크다. 성과 관련된 법들이 요구하는 것은 자제력이지만, 그 자제력은 거꾸로 헌신과 희생을 할 수 있는 사람들을 자칫 범법자로 만들 수도 있다. 충동은 긍정의 방향으로 갈 때는 불같은 사랑과 헌신으로 나아간다. 하지만 그 과정에서 거칠거나 좀 서툰 면이 있어서 눈살을 찌푸리게 할 수도 있다. 중요한 것은 그 안의 마음일 것이다.

누구나 성희롱 욕구의 잠재성을 안고 있다

명문대 재학생 또는 졸업생, 대기업 직원, 연구원이 어떻게 그럴 수가? 국회의원, 학교장, 의사, 교사, 검사, 교수, 군수가 어떻게 그럴 수가? 성희롱을 한 것으로 알려진 당사자들의 언행이 매체에 자주 오르내린다. 성희롱이나 성추행, 성폭행이 지도층 인사에게서 불거지면 대개 우리는 그 개인의 의식 수준이나 인격, 교양 수준을 언급한다. 그 개인의 위선적인 면을 언급한다. 또한 가부장적 의식구조나 남성 우월주의에 빠져 있다고 평가한다. 물론 그런 면도 없지 않아 있다. 하지만 그 개인 이전에 사회 시스템 자체에서 비롯한 면이 더 크다. 그 시스템이 사람들의 심리를 좌우하는 경우도 종종 있기 때문이다.

샹커 베단텀(Shankar Vedantam)은 《히든 브레인(Hidden Brain)》에서 성희롱이나 성차별을 남발하는 고위직 인사들은 스스로 아무런 문제의식도 느끼지 않는다고 했다. 무의식의 조종이기 때문이다. 샹커 베단텀은 우리의 행동을 지배하는 것은 무의식이라고 주장한다. 성차별이나 성희롱은 '의식'이 아니라 '무의식'에서 나오는 것이기 때문에 지식이나 교육 수준, 교양의 정도와는 관련이 없다는 것이다. 이러한 맥락에서는 지성인이 성차별이나 성희롱적 발언을 하는 것은 지성과는 관련이 없게 되는 것이다. 그는 결국 무의식적 편향(unconscious bias)에 관심을 보여야 한다고 본다.

그런데 여기에서 '무의식'은 엄밀하게 말하면 '뇌의 조종'이다. 샹커 베단텀은 성차별 등에 관한 발언을 방지할 수 있는 전제조건을 뒤집는다. 성차별을 말하는 이들이 따로 정해져 있는 것이 아니라고 주장하기 때문이다. 흔히 성차별이나 성희롱을 하는 사람은 인격적으로 문제가 있거나 의식이 낮은 사람이라고 여기는 것과는 반대되는 입장이다.

그는 누구나 성차별이나 성희롱의 잠재성을 뇌 안에 가지고 있다는 사실을 인정해야 한다고 본다. 이러한 맥락에서 본다면, 보통 때에 억압되어 있는 성차별과 성희롱의 잠재욕구가 어떻게 튀어나오는가가 중요해진다. 그래서 단순히 교육을 강화하거나 합리적인 지식을 강조한다고 해서 해결되는 것은 아니다.

무의식과 인간의 욕망 _____

흔히 무의식은 인간의 욕망 영역과 맞물려 있다. 그래서 지그문트 프로이트(Sigmund Freud)는 그동안 외면당했던 무의식을 연구했다. 물론 그 이전에도 무의식에 대한 연구는 간헐적으로 이루어졌다. 하지만 욕망, 특히 성적 욕망과 관련하여 본격적으로 연구한 것은 프로이트가 처음이었다.

프로이트는 욕망을 억압하면 그것이 엉뚱한 방향으로 분출된다고 보았다. 무의식의 영역에서 축적된 성적인 욕망이 이상 행동을 일으킨다는 것이다. 그는 이상 행동의 모든 원인을 성적 욕망의 억압으로 분석하기도 해서 파란을 일으키기도 했다.

성직자들의 성적 이상 행동은 그들의 욕망을 억압했기 때문이라고 분석한다. 이에 따른다면 그들의 이중적 위선이라는 의식적인 영역의 문제가 아니라 무의식의 영역이라고 보게 된다. 사회 지도층 인사들의 성희롱이 바로 이러한 억압된 사회구조의 산물이라고 보기도 한다. 사회 지도층 인사들일수록 성적인 욕망 등을 자제하도록 요구받는다. 일상생활에서도 그러한 욕망에 관한 행동이나 발언을 하기에는 위험부담이 많다. 일반인들은 일상생활에서 성적인 발언이나 행동을 해도 주목받지 않지만, 지도층 인사들은 당장에 주목을 받기 마련이다. 그만큼 매체에 노출되기 쉽다.

또한 성적인 욕망을 억압당하기만 하는 성공 지향의 사회일수록 지도층에 변태가 많을 수 있다. 여기에서 말하는 변태는 평소 잠재되어 있어 언제 표출될지 모르는 이상 심리를 말한다. 적어도 개방성과 소통의 능력을 갖춰 일찍부터 억압의 문제가 없다면, 자신이 말하는 것이 성적으로 문제가 되는 발언인지 아닌지 정도는 대번에 분별할 수 있는 능력은 갖추어져 있을 것이다.

요컨대, 누구나 성희롱이나 성차별적 발언이나 행동을 할 수 있다. 누구에게나 그러한 무의식이 잠재되어 있다는 것이 뇌과학이나 생물학적 심리학의 연구 결과들이다. 사회학적으로 보았을 때는 무엇보다 성적인 담론에 대한 소통이 폐쇄적인 사회일수록 지도층의 성희롱이나 성차별적 언행이 많을 수밖에 없다.

억압과 억제가 많을수록 그것이 엉뚱한 방향으로 나오기 때문이다. 더구나 청년 시절에 그러한 억압과 억제의 틀에서 성장한 이들은 사회적 지위를 얻고 나면 뜻하지 않은 언행으로 사회적으로 큰 물의를 일으킨다. 성공 지향적이며 권력 중심주의의 근엄한 사회일수록 지도층의 성희롱이나 성차별적 언행은 반복될 것이다.

무엇보다 중요한 것은 사회 지도층만의 문제가 아니며 교양 없는 인사들만의 문제도 아니라는 것이다. 그러한 의식을 갖지 않는다면, 성희롱이나 성차별적 언행은 다른 사람이나 하는 것으로 여기며 자신의 언행은 면죄될 수 있다는 독선에 빠질 것이다. 이러한 심리는 '내가 하면 로맨스, 남이 하면 불륜'과 같이 자신의 발언을 합리화하게 할 것이고, 문제가 걷잡을 수 없이 확산되도록 할 것이다. 성적인 부분에서 사회적인 문제가 되는 경우, 학력의 높고 낮음은 인과관계가 뚜렷하지 않다. 저학력이어서 성적 일탈이 많은 것이 아니며, 고학력이라고 덜한 것이 아니다. 그것은 개인의 성향, 나아가 뇌 구조의 차이 때문에 벌어질 수도 있다. 또한 여기에서 집중적으로 언급했듯이 욕망을 통제하는 사회에서 그것을 내적으로 강하게 수용한 사람일수록 엉뚱한 행위로 표출할 수 있다.

프로이트가 무의식을 의식의 힘으로 통제하기를 원했듯이 누구나 무의식에 잠재되어 있는 성희롱과 성차별적 언행을 경계하는 데 최선을 다해야 한다. 무엇보다 사회·문화적으로 비뚤어지는 병리적 무의식을 축적시키는 폐쇄성을 극복해야 한다. 성적인 에너지의 흐름은 자연스러워야 한다. 그 자연스러움은 다른 이들에게 피해를 주지 않는 범위 내에서 자유롭게 흘러야 한다.

가을에 시작하는 사랑은
깨지기 쉽다

9년 결혼생활에 로맨스가 사라지자 안타까워진 남편은 아내에게 편지를 쓴다. 그것도 볼펜으로 꾹꾹 눌러쓴 손편지였다. 남편은 이름을 밝히지 않고 편지를 보낸다. 너무 꾹꾹 정성스럽게 쓴 탓일까? 아내는 남편의 글씨를 알아보지 못한다. 연애 시절 편지를 많이 주고받은 사이인데도 말이다. 그 편지를 남편이 보낸 줄은 상상조차 하지 못하고 아내는 이름 없는 편지에 설렌다. 안정효의 중편 소설 《낭만파 남편의 편지》 내용이다.

지금이야 손편지를 쓰기도 받기도 힘들지만, 볼펜 똥이 여기저기 묻은 편지는 기다림과 기다림 끝의 소중한 선물이었다. 우표를 붙이고 빨간 우체통에 넣으면 그 편지를 상대방이 받을 것을 생각하면서 가슴이 두근거렸다. 우체국도 많이 없어지고 우체통도 사라졌지만, 그 낭만적 정서는 관광상품이 되었다. 강원도의 한 리조트는 해발 1,340미터의 산 정상에 우체통을 설치했다. 고객이 엽서를 써서 넣으면 1년 뒤에 보내준다. 소설《토지》의 무대 최참판 댁으로 가는 길에 동정호 근처의 '사랑의 느린 우체통'도 그리움과 설렘을 담은 편지를 1년 후에 보내준다.

무엇보다 가을은 편지의 계절이었다. 가을에는 편지에 관한 시와 노래가 많다. "가을엔 편지를 하겠어요. 누구라도 그대가 되어 받아주세요"(〈가을편지〉, 패티 김), "책을 접어놓으며 창문을 열어 흐린 가을 하늘에 편지를 써"(〈흐린 가을 하늘에 편지를 써〉, 김광석), "가을 우체국 앞에서 그대를 기다리다 우연한 생각에 빠져 날 저물도록 몰랐네"(〈가을 우체국 앞에서〉, 윤도현) 등이 대표적이다.

날리는 낙엽을 주워 글씨를 써서 편지 봉투에 담아 보내거나, 책장 사이에 낙엽 편지를 넣어 선물하기도 했다. 그 낙엽 편지에 자신의 마음을 담아 사랑이 이루어지기를 바랐다. 아니면 낙엽에 글씨를 쓰고 그것을 코팅해 선물하기도 했다. 이제는 젊은 세대일수록 e메일, 이제는 e메일보다는 문자 혹은 카톡을 선호하는 비율이 높다. 하지만 여전히 카톡 안에서도 가을이면 낭만적인 사랑이 펼쳐질 것이라 기대해본다.

교외건 야외건 가을은 노랗거나 붉은 잎으로 물든다. 그리고 그 위에서 연인들은 로맨스를 꿈꾼다. 영화 〈뉴욕의 가을〉에서 리처드 기어, 위노나 라이더는 세련된 도시 풍광과 함께 단풍이 유명한 센트럴파크에서 낭만적인 사랑에 빠졌다.

스마트기기와 디지털 매체 환경의 발달은 영화 속 주인공처럼 되고 싶어 하는 사람들의 바람을 좀더 현실화했다. 스마트폰으로는 낙엽을 배경으로 사진과 동영상을 찍어 공유한다. 또한 페이스북을 통해 즐겁고 아름다운 사랑을 단풍 사진과 함께 곱게 담아둔다. 당연히 사랑을 나누고, 담고, 공유하려면 사람이 있어야 한다.

가수 방미는 "묻지 말아요, 내 나이는 묻지 말아요. 올가을엔 사랑할 거야"(《올가을엔 사랑할 거야》)라고 노래했다. 기온은 낮아지고 낮시간이 짧아지는 가운데 결혼식이 많은 가을에는 낭만적인 사랑에 대한 기대감이 높아진다.

하지만 기대감이 너무 높으면 실망을 할 수도 있는 법. 오정희의 짧은 소설《그 가을의 사랑》에서 남편과 사별하고 두 아들과 사는 30대 중반의 여성은 젊은 남성에게 마음을 빼앗기고 만다. 가을이었기 때문인가. 그녀에게 그 가을은 오랜만에 낭만적 사랑이 가득했다. 하지만 그 남성은 망상증 환자였다. 망상증 증세조차 구분을 못 하다니, 가을은 망상증 환자조차 낭만적인 사랑의 대상으로 생각하게 한다.

사랑에 빠질 확률이 높은 만큼 깨질 확률도 높다 _____
이렇게 사랑을 꿈꾸는 가을이 가능한 것은 어느 계절보다 더 외로움을 타는 계절이기 때문이다. 대개 가을은 남자의 계절이라고 알려져 있지만 의학적으로 여성들도 가을을 탄다. 과학적으로는 일조량의 감소에 따른 호르몬의 변화라고 하는데, 그래서 남녀가 사랑을 이룰 확률이 높다고 볼 수 있다.

한 설문조사에 따르면 가을에 배우자의 조건 변화에 대해 '가을에 조건이 완화된다'고 답한 남성이 44%였던 반면 여성은 무려 61.9%가 그렇게 답했다. 여성의 답변에서 '변화가 없다'가 30.8%였으니 2배가량 많은 수치다. 이를 해석하면 가을에는 보통 때는 눈에도 안 차던 남성이 여성의 눈에 들어온다. 남성 입장에서는 가을에 여성들과 연인관계로 발전할 가능성이 크다. 여성들이 거절할 가능성이 적어지기 때문이다. 그런데 주의할 점이 있다.

다른 설문조사를 보면 가을에 '외로움 못 이겨 했던 행동'은 남녀 모두 '좋아하지 않는 이성과 교제'(남성 34.9%, 여성 40.7%)를 1위로 꼽았다. 외로우면 사귀는 이성에 대한 기준이 낮아지고, 마음에 꼭 들지 않아도 사귀게 된다는 것이다. 그런데 여성의 비율이 남성보다 높다는 점을 알 수가 있다. 여성들은 마음에 꼭 들지는 않지만, 자신이 좋다는 남성과 사귈 가능성이 남성보다 조금 높다.

그런데 이렇게 자신의 마음에 들지 않는 이성과 사귈 경우 깨질 가능성도 커진다는 점을 유의해야 한다. 또한 여성들에게는 옛 남자친구에게서 연락이 제일 많이 오는 것도 가을이다. 남성의 경우 '전 애인에게 다시 매달리기'가 응답자의 30.8%로 2위를 기록했다. 대신 여성들은 옛 남자 친구에게 전화하지 않고 다른 곳으로 갔다. 여성들은 친구의 결혼식에 참석하기가 2위로 24.7%였다. 이렇게 보면 옛 여자 친구를 가을에 잡을 때 성사될 확률은 낮다. 차라리 새 사랑을 찾는 것이 낫다.

가을은 나이나 성별을 막론하고, 모든 이들에게 낭만적인 일을 기대하게 하며 설레도록 한다. 〈죽은 시인의 사회〉에서 키팅 선생님은 "의학·법학·기술 따위는 삶을 유지하는 데 필요해. 하지만 시와 미·낭만·사랑은 삶의 목적인 거야"라고 했다. 이 말은 주입식 입시 교육에 찌든 학생들에게 한 말이지만 바쁜 일상을 보내고 있는 모든 사람에게 해당한다.

다만, 낭만과 설렘은 분명 장밋빛으로 우리를 즐겁게 하지만, 자칫 분위기 때문에 진심을 속이게 할 수도 있다. 그 속임은 또 다른 상처로 긴 겨울을 맞게 할 수 있다. 거짓의 낭만은 달콤하지만 날카롭게 스쳐 가며 상처를 남긴다. 들뜬 분위기에 휩쓸리기보다는 진실된 편지 한 장 남기는 것이 훨씬 더 좋은 일일지 모른다. 한순간의 감정이나 사랑이 아님을 보이기 위해 1년 뒤에 배달되는 편지로 말이다. 영화 〈가을로〉처럼 1년 뒤에 배달되는 일기를 쓰는 것도 좋다. 모두의 힐링을 위해서.

착한 사람만 있으면
큰 악이 창궐한다

어느 날, 술집에서 한 젊은이가 중년 남자에게 울면서 말했다. "원래 저 그런 놈 아닙니다. 그런데 어떻게 하다 보니까 그렇게 되었습니다." 좋지 않은 일이 벌어졌을 때 그 사건을 일으킨 당사자에게 가장 많이 듣는 것이 '저 원래는 그런 사람 아닙니다'라는 말일 것이다. 자신이 원래부터 나쁜 놈이라고 생각하는 사람은 없을 터이니 이것이 모순적인 말임은 쉽게 알 수 있다. 우리는 스스로 착하다고 생각하는데, 그 착하다는 점을 강조하는 것이 오히려 본인이나 다른 사람에게 해를 끼칠 수 있다.

이런 맥락에서 조직 안에 착한 사람들만 있으면 잘 굴러갈 것 같지만 그렇지 않기가 더 십상이다. 크게 두 가지 이유 때문이다. 하나는 자신의 잘못을 인정하지 않는다는 것, 그리고 다른 하나는 자신의 잘못한 행위를 사소하게 생각할 수 있다는 것이다. 자신은 평소에 선하게 사는 사람이라고 생각할수록 자신의 잘못을 인정하지 않고, 오히려 그 잘못의 가벼움을 항변한다. 정말 큰일을 저질렀음이 밝혀질 경우, 평소의 행태를 들어 용서해주기를 바란다. 오히려 자신은 착한 사람이 아니라고 하는 사람이 자신의 행위에 대해서 빨리 인정하고 그에 대해서 속죄감을 가질 가능성이 크다. 만약 조직 안에 착한 사람, 즉 자신이 착하다고 생각하는 사람만 있다면 잘못은 있는데 책임지는 사람은 없을 것이다. 모두 자신이 아니라 다른 사람 때문에 문제가 커졌다고 생각하기 때문이다.

'이 정도쯤이야' 하는 심리 _____

듀크대 경제학과 교수 댄 애리얼리(Dan Ariely)와 그의 동료들은 사람들이 얼마나 사소한 거짓말을 하는지 그리고 그 원인이 무엇인지를 연구했다. 그들은 일단 수천 명의 사람을 대상으로 수학 문제 20개를 풀게 했다. 그리고 각자 채점을 하고 답안지를 파기하도록 했다. 그 뒤에 몇 문제를 맞혔는지 물었다. 그들의 답변에 따라 평균을 내니 6개 정도가 나왔다. 그러나 실제로는 4개였다.

연구자들은 이러한 현상에 대해서 사람들이 스스로 다른 사람들보다는 착한 사람이라고 생각하기 때문이라고 밝혔다. 그래서 이 정도는 괜찮다고 생각한다. 거리에 담배꽁초를 버리는 사람들을 생각해보자. 자신은 괜찮은 사람이며, 담배꽁초를 버리는 것은 아주 사소한 일이기 때문에 괜찮다고 생각한다. 어떤 경우에는 대범하고 남자답다고 생각하는 사람도 있다. 이런 사람들은 정치인의 부패나 기업의 뇌물공여죄에 대해서는 매우 분노한다. 미국의 엔론(Enron Corporation)이라는 기업의 파산은 충격적이었다. 한때 미국 제7위 대기업이었고, 1996년부터 2001년까지 4년 연속 가장 혁신적인 기업으로 선정된 엔론은 회계부정(분식회계)으로 도산했다. '이 정도쯤이야' 하는 심리가 작용했기 때문이다. 하버드 MBA 출신 제프리 스킬링(Jeffrey Skilling) 최고경영자(CEO)는 물론, 엔론의 회계감사를 담당했던 아더앤더슨사도 자신들이 악하다고 생각하지 않았다. 하지만 악한 마음을 먹고 집중적으로 나쁜 짓을 한 것보다 결과는 훨씬 악독했다.

다른 연구를 보자. 과학 저널 〈사이언스〉에 실린 한 편의 논문은 사람들이 착한 짓을 할수록 악한 짓을 더 많이 할 수 있음을 보여주었다. 미국·독일·네덜란드 등 3개국 대학의 공동 연구팀이 성인 1,252명을 대상으로 이를 분석했다. 남들에게 친절이나 선행을 받은 사람은 당일 중에 그렇지 않은 사람보다 10%나 많게 타인에게 선행을 베풀었다. 그런데 선행이나 친절을 베푼 사람은 당일 다른 사람에 비해 오만·경멸 등 비도덕적이거나 불친절한 행위를 한 빈도 역시 3% 높았다. 이는 평소에 자신이 착하며 선한 일을 많이 한다고 생각하는 사람일수록 그렇지 않은 언행을 할 가능성이 크다는 것을 의미한다. '이 정도쯤이야' 하는 것이다. '나는 평소에 나쁜 짓을 잘 하지 않는 사람이니 조금 이런다고 문제가 되진 않겠지'라고 생각할 수 있다.

이를 다이어트하는 사람의 심리에 비유하기도 한다. 다이어트를 열심히 하던 사람은 정크푸드(junk food)를 조금 먹는 것은 괜찮다고 생각한다. 다이어트 과정에서 음식을 먹는 것은 그 자신에게만 영향 을 미치지만 사회 구성원으로서 하는 행위는 사회 전체에 파문을 일 으킨다. 오랫동안 청렴결백을 강조한 사람들은 그 고행의 정도가 크 고 가치를 크게 부여할수록 거꾸로 '이 정도 뇌물은 괜찮겠지' 하고 생각할 수도 있다. 평생에 소박하고 검소하게 살았으니 이제 좀 돈 을 얻어도 된다고 생각할 수 있다. 그런 측면은 젊은 시절에 청렴결 백했던 이들이 말년에 부정부패에 연루되는 일이 잦아지는 것과 맞 물리는 현상이다.

착하고 선하게 산 사람들은 보통 웬만한 사람들이 선하고 착하게 산 것에 대해서는 잘 인정하지 않는 경향이 있다. 자기중심적인 생 각이 매우 강한 사람일수록 더욱 그렇다. 잘못을 저지르지 않고 나 쁜 짓을 하지 않으려고 하는 그들은 자신은 선하며 다른 이들은 선 하지 않다고 생각한다. 조직 안에서 문제가 생기면, 자신이 잘못한 것은 그렇게 심한 것이 아니며 다른 이들이 잘못을 저지른 것이라 고 말한다. 세상에서 가장 잔혹한 악들은 자신들이 착하며 선한 일 을 하고 있다는 생각 때문에 저질러진 것일 수 있다. 착한 일에 대한 열정이 높을수록 악을 둔감하게 여기므로 별일 아니라고 생각한다. 600만 명의 유대인 학살과 아메리칸 원주민 학살의 명분을 이러한 맥락에서 볼 수 있다.

더 나쁜 사람도 많은데, 뭐 _____

나쁜 짓을 하게 되는 일은 누구에게나 참으로 흔하다. 아무리 능력 있고 스마트해도 말이다. 하버드 경영대학원 여학생들을 대상으로 한 실험을 보자. 40만 원 상당의 클로에 명품 선글라스를 학생들에게 쓰게 하고 수학 문제를 풀게 했다. 답안지를 파쇄기에 넣게 하고 두 그룹의 학생들에게 점수를 물었다. 선글라스에 '명품' 꼬리표가 붙은 이들은 30%만이 거짓말을 했지만 '짝퉁' 꼬리표가 붙은 이들은 무려 74%가 거짓말을 했다. 왜 그랬을까. 단지 짝퉁이라는 단어 때문에 그들은 더 거짓말을 한 것이다. 더 나쁜 짓을 하는 사람도 많은데 이 정도 속이는 것은 문제가 아니라고 생각했기 때문이다. 즉 사소한 악은 문제가 아니라고 생각한다. 세상에는 나보다 더 나쁜 사람도 많고 더 악한 짓도 서슴없이 저지르니 말이다.

2013년 〈심리과학 저널〉에 실린 미국 하버드대학교와 유타대학교 팀의 연구 결과에 따르면 사람들이 온라인상에서, 아침보다는 오후에 풀리지 않은 문제를 해결하기 위해 정직하지 못한 메시지나 주장을 하는 경우가 더 많은 것으로 나타났다. 평소 도덕적 행동을 중시하는 사람도 오후가 되면 거짓말이나 절도 등의 유혹에 대한 저항력이 약해졌다는 의미다. 오후에 들어 오전보다 피곤했고 정신적으로 집중력이 흐려졌기 때문이다. 물론 항상 거짓말을 하는 이들은 변함이 없다. 중요한 것은 착한 사람이라고 해도 피곤이나 스트레스, 귀찮음이 엄습할 때 사소한 잘못을 쉽게 저지를 수 있다는 점이다.

UC버클리의 화장실에는 금요일에 화장지를 걸어두면 월요일이 되면 없어졌다. 이는 미국에서만 그런 것이 아니라 한국에서도 마찬가지다. 화장지를 걸어두기가 무섭게 없어진다. 학생들이 기숙사나 자취방에서 쓰기 위해 왕창 가져가기 때문이다. 심지어 하나를 통째로 가져가기도 한다. 하지만 이들은 양심의 가책을 느끼지 않을 가능성이 크다. 이쯤이야 하는 심리가 작용하기 때문이다. 개인적으로 이쯤이야 하는 심리는 결국 하나하나가 모여 큰 징후나 현상을 만들어낸다. 이를 우리는 '악의 사회적 전염'이라고 부른다. 처음에는 사소했던 행위들이 점점 옮겨가는 현상을 말한다. 각 개인은 별거 아니며 자신은 그렇게 나쁜 사람이라고 생각하지 않을 수 있지만, 전체적인 면에서는 큰 병증이 된다. 이럴 때 처벌의 칼을 빼들면 억울하다. 왜 나만 갖고 그러느냐, 나는 그렇게 나쁜 사람이 아니라고들 한다.

그렇다면 어떻게 해야 할까.

UC버클리의 화장실에 쪽지가 하나 붙었다.

'화장지는 공유물이므로 개인적인 용도로 가져가지 말라.'

그러자 화장지가 돌아오기 시작했고, 쉽게 없어지지도 않았다. 사소한 잘못이라도 그것이 잘못임을 일깨우고 인정하게 하는 것이 중요하다. 또한 우리는 모두 착한 사람들이지만 대부분 이 정도는 괜찮다는 심리 때문에 큰 악이 저질러질 수 있음을 주의할 필요가 있다. 착한 사람이라는 생각을 버려야 착한 사람이 될 수 있는 역설이 존재하는 것이다.

나폴레옹이
작은 키였다고?

키가 큰 사람은 이로운 점이 많을 거라고 생각하여 많은 학부모가 자식들이 키가 컸으면 좋겠다고 말한다. 반대로 키가 작으면 불리한 점이 많기 때문에 우울하다고 말한다. '작은 고추가 맵다'는 말은 작은 키가 가진 장점을 말하는 것 같다. 그런데 세상의 법칙에서는 이로운 점을 가지고 있는 것이 오히려 약점이 되고, 불리한 점이 강점이 된다.

키가 큰 사람이 좋은 점은 많은 연구 결과에서 나오기도 한다. 또한 작은 키의 장점도 연구의 단골 주제다. 〈임상내분비학 및 대사 저널(Journal of Clinical Endocrinology and Metabolism)〉이 소개한 내용을 보면 덴마크 연구팀이 1만 4,000명 이상을 대상으로 진행한 연구 결과 162센티미터 이하 남성과 151센티미터 이하 여성들을 그보다 키가 큰 사람들과 비교할 때 웰빙지수가 낮았다. 남성의 경우 7센티미터, 여성의 경우 6센티미터 더 클 경우 건강과 연관된 삶의 질이 6.1% 향상될 수 있다는 것이다.

키가 커서 유리한 일들 _____

2009년 프린스턴대학교 앵거스 디톤(Angus Deaton) 교수는 미국 갤럽과 건강 관련 단체인 헬스웨이(Healthways)가 조사한 행복지수(Well-Being Index)를 바탕으로 미국인 성인 남녀 45만 명 이상의 신장과 삶의 만족도 간 상관관계를 조사했다. 그 결과를 보면 삶의 만족도는 평균보다 키가 클수록 높아졌고 작을수록 낮아졌다.

〈가족 이슈 저널(Journal of Family Issues)〉에 실린 미국 노스텍사스대학교와 라이스대학교의 연구에서는 데이트 상대로 키 큰 남자가 선호되는 것을 볼 수 있다. 연구팀은 남성 455명과 여성 470명이 인터넷 포털인 야후에 올린 데이트 광고를 수집하여 키가 데이트 상대를 고르는 데 미치는 영향을 분석했다. 분석 결과, 49%의 여성은 자신보다 더 키가 커야만 데이트할 수 있다고 답했다. 하지만 남성들은 대체로 키가 큰 여자를 선호하지는 않았다. 키가 커야 한다는 건 남성들에게만 해당하는 조건이다.

키가 연봉 등에 영향을 미친다는 연구도 꽤 있다. 우선 미국 펜실베이니아대학교 연구팀이 2001년 밝혀낸 바에 따르면 키 1인치(2.54

센티미터)마다 789달러의 연봉 차이가 난다고 했다. 거꾸로 가계소득이 높으면 키가 큰 자녀가 된다. 디톤 교수의 연구에서는 평균보다 키가 큰 남성의 가구당 평균소득은 작은 남성에 비해 24% 많았고, 여성은 18% 많았다. 자녀의 큰 키는 다시 소득의 증가로 이어진다. 키와 소득이 비례하는 이유는 자신감이 성취감을 높여준 결과라는 해석이 많다. 키가 크면 더 자신감이 생기고 그 자신감이 학업이나 대외적인 활동의 폭을 넓혀주므로 다른 이들보다 기회를 더 일찍잡을 수 있다는 말이다. 이는 결국 생물학적 혹은 유전적인 것이 아니라 사회심리학적 혹은 주관적인 동기부여의 관점에 따른 것이다.

그렇게 본다면, 키가 작고 크고가 중요한 것이 아니라 마음가짐을 어떻게 갖는가가 중요해진다. 이런 주관적인 심리 상태가 작용하기 때문에 키가 작거나 너무 크면 그에 상응하는 단점이 나타난다. 2014년 〈미 국립과학원회보(journal Proceedings of the National Academy of Sciences)〉에 발표된 논문에 따르면, 미 해병 정신건강 전문 임상의와 캐나다 맥길대학교 신경과학 분야 공동 연구진이 "평균 신장보다 작거나 큰 군인들은 우울증에 걸릴 위험성이 높다"고했다.

연구진은 캘리포니아 미 해병대 펜들턴 기지에 복무 중인 20대 군인들을 대상으로 그들의 신장과 우울증 발병의 상관관계를 분석했다. 우선 연구진이 세운 미 해병대 남성 평균 신장 기준은 172~185센티미터로 172센티미터 미만인 경우는 작은 신장, 185센티미터 초과일 경우는 큰 신장으로 분류했다. 이에 따라 평균, 평균 미만, 평균 초과라는 3가지 그룹으로 나눠 각 분포별 우울증 증가·감소 정도를 분석했다. 대체로 평균 신장 분포대의 군인들은 감정의 동요나 우울증을 크게 느끼지 않았지만 평균보다 작거나 클 경우 우울증 증대폭이 상당히 높아졌다. 신장이 너무 작아 운동 능력 수준이 동료보다 뒤떨어진다고 판단하면 심한 자존감 상실로 우울증에 시달렸다. 신장이 너무 큰 것 역시 문제점을 내재하고 있었다. 남들이 '키가 크니 운동 능력도 높겠지'라고 기대하므로 이에 대한 부담감이 있고, 이에 충족되지 못하면 남들보다 큰 상실감과 우울증에 빠졌다.

결혼 상대로는 키 작은 남자가 낫지 않을까? _____

키 작은 사람들에 대한 편견이 허구적이라는 점을 하나의 사례를 통해 살펴보자. 우리가 흔히 알고 있는 '나폴레옹 신드롬'이라는 게 있다. 이를 히틀러 신드롬이라는 말로 바꾸어 부를 수도 있다. 나폴레옹 신드롬이 주로 키가 작은 사람들이 공격적이고 폭력적이라는 말을 담고 있기 때문이다. 작은 고추가 맵다는 말은 부정적인 의미에서 성향이 공격적이고 성격이 고약하다는 뜻을 담고 있다. 그러나 현실은 오히려 반대일 수 있다는 점을 드러내 준 연구가 있다.

2007년 마이크 에슬리(Mike Eslea) 박사가 이끄는 영국 센트럴랭커셔대학교의 연구팀이 BBC 방송의 의뢰를 받아 연구한 바에 따르면, 단신의 사람들이 덜 공격적이었고 장신의 사람들이 쉽게 자제심을 잃고 발끈하는 행동을 많이 했다. 키가 큰 사람들은 화를 잘 냈고 복수를 했다. 그러나 키가 작은 사람들은 평온을 더 잘 유지했다. 왜 이런 현상이 일어날까? 그것은 키 큰 사람들은 일찍부터 남의 눈치를 보지 않아도 되기 때문에 제 성깔을 마음대로 드러냈을 가능성이 크다. 오히려 '싸가지' 없는 행태를 보였을 가능성이 큰 것이다. 그렇게 해도 그의 키 때문에 제지당하지 않을 가능성이 컸을 것이다. 또한 자신의 신체적인 이점을 바탕으로 공격을 하거나 복수에 나설 가능성도 컸다.

이러한 자신감, 나아가 오만함은 이성 간의 관계에서도 드러날 수 있다. 키 큰 남자를 선호하는 여성이 많다는 것은 그만큼 선택할 수 있는 여성이 많다는 뜻이므로 여성을 제멋대로 대할 수도 있다.

2009년 〈진화심리학(Evolutionary Psychology)〉에 실린 영국 센트럴랭커셔대학교 심리학과의 게일 브루어(Gale Brewer), 샬린 라일리(Riley C.) 교수의 19~72세 남성 98명을 대상으로 한 조사에서 키가 큰 남자들은 배우자에 대한 질투심이 적었다. 이는 다른 남성들이 자신의 배우자를 뺏어갈 가능성을 낮게 보고 있다는 의미다. 즉 안심을 하는 것이다. 거꾸로 키가 작은 남성들은 질투심이 좀더 강했다. 이는 자신의 배우자를 뺏길 수 있다는 생각을 더 한다는 의미다. 따라서 배우자에게 더 신경을 쓴다. 연구팀은 키가 작은 남자들이 자신의 여성을 더 보호하고 사랑을 강조하는 경향이 강하다고 했다. 이는 거꾸로 키가 큰 남자들은 여성들을 덜 보호하고 사랑에 좀

소홀할 수 있음을 말한다.

미국경제연구소(NBER, National Bureau of Economic Research)에서 소개한 미국 뉴욕대 연구진의 연구를 보면 부부간의 관계를 누가 더 잘 이끌어가는지 드러난다. 1986~2009년 부부 3,033쌍을 분석한 결과 키가 작은 사람들은 키가 평균이거나 큰 사람들에 비해 이혼율이 32%나 낮았고, 아내보다 돈을 잘 벌고 집안일도 더 했다. 논문의 공동 저자 아비가일 웨이츠먼(Abigail M. Weitzman), 돌턴 콘리(Dalton Conley)는 "이번 연구 결과는 키가 작은 남자들이 높은 수입으로 보충하는 반면, 키 큰 사람들은 상대적으로 더 높은 수입을 얻는 여성들을 유혹하는 경향이 있다는 것을 보여준다"고 했다. 이는 키가 큰 남자들이 자신의 신체 조건을 믿고 여성에게 의존하려고 하는 행태가 많다는 사실을 보여준다.

무엇보다 키 작은 사람들은 키 큰 사람들보다 집안일에 더 많은 시간을 할애했다. 구체적으로 보면 키 작은 사람은 8시간 28분인 반면, 키가 보통인 사람은 7시간 38분, 키가 큰 사람은 7시간 30분이었다. 이 결과가 일반적이라면 키가 큰 남성과 결혼한 여성들은 집안일을 훨씬 더 많이 할 것이다. 키가 작다고 판단할수록 오히려 아내에게 잘하려고 노력할 것이며, 자신이 키가 크다고 생각하는 남성일수록 그렇지 않을 것이다. 요컨대 키가 큰 남성들은 사회적인 프리미엄을 갖고 좋은 자리를 차지했다면, 그것을 가정에서도 그대로 적용하려는 무의식이 발동한다는 것이다.

키와 수명의 상관관계 _____

물론 그들이 사회적으로 프리미엄을 받는다는 점이 사실이기는 하겠지만, 키와 수명의 상관관계 면에서는 키가 작은 사람이 유리하다는 게 대체적인 연구 결과다. 미국 하와이대학교 의과대학 노인의학 전문의 브래들리 윌콕스(Bradley J. Willcox) 박사가 하와이에 거주하는 일본계 주민 8,006명을 대상으로 1965년부터 거의 50년에 걸쳐 진행한 연구가 있다. 2014년에 발표된 그 조사 분석의 결과, 키가 작은 사람들이 오래 살았다. 157센티미터 이하와 162센티미터 이상의 두 그룹으로 나누었을 때 157센티미터 이하 그룹의 수명이 가장 긴 것으로 나타났다. 전체적으로 키가 클수록 수명이 짧은 경향을 보인 이유는 유전자 측면에서 키가 작은 사람이 수명 관련 FOXO-3 유전자의 변이형을 가지고 있을 가능성이 크기 때문이었다. 성장 초기에 체구가 다른 사람보다 작으면 수명이 길었다.

2012년, 벨기에 루뱅대학교의 파울라인(Michel Poulain) 교수와 이탈리아 카글리아리대학교 살라리스(Luisa Salaris) 박사가 이탈리아 서쪽에 있는 사르데냐 섬 남성 500명을 대상으로 연구한 결과도 마찬가지였다. 키가 작은 남성이 장수했다. 살라리스와 파울라인 박사는 여성이 남성보다 평균적으로 오래 사는 것 역시 키가 작기 때문이라고 했다. 미국 뉴욕 예시바대학교 알베르트 아인슈타인 의대의 니르 바질라이(Nir Bazilai) 교수 팀이 작성한 〈국립과학아카데미 회보〉의 논문에 따르면, 100세 이상 장수한 사람의 딸은 여성 표준 키보다 2.5센티미터가 작았다. 1991년 스페인의 홀젠버거 (Holzenberger M.) 박사는 70년에 걸쳐 130만 명의 자료를 분석한 결과와 미국 오하이오의 남녀 1,700만 명을 대상으로 연구한 결과를 내놨는데, 여기서도 키가 작을수록 장수했고 키가 클수록 장수하지 못했다.

왜 그럴까? 연구팀들은 키가 작으면 DNA가 덜 손상되고 세포가 파괴돼도 쉽게 대체되며 심폐 기능이 더 효율적임을 알아냈다. 다양한 생물종에서도 몸집이 작을수록 장수했다. 개, 생쥐, 말, 원숭이 등도 덩치가 작을수록 수명이 더 길었다.

장수는 물론이고 진화적으로 보았을 때 생존하여 남는 것은 키가 작은 사람일 것이다. 특히 생존의 상황이 열악할 때는 더욱 그러했다. 캐나다 몬트리올대학교 등 국제 공동 연구팀이 피그미족 키의 비밀을 밝힌 연구 결과를 발표했는데, 그 이유가 키가 작은 것이 유리하기 때문이라는 것이었다. 각 부족 모두 유전적 변이가 확인됐지만 서로 똑같지는 않다는데, 이는 특유의 '피그미 유전자'를 하나의 조상으로부터 물려받은 것이 아닌 각자 독립적으로 진화해온 결과라는 것을 말해주었다. 이것은 무엇을 의미하는 것일까. 연구의 책임자 몬트리올대학교 루이스 바렐리오(Luis. B, Barreiro) 박사는 "피그미족이 작게 진화한 이유는 밀림 지역에서 활동하기에 유리했기 때문"이라고 했다. 즉, 생존에 유리했다는 의미다. 그는 "덩치가 작다면 장애물을 잘 피할 수 있으며 칼로리 소모량도 적다는 이점이 있다"고 말하면서, "몸집이 작은 만큼 고온 다습한 환경에서 체온 상승을 방지하기도 쉬웠을 것"이라고 했다. 중요한 것은 키가 작은가 큰가가 아니라 자신이 살고 있는 환경이 어떤가이다. 키가 크다는 것은 그만큼 존재를 유지하는 데 가용자원을 많이 소모하는 셈이다. 효율이라는 점에서 보았을 때 키가 작은 사람이 우월하다. 가용자원을 적게 쓰고도 많은 일을 한다. 여성은 남성보다 키가 작고 체구도 크지 않지만 참으로 많은 일을 하지 않는가.

인류의 종족 번식과 키 _____

후손을 많이 남기는 문제를 보면 더더욱 키가 큰 것은 별로 중요하지 않다. 2012년 〈바이올로지 레터(Biology Letters)〉가 소개한 네덜란드 연구팀의 조사에 따르면 통계적으로 서양에서 여성은 평균 키보다 작을 때, 남성은 평균 키 정도일 때 더 많은 후손을 남겼다. 네덜란드 그로닝겐대학교 게르트 스툴프(Gert Stulp) 박사 팀은 1957년부터 50여 년간 위스콘신고등학교 졸업생 1만 명의 직업, 일상생활, 가족, 현재 상황, 건강 등을 6회 반복 조사한 '위스콘신 종단연구' 결과를 내놨다. 스툴프 박사 팀은 1만 명의 자료 중 형제·자매의 자료를 가져왔다. 우선 형제 808쌍과 자매 996쌍, 남매 1,718쌍을 통해 가족의 평균적인 키가 어떤지 파악했으며, 그다음 가족과 자손의 키가 어떤 관계에 있는지 살폈다. 그 결과 키가 작은 가족은 형제, 자매, 남매를 막론하고 모두 평균 이하의 키를 보였다. 또 평균 키를 가진 가족에서는 남자 형제가 여자 형제보다 더 많은 아이를 낳았다. 통계적으로 키 작은 여성과 평균 키의 남성이 더 많은 후손을 남긴다는 점을 생각하면, 결국 키가 작은 가족에서는 여성 쪽 후손이 늘고, 평균 키의 가족에서는 남성 쪽 후손이 늘었다. 스툴프 박사는 "키 작은 여성은 딸에게 키를 물려주지만 아들에게는 그렇지 못하며, 반대로 키 큰 남성은 아들에게 유리하고 딸에게 불리하다"고 말했다. 이런 모습은 하나의 가족이 아니라 전체 인구 측면에서도 나타난다. 키 작은 여성이 더 많은 아이를 낳는다면 전체 인구의 키는 작아져야 하지만, 남성은 평균 키인 쪽의 자손이 많으므로 균형을 이루게 된다. 즉 키가 작은 여자와 평균 키의 남자가 인류의 종족 번식을 함께 책임지고 있는 것이다. 그래서 종족 번식 측면에서는 큰 키가 그렇게 중요하지 않다.

다시 부각하고 싶은 것은 키가 큰가 아닌가, 그리고 그에 따라 사회적으로 성공하는가 아닌가에 대해서는 주관적인 요인도 크게 작용한다는 점이다. 그리고 어느 상황에 있는가가 이 주관적 심리에 영향을 미치고, 사회적 지위도 좌우할 수 있다는 것이다. 나폴레옹의 키도 작지 않았다고 한다. 프랑스인 평균 키가 164센티미터일 때 나폴레옹은 169센티미터였다. 그는 보통 사람보다 5센티미터가 컸다. 그런데 왜 나폴레옹이 작은 키의 이미지로 굳어졌을까. 그것은 나폴레옹 옆에 있던 근위대 척탄병 때문이다. 그들의 키는 최소 178센티미터였다. 나폴레옹이 그들과 함께했기 때문에 '키 작은 남자'라는 이름을 얻게 된 것이다. 키는 이렇게 상대적인 것이다. 만약 이렇게 키가 지나치게 큰 사람들 사이에 있다면 주관적으로 부정적인 생각을 할 가능성이 크다. 만약 나폴레옹이 학생 시절부터 이렇게 키가 큰 근위대들과 어울렸다고 하면 황제가 되지 못했을지도 모른다.

삶이 잘 안 되면
무조건 엄마 탓?

노희경 드라마 〈괜찮아 사랑이야〉에서 지해수는 사랑을 하지 못한다. 엄마 때문이다. 엄마의 불륜 현장을 본 이후 관계기피증에 시달린다. 사랑하는 연인과 키스는 물론 육체적 관계도 맺지 못한다. 장재열은 폭력적인 아버지 때문에 인생이 엉망이 되었다. 둘의 아버지 어머니는 엉망이었고, 이 때문에 그들은 외상을 얻어 정신장애를 갖는 아이들이 되었다. 무엇보다 이 드라마는 어린 시절의 외상이 사람의 일생에 큰 영향을 미친다는 프로이트의 정신분석학에 기대고 있다. 둘은 정신과 의사이고, 베스트셀러 작가이자 유명 방송인이다. 사회적으로 잘되었다. 잘된 부분은 자신들의 능력 때문이고 안된 부분은 부모 탓이다. 이런 드라마는 참으로 많다. 부모들은 이런 외상을 치유해주지 않는다. 무책임하다. 주인공들은 고군분투한다.

왜 어머니와 아버지를 악인으로 만드는가. 프로이트 심리학의 폐해라는 생각이 든다. 프로이트 심리학은 청년 세대가 부모를 부정하는 학문적 논거로 활용되었다. 잘되면 내 탓, 안 되면 조상 탓의 맥락이다. 이 맥락에서는 만약 정신적으로 흠결이 있다면 그것은 부모가 어린 시절 잘못된 말과 행동으로 외상을 주었기 때문이다. 이는 부모에게 책임을 전가하면서 자신의 행태들을 정당화 또는 합리화하는 데 활용되었다.

하지만 아무리 부모가 조심한들 받아들이는 대상, 즉 자녀가 외상을 입을 가능성은 언제나 농후하다. 부모에게만 책임을 물을 수는 없으며 외상이라는 결과가 반드시 부모와 자식 간의 관계에 있다고도 볼 수 없다. 부모의 행동과 말에 대한 이해는 관심이 없다. 그런 면에서 프로이트 심리학은 기존 체제와 사회·문화를 거부하고 정체성을 형성하려는 젊은 세대를 겨냥하여 여러 문화 콘텐츠에 적용되었다.

수많은 소설과 영화, 드라마에서는 이렇게 부모에게 외상을 전가하면서 자신을 정당화하는 내용이 포함되었다. 이러한 맥락의 드라마는 우선 부모 세대의 행동에 모든 책임을 전가하기 때문에 부모 세대를 부정하게 한다. 특히 육아의 책임자였던 어머니를 악녀로 만들기 쉽다. 또한 자신이 불행한 것은 자신 스스로가 아니라 환경적 조건이 불우했기 때문이라는 합리화의 기제를 정당화하게 한다.

어머니를 악녀로 만드는 콘텐츠들 _____

인정옥의 드라마 〈네 멋대로 해라〉에서 고복수는 정유순에게 충고한다. "제대로 된 놈을 만나란 말이야." 참고로 여기서 고복수는 정유순의 아들이고, 정유순은 고복수의 어머니다. 어머니 고복수는 남자를 수시로 갈아치우면서 살아간다. 고복수의 눈에 제대로 된 남자는 하나도 없으며 자신이 아버지라고 불러야 할 이들에게 반말을 하고 행패를 부린다. 아버지라 부를 만한 사람이 없는 것이겠다. 고복수는 그러한 환경에서 소매치기를 전전하며, 드라마는 소매치기를 합리화한다.

〈신데렐라 언니〉에서 송강숙도 여러 남자를 전전한다. 딸 송은조는 이러한 어머니가 불만이다. 은조는 사실상 건전한 성격을 갖지 못하는데 이러한 점은 어머니에게서 비롯된다. 그래서 신경증적인 은조의 행동과 말은 정당화된다. 어머니는 101번째 남자를 만나 마침내 크게 한몫 챙긴 셈이 되었다. 어머니는 악녀가 되는 것이고 딸인 은조는 이에 반항한다. 딸의 행동은 이해시키지만, 어머니의 행동은 이해시키지 않는다.

〈네 멋대로 하라〉의 정유순과는 달리 송강숙은 악녀의 본색을 드러낸다. 두 작품의 공통점은 어머니들이 정상적인 어머니상과는 거리가 멀다는 것이다. 고복수나 송은조는 신경증에 걸린다. 어머니를 부정하고 싶지만 부정할 수가 없다. 더구나 자신이 존재하는 것은 어머니가 그렇게 여러 남자를 통해서 경제적인 문제를 해결했기 때문에 가능한 일이다. 만약 어머니를 부정한다면 자신을 부정하는 셈이 된다. 그래서 둘은 히스테리를 부리곤 한다.

청년기의 심리학으로 보았을 때 당연히 새로운 세대는 기존 세대와 구분하면서 자신의 정체감을 형성시킨다. 부모의 삶은 부정의 삶이 되며, 그들을 부정하는 자식은 올바른 삶을 살아가는 주체가 된다. 하지만 그 주체들은 다시 그들의 자식에게 부정의 대상이 된다. 문제는 주체성의 확립이다.

〈선덕여왕〉에서 미실은 수많은 남자의 연인이자 아내가 된다. 그러한 어머니는 긍정의 존재도 부정의 존재도 아니다. 미실은 남자들에게 종속의 존재가 아니라 주체의 존재이기 때문이다. 현대적 관점에서 보았을 때 미실은 악녀같으면서도 그것조차 확실하지 않다. 그래서 사람들은 덕만이나 천명이 아니라 미실에게 열광했는지 모른다. 어찌 보면 주체에 대한 욕망이다.

그런데 자세히 보면 문제 있는 부모들은 자존감이 매우 약한 사람들이다. 그 부모들이야말로 정신장애의 치료가 필요한 이들이었다. 〈네 멋대로 해라〉에서 고복수가 정유순에게 제대로 된 놈을 만나라고 했을 때 정유순은 이렇게 말한다. "나 같은 게 무슨 제대로 된 것을 만나?" 그러자 고복수가 이렇게 대꾸한다. "어디가 어때서 그래." 고복수의 어머니는 자존감이 매우 낮은 상태에 있었지만, 송강숙은 자존감이 매우 높은 존재다. 오히려 그의 자아는 존중받아야 할 수준을 한참 넘어선다. 남의 자아까지도 과감하게 복제하여 자신의 목적을 위해 사용한다. 하지만 과잉의 자존감도 역시 진실한 만남에는 도움이 되지 않았다.

이들에 비해 미실의 관계는 오로지 목적적이었다. 권력과 부를 전제할 때만 성립할 수 있었다. 무엇보다 미실이 정유순이나 송강숙과 달랐던 것은 스스로 주체가 되고자 했다는 것이다. 과연 미실이 그러한 존재였는지 역사적으로 증명할 수는 없다. 하지만 그러한 존재였다면 고복수나 송은조가 히스테릭한 성격을 보이지는 않았을 것이다. '스스로 구원하라.' 비담은 스스로 자신을 구하기로 했다. 외상을 벗어나 주체가 되고자 했으며, 어머니를 더는 원망하지 않게 되었다.

무엇보다 중요한 것은 왜 이러한 여성들이 비주체적인 존재가 되어야 하는가이다. 그것은 결국 여성이 경제적으로 독립적인 주체가 되지 못하는 상황이다. 드라마 〈찬란한 유산〉에서 백성희가 재혼을 다시 원점으로 돌리려 했던 것은 남편이 담당하던 경제적 수입의 붕괴였다. 백성희는 송강숙과 같이 의붓딸을 철저하게 버리고 자신의 딸만 챙겼다.

모성성이 끝까지 책임을 지려고 했던 것은 본능적인 것이다. 그것은 진화생물학이나 진화심리학이 이야기하듯이 인류 역사 이래로 DNA에 숨겨진 진화적 법칙에 따른 것이다. 그것을 무조건 악녀라는 콘셉트나 프로이트의 심리학적 외상성으로 다루는 것은 상당히 순진한 접근이다. 스스로 히스테릭한 콘텐츠가 될 뿐이다.

부모도 결국 누군가의 자식이었다. 부모의 탓을 하기보다는 그것에 어떻게 대응해나가는가가 더 중요하다. 부모가 아무리 잘해도 아이는 외상을 입을 수 있다. 문제는 그 외상을 입었을 때 각각 편차가 있다는 것이다. 같은 형제나 쌍둥이라도 말이다. 절대 악인의 관점에서 이루어지는 외상은 분명 존재할 수 있다. 특히 트렌디 드라마는 젊은이들을 겨냥하기 때문에 부모 된 자들의 상황이나 심리는 아예 도외시한다. 잘된 것은 자기 탓, 안 된 것은 부모 탓일 뿐이다. 입을 수밖에 없는 외상을 어떻게 회복하고 재생시키는가가 중요할 뿐이다. 최대한 노력하되, 상처를 입었다면 빨리 치유하고 탄력성 있게 앞으로 나갈 방법에 더 집중해야 한다. 그 방법은 이성 간의 사랑 이전에 자기 자신 안에서 찾아야 하는데, 자신이 하고 싶은 일을 하면서 자기 지지기반을 마련할 때 가능한 일이다.

봤지만 못 봤다

하버드대의 크리스토퍼 차브리스(Christopher Chabris)와 대니얼 사이먼스(Daniel Simons) 교수가 어느 날 학생들에게 하나의 영상을 보여주었다. 영상의 내용은 실험치고는 간단해 보였다. 검은 셔츠와 흰 셔츠 차림의 농구팀이 농구공을 패스하는 영상이었고, 교수들이 요청한 사항도 간단했다. 흰 셔츠의 팀이 패스를 몇 번 하는지 세어 달라고 한 것이다.

영상을 다 보고 나서, 학생들은 34번의 패스가 있었다는 점을 대부분 정확하게 짚어냈다. 그런데 교수 팀은 패스 횟수보다 다른 걸 궁금해했다. 학생들에게 선수들 사이에 있던 고릴라를 보았느냐고 물었다. 학생들은 놀라며 전혀 못 보았다고 했다. 다시 그 영상을 보여주자 고릴라 의상을 입은 여학생이 9초간 선수들 가운데에서 가슴을 치면서 천천히 사라졌다. 여러 나라에서 이 실험이 진행됐는데 어느 나라든 50% 이상은 고릴라를 전혀 보지 못했다.

이번에는 패스를 다시 구분해 튕기는 패스와 위로 넘겨주는 패스를 구분해 세도록 했다. 그러자 고릴라를 못 본 비율이 20% 증가했다. 어딘가에 주의를 집중할수록 다른 대상을 알아차리지 못하는 이러한 현상을 '부주의 맹시(inattentional blindness)'라고 한다. 사람들은 특정 부분의 모습이나 움직임에 주의를 주고 있을 때는 다른 사물을 잘 인식하지 못한다. 이른바 '주의력 착각(illusion of attention)' 현상이다.

물론 사람들은 자신들이 알아차리지 못한다는 사실을 부정한다. 미국의 조사에 따르면 75% 이상이 알아차릴 수 있다고 자신했다. 이러한 부주의 맹시는 운전 중에 전화를 한다거나 DMB 시청 혹은 내비게이션에 집중하는 경우 왜 위험한지 말해준다. 운전 중 자전거나 오토바이를 보지 못하고 사고를 내는 이유도 말해주는 인지심리학적 근거다.

부주의 맹시를 막으려면 _____

2012년 5월 1일 오전 경북 의성군 25번 국도에서 DMB를 시청하던 25톤 화물차가 선수단의 승합차를 들이받았다. 이 충격으로 승합차에 타고 있던 사이클 선수들 중 3명이 사망하고 4명이 다치는 사고가 발생했다. 이는 전형적인 주의력 맹시 때문에 벌어진 것으로 짐작되었다.

흔히 핸즈프리는 교통사고의 위험을 줄여주는 도구라고 인식한다. 손으로 전화를 받지 않고 그 손을 운전대에 대고 있으니 그렇다고 생각한다. 그러나 크리스토퍼 차브리스와 대니얼 사이먼스는 문제는 손이나 눈이 아니라 주의력이라고 말한다. 예일대학교 브라이언 스콜(Brian Scholl) 팀의 변형된 고릴라 실험에서 전화 통화를 하면서 과제를 수행한 사람들은 그 대상을 못 본 비율이 90%였다. 그냥 패스를 센 사람들은 30%만 놓쳤다.

흥미롭게도 그들은 패스 횟수 세기는 잘했다. 운행 중인 상황에 비추어 설명하면, 운전자가 운전은 잘했다는 의미다. 반면, 차 앞으로 지나가는 사람은 못 보는 셈이 된다. 운전하며 통화를 하면 사람이 차에 부딪히는지 오토바이가 옆에서 튀어나오는지 보지 못하게 되는 것이다. 따라서 이들은 핸즈프리도 위험하다고 말한다. 더욱이 핸즈프리를 쓰면 안전하다는 마음은 태만을 부를 수도 있다.

2006년 4월, 영국 러킹턴 인근의 레이번 강물이 불자 강 입구에 통행 금지판을 세웠다. 길 양쪽에도 경고 표지판을 세웠다. 그러나 2주일 동안 매일 한두 대의 차가 강물에 처박혔다. 운전자들은 내비게이션만 보고 가다가 표지판을 보지 못했고 강물이 불어 있다는 것도 인지하지 못했다. 이런 상황에서 DMB를 시청하면서 운전하는 것은 더욱 위험하다. 시선 자체를 전방에 주지 않을 확률이 핸즈프리나 핸드폰보다 더 높기 때문이다.

앞서 언급한 경북 의성의 교통사고에서 사이클 선수들을 친 운전자가 DMB를 보고 있었다는 사실이 큰 파장을 일으켰고, 이에 대한 강력한 규제책이 모색되고 있다. 미국의 한 주에서는 최근 더 강력한 규제책이 마련되어 화제를 모으고 있다. 뉴저지 주 포트리(Fort Lee)에서는 걸어가면서 문자를 보낼 경우 85달러(한화 약 10만 원)의 벌금을 내야 한다. 걸으면서 문자를 보내는 행위가 위험한 결과를 낳는다는 진단에 따른 것이다. 너무 심한 거 아니냐는 항의가 있는 가운데 당국은 "3개월 사이 문자를 보내던 보행자 3명이 사망했고, 23명이 부상을 당했기 때문"이라고 밝혔다. 혼자 문자를 보내다가 사고를 당하는 것에만 머물지 않고, 그 사고로 여럿이 다칠 수 있기 때문이라는 것이다. 이도 결국 부주의 맹시가 심화되는 사례다. 어쩌다 한 번 문자에 주의를 두는 것은 덜하지만, 연속적인 문자 송수신은 주의력을 빼앗아간다. 수많은 인구가 이동하는 대도시에서 경찰이 다 단속하기에는 어려움이 있지만, 포트리는 3만 5,000명의 작은 도시이기 때문에 가능할 수도 있다. 서울이라면 불가능하겠지만.

앞의 실험들에서 중요한 것은 옆에 사람이 있을 때는 사고의 위험이 적었다는 점이다. 사람과 대화를 나누며 운전을 할 때는 사고의 위험이 낮았다. 옆 사람과의 대화는 피드백이 빠르고 대화가 전화보다 명확하게 들리기 때문에 주의력을 덜 빼앗기며, 무엇보다 옆 사람이 앞이나 옆에서 튀어나오는 사물을 알려줄 수 있다고 한다.

문자를 보낼 때도 옆에 사람이 같이 있다면 덜 위험할 것이다. 혼자 길을 걸으며 문자를 주고받는 것만큼 위험한 일도 없다. 결국 혼자 놀면 안 된다. 기계가 인간을 돕지만, 중요한 것은 사람의 한계와 본질에 맞는 문화의 구축과 서비스라 하겠다. 자동차는 혼자만의 아늑한 공간성을 제공하여 홀로 운전하는 경우가 많지만 옆 사람이 한 명쯤 있는 것이 좋은 일이 된다. 물론 대화를 하면서 말이다. 카풀이 교통사고 예방 차원에서 좋은 인지심리학적 이유다.

남과 다르게 산다는 것은
정말 좋은 걸까

"남하고 달라도 상관없어. 너희를 이해해줄 사람은 반드시 있어."

영화 〈남쪽으로 튀어〉에서 최해갑이 섬을 떠나면서 아이들에게 한 말이다. 이 말은 영화 〈스토커〉의 주제와 맞닿아 있다. 하지만 개인이 먼저냐, 사회가 먼저냐는 기준 면에서 볼 때는 두 영화가 전혀 다른 영화가 된다.

의식 있는 영화 연출자라면 규칙이나 질서에 맞추어 살라고 말하지는 않을 것이다. 이미 그런 말은 어린 시절부터 숱하게 들었고, 앞으로도 계속 들을 것이기 때문이다. 일탈의 해방감을 주는 것이 영화 같은 대리만족 매체의 기능이라고 할 때, 이는 어쩌면 너무나 당연한 일이다.

남과 다르면 보통 이상한, 괴이한 사람으로 취급받는다. 하지만 자연에서도 돌연변이가 촉매 역할을 하며 진화가 이뤄지는 것처럼 인류의 역사나 문명도 이런 이들이 발전시켜왔다. 이는 민주주의나 산업혁명 이후 자본주의의 상품들도 마찬가지다.

보통 사람과 다른 나 _____

하지만 남과 다르다는 것이 꼭 긍정적이지만은 않다. 〈스토커〉에 등장하는 인디아와 삼촌 찰리는 보통 사람들과 달랐지만, 그들은 보통 사람들이 하지 못하는 짓을 하는 이들이었다. 감독은 트릭을 써서 성적 욕망과 불륜, 근친상간과 같은 도덕적 윤리의 영역에 부합하는 것으로 보이게 한다. 살인의 영역은 그렇다 쳐도 그 이전에 이미 인디아도 살인 장면을 통해 성적 쾌감을 느끼거나 접촉에 대한 이상 거부 반응을 일으키는 데서 도착 증세를 보였기에 정신 병리에서 적절한 사례였다. 사람을 해한다는 면에서 정신 병리였다. 자아 충족의 극단이었기 때문이고, 이는 〈남쪽으로 튀어〉에서 말하는 개성의 자유와 사회적 인정과는 차원이 다른 맥락이다.

현대 과학에서는 정신 병리를 유전자와 뇌 구조 등 생리적 결정론에 따라 분석한다. 과학이 인간의 몸을 치밀하게 해부하여 들어갈수록 사회적 환경론이나 상황 좌우론은 위축되었다. 대체로 중간에서 절충점을 찾기도 한다. 유전적인 요인이 있는 이들이 어떤 상황을 만나면 정신 병리의 범죄가 나온다는 것이다.

〈스토커〉에서는 가문의 혈통 차원에서 이 정신 병리를 다룬다. 그렇다면 이는 마치 뱀파이어 족속과 같다. 같은 혈통을 가지고 있는 이들은 같은 정신 병리가 상존하는 것이니 말이다. 살인 본능이 충만하게 잠재되어 있는 인디아와 찰리는 모두 그런 유전형질을 가지고 있고, 이를 안 인디아의 아버지 리처드가 둘을 격리하려고 한다.

하지만 찰리가 그런 형을 제거한다. 찰리는 그렇게 한 이유를 조카 인디아가 본능에 충실한 삶을 살게 하려는 것이었다고 말한다. 리처드는 인디아에게 인내와 절제를 가르치고 살인 본능을 사냥 본능으로 누그러뜨리려 한다. 승화, 전치시키려는 것이다. 하지만 결국 삼촌 찰리의 손길로 인디아는 자신의 본능을 꺼내 든다. 놀랍게도 본능 자체에만 집중한 찰리와 달리 인디아는 아버지가 가르친 사냥꾼의 요건을 본능과 결합해 사람에게 돌린다.

이 영화는 본능에 충실한 삶을 깨달아가는 인디아의 삶을 중심에 두고 있다. 그러나 한편으로 본능에 충실한 삶을 사는 것은 결국 다른 사람의 목숨을 해할 수도 있다. 그런 사람은 다른 사람과 차이가 나는 개성이라는 측면을 전혀 고민하지 않는다. 오로지 자신의 자아에만 더 집중하기 때문이다. 〈남쪽으로 튀어〉처럼 다른 사람이 자신을 이해하는 것은 더욱 중요하지도 않다. 여기에서 최해갑이 말하는 남과 다른 삶은 이성적인 삶이라는 점을 깨닫게 된다.

그가 선보이는 주민등록증 자르기, 전기요금과 국민연금 거부 등 자기 의사대로 산다는 예들은 본능이 아니고 매우 이성적인 논리를 가지고 있다. 너무 이성적이라 오히려 즉각 동의하지 못한다. 그러나 그 개인 혼자만의 행동으로는 다른 이들에게 큰 해를 주지 않는다. 이에 비해 본능의 삶에 충실하려는 인디아는 당장에 다른 이들에게 큰 해를 가하게 된다. 그것이 바로 본능을 우선하는 삶의 자유로움과 위험함의 양가적(兩價的) 측면일 것이다.

사회의 억압과 자유 본능 _____

그런데 이 본능은 스스로 깨어나는 것일까? 만약 아버지의 존재와 가르침이 계속되었다면, 인디아는 자신의 본능을 깨닫지 못했을 것이다. 어머니조차 연인을 둘러싼 경쟁자인 가운데 아버지의 부재 속에서 그녀는 본능을 깨닫는다. 찰리는 그 촉매제다.

영화는 이렇게 말할지도 모른다. 아버지는 딸의 본능을 억압하고 부재는 본능을 표출시키며 그 본능의 극단은 남의 목숨을 빼앗을 수도 있다는 것, 그것은 개인 혼자만의 힘으로 구성되는 것은 아니라는 점(가족 내력) 등이다. 무엇보다 만약 삼촌 찰리가 인디아와 접촉하지 않았다면 인디아의 무서운 살인 본능, 태생적으로 내재된 그 유전자는 깨어나지 않았을 것이다.

그렇다면 여전히 어떤 사람을 만나고, 어떤 환경에 노출되는가가 중요한 것이 되겠다. 하지만 그것이 부모 마음대로 되지는 않는다. 부모의 결핍을 보상해주거나 부모가 이루지 못한 삶을 대리 성취해주지 않는 것은 말할 것도 없다. 찰리는 부모와 교육자들이 어찌할 수 없는 부정적 환경의 요인들을 상징한다. 찰리의 등장은 통제할 수 없는 본능적 환경과 내력이다.

그런 면에서 이 영화는 본능을 넘어서 무엇인가 이성적으로 이루려는 이들을 무력하게 만든다. 인내와 끈기, 절제라는 이성의 영역도 도구화되어 살인 본능과 그에 따른 쾌락에 종속되어버리니 말이다. 가족(아버지)이 아니더라도 사회에는 찰리를 억누르려는 이들이 얼마든지 있다. 그것이 간과되는 이유는 이 영화에는 오로지 개인과 개인 주변의 가족 구성원만 있고 사회는 아예 배제되었기 때문이다.

〈남쪽으로 튀어〉가 개인의 삶의 자유를 주장하면서 사회와 국가의 이슈들을 끌어들이는 것과 매우 다른 점이다. 물론 〈남쪽으로 튀어〉 같은 스타일은 할리우드나 유럽에서 외면받을 것이다. 그런 면에서 〈스토커〉의 사상적 계보에서 세계관이 어디에서 시작하여 어디로 귀결되는지 알 수 있다.

많은 영화에서는 남과 다른 것을 개성으로 묘사한다. 그리고 주체적이고 나다운 점을 강조한다. 사이코패스도 그렇게 생각할 수 있다. 고슴도치는 자신을 지키기 위해 남에게 가시를 들이댈 수 있다. 하지만 정말 자신을 지키는 것은 화이부동(和而不同)이다.

밥과 예술

영화 〈죽은 시인의 사회〉에서 주인공 닐은 우연히 연극 〈한여름 밤의 꿈〉 주인공 역을 맡으면서 연기에 빠져든다. 입시 교육에 시달리는 학생들을 대상으로 키팅 선생은 시와 소설을 필두로 로마의 대시인 호라티우스의 '카르페 디엠(Carpe diem)'을 외친다. 현재에 충실하고 자신의 길을 가라는 말이다. 이를 실현하는 곳, 즉 억압과 고통, 구속의 반대편에 문화예술이 있다. 문화예술은 자유와 자아실현을 상징한다. 만약 주인공이 자살을 하지 않고 계속 연극을 했다면 어떨까. 즉 학생 연극이 아니라 직업 연극배우가 되었으면 정말 행복했을까 하는 얘기다. 물론 그가 꼭 행복했을 리 없음을 우리는 잘 알고 있다. 더구나 실제 배우는 이후에 어떻게 되었는지 모른다.

이런 사례처럼 자유와 품격, 정신적 고양, 나아가 자아실현을 이루는 맥락에서 문화예술을 그리는 영화와 드라마에서는 현실의 억압과 고통을 넘어 자신의 삶을 찾아가는 젊은 예술가 지망생들을 등장시킨다.

밥과 장밋빛 꿈 _____

그렇다면 현실에서는 창작하는 이들에게 과연 그렇게 장밋빛 꿈이 실현될까. 물론 문화예술은 정말 영혼을 풍부하게 하고 정신적 고양감을 준다. 삶을 더 풍요롭게 만들어줄 것 같다. 하지만 그것을 보거나 취미생활로 하는 것과 그것을 업으로 삼는 것은 다를 수밖에 없다. 자기 작품을 써서 블로그에 올리며 사람들의 반응을 즐기는 것과 그것을 통해 밥을 벌어야 하는 것은 전혀 다른 문제이기 때문이다.

집에 많은 자본이 축적되어 있다면 모를까, 보통의 생활을 할 수 없는 것이 문화예술 종사자들이다. 여기에 관련된 설문이나 통계자료는 얼마든지 있다. 경제적인 부분만이 아니라 내적 고통도 여전히 그들을 분열시킨다. 그래서 이를 감내하고 선택하려면 상당한 용기와 각오가 있어야 한다. 오히려 현실의 많은 조직에서 감내해야 하는 장애들보다 더 클 수 있다. 이 때문에 〈죽은 시인의 사회〉에서 닐의 부모가 그랬던 것처럼 반대하는 것이다. 권총 자살은 타당한 대답이 아니다.

영화나 드라마만이 아니라 교양 다큐멘터리에서도 마찬가지다. 특히 장애인, 다문화, 소외 청소년들과 관련 있는 방송 프로그램을 보면 하나의 패턴이 있는데 바로 문화예술에 대한 선망의 심리다. 어려운 환경 속에서 자신의 꿈을 이루기 힘든 청소년들에게 희망을 준다는 프로그램 포맷이야 좋지만, 그 프로그램들의 주인공은 한결같이 문화예술을 하겠다고 한다. 그렇게 주인공을 선정하는 제작진에게 책임이 있다. 문화예술 자체는 자유로움과 품격을 가지고 있으니 멋져 보인다. 그러나 오히려 그들에게 필요한 것은 직업 교육과 인문학적 성찰력 강화로 보이기 때문이다. 방송 프로그램의 속성상 문화예술은 비주얼이 갖추어지는 데다 시청자의 문화예술에 대한 선망을 파고드는 전형적인 예다.

드라마 〈직장의 신〉에서 또 다른 주인공 정주리는 동화작가가 되었다. 자신이 하고 싶은 일을 찾았다는 것인데, 하필 또 문화예술 분야다. 치열한 현실에 적응하기 위해 고군분투하던 비정규직의 그녀는 더욱 비정규직의 최전선으로 돌아갔다. 자유처럼 보이지만 자유가 아닌 새로운 구속이다. 항상 생계를 고민하던 그녀는 더 극단적인 비정규직 일만 존재하는 곳으로 가버렸다. 인세나 고료를 제대로 받지 못하고 판매에 따른 대가가 불확실한 작가가 되었다. 그러한 결말을 두고 열린 결말이니 웰 메이드니 하는 말이 적합한지 되새겨본다.

진정한 능력은 왜 항상 예술적 능력의 재발견으로 이어질까. 그것은 문화예술이 자유라고 느껴지기 때문이다. 하지만 그것은 직업이 된 문화예술을 낭만화하기 때문에 벌어지는 일이다. 작가 중에서도 동화작가라는 점은 치열한 현실에서 동화의 세계로 갔음을 얘기한다. 동화는 대체로 유아가 읽으며, 아름답고 이상적인 이야기 소재와 주제 의식을 갖고 있다.

웃기는 것은 미스 김은 생계가 아니라 취미로 예술을 하고 있다는 점이다. 더구나 우리의 신이자 영웅인 미스 김 김점순은 또 개인의 힘으로 대면한다. 그러나 영웅은 아무도 구원해주지 못한다. 우리는 그녀를 통해 자신을 돌아보지만 그녀가 우리 옆에 있다 해도 그녀는 비정규직의 현실을 타개하지 않는다. 그녀는 자신만을 위한 영웅이고 신이다. 다른 비정규직들에게는 그렇지 않다. 그녀가 만약 노동조합이라도 만들려고 고군분투했다면, 그가 비정규직 문제에 대한 조직화를 이루려 했다면 그것은 분명 다른 함의를 줬을 것이다. 우리는 신이 아니라 인간임을 다시금 확인시켜주며, 오로지 그러한 단결과 조직화를 통해서만 현실을 타개할 수 있음을 알려줬을 것이다. 어쩌면 드라마 〈직장의 신〉 자체가 한 편의 동화다. 이 드라마에는 비정규직을 조종하는 진짜 주체는 나오지 않았다. 더구나 기업들이 대기업이나 재벌도 아니다. 미스 김의 개인적 능력은 초인적이다. 동화만화라고나 할까. 결국 문화예술의 선호성만큼이나 착오성이 있다. 만약 미스 김이 우리 옆에 있다면 미스 김을 내세워 더 경쟁시키고, 능력이 없다고 간주되는 비정규직을 더 착취하는 것이 자본의 생리이기 때문이다.

요컨대 문화예술은 단지 부자들이 취미생활로 즐기는 것이 아니다. 대부분의 사람이 문화예술로 생계를 영위하려 한다. 생계는 항상 치열한 활동을 토대로 한다. 죽기 살기로 하는 경우도 많다. 더구나 문화예술은 생필품이 아닌 것으로 생각하는 경향이 강하다. 쏠림 경향도 강하다. 하나의 작품이 독식하는 경향도 짙다. 그래서 자유로운 삶을 보장해주는 것이 아니라 오히려 부자유를 제공할 수 있다. 재미있는 것을 업으로 하는 것은 즐거울 수 있지만, 재미있는 것조차 없이 되면 지겨워질 수 있다.

채플린이
쓰리잡 뛴 까닭

　흔히 예술가 중에 다른 장르나 영역에서 활발하게 활동했던 역사적인 인물로 레오나르도 다빈치(Leonardo da vinch)를 들고는 한다. 하지만 역사 속에서 우리가 알고 있는 인물 중에는 이런 다른 면모의 활동들을 한 이들은 그 말고도 무척 많다. 우리는 편견을 가지고 그들에게 고정적인 평가를 내려 두 번 죽이고 있었는지 모른다.

　그들 가운데는 인정을 받은 경우도 있지만 거의 주목조차 받지 못한 경우도 많다. 당장에 주목을 받지 못했더라도 나중에 진정한 가치를 인정받는 경우도 있고, 그 재능 때문에 다른 분야에서 새로운 창작을 하게 되는 예도 있었다. 이는 무슨 의미를 지닐까?

모든 방면에 도전했던 대가들 _____

우리에게 희극 배우로 알려진 찰리 채플린(Charlie Chaplin)은 영화 배우 외에 첼로와 바이올린 연주자이기도 했던 것으로 유명하다. 더구나 왼손잡이 연주자로 첼로와 바이올린 솔리스트였다. 심지어 자신의 연주를 음반(2,000장)으로도 만들었다. 그의 말에 따르면 온종일 음반을 사주는 손님을 기다렸지만, 팔린 건 아쉽게도 3장이 전부였다.

그렇게 그의 음반 사업은 희극처럼 되어버렸지만, 그의 음악적 감각과 재능은 작곡으로 이어졌다. 영화 〈라임 라이트〉 주제곡 등 많은 작품을 자신이 직접 바이올린 연주를 통해 작곡했다. 1954년 냇 킹 콜(Nat King Cole)이 부른 〈스마일〉은 빌보드 10위에 오르기도 했으며, 그의 음악 24곡을 포함한 음반은 독일비평가상을 받기도 했다.

특유의 개성을 지닌 영화를 다수 연출한 우디 앨런(Woody Allen)은 충성도 높은 팬들을 거느리고 있는 감독이지만 소설을 곧잘 썼다는 사실은 잘 알려져 있지 않다. 더구나 그가 매우 오래전부터 소설로 많은 독자를 즐겁게 했다는 점은 더욱 그렇다. 우디 앨런의 단편 〈차라투스트라는 이렇게 먹었다〉가 대표적인 작품이다. 그는 1960년대부터 〈뉴요커〉에 단편 소설을 실었는데 대단한 인기를 끌었다. 더구나 그는 음악가이면서 코미디배우이기도 하다.

일본의 탐미주의 작가 미시마 유키오(三島由紀夫)는 극단 배우로 활발하게 활동하면서 소설을 창작했다. 탐미주의적이고 뛰어난 구성으로 이름이 높았다. 당대 사람들은 《설국》의 작가 가와바타 야스나리(川端康成)의 뒤를 이어 노벨상을 받을 것으로 여길 정도였다. 또한 그는 감독으로서 영화도 만들었다.

시인 이상은 건축가이면서 그림을 그리고 시와 소설을 썼다. 그의 소설은 당시의 사실주의나 계급적인 관점과는 거리가 멀었다. 그의 작품들은 전위적이었고 실험적이었다. 그는 한 평론가가 자신의 소설에 대해 59점을 매겨 참담했다는 말을 남겼다. 만약 당시 영화가 일반적이었다면 이상은 분명 영화감독을 하고 자신이 배우로도 활동했을 것이다.

미술가들의 또 다른 창작을 살펴볼 수 있다. 살바도르 달리(Salvador Dali), '환상적 사실주의'의 대가였던 그는 화가의 감각으로 가극이나 발레의 의상 등 장식 예술에서도 활약했다. 월트디즈니와 합작하여 작품을 만들기도 했고, 그의 단편 만화 〈데스티노(Destino)〉는 아카데미상 단편 만화 부분 수상 후보에 오르기도 했다. 또, 1944년에는 장편 소설 《히든 페이스》를 발표했다. 초현실주의적이고 기괴한 느낌을 주는 그의 소설은 그의 그림만큼이나 상세한 묘사를 통해 몽환적이라는 평을 얻었다.

파블로 피카소(Pablo Picasso)의 창작 이야기도 흥미롭다. 그는 그림만큼이나 실험적인 내용의 희곡 3편과 400여 편의 시를 창작했다. 구두점이 없는 문장 구성 등 파격적이고 창조적인 작품들을 선

보인 것이다.

음악가 가운데에도 이런 창작을 한 이들이 많다. 미국의 가수 겸 작곡·작사가인 밥 딜런(Bob Dylan)은 2016년 노벨 문학상을 받으면서 세상의 주목을 받았다. 미국 포크계의 전설로 통하는 그는 2013년 2월 이탈리아의 밀라노에서 개인전을 열고 뉴올리언스 시리즈 23점을 출품한 바 있다. 미주 및 유럽의 여러 갤러리에서도 작품을 선보였고, 3권의 드로잉집을 출판하기도 했다.

바그너(Wilhelm Richard Wagner)는 독일의 가극 작곡가로 매우 이름이 높다. 그는 배우이면서 희곡작가였고, 그림도 잘 그렸다. 오페라 대본까지 쓴 작곡가는 그가 처음이었다. 오페라는 총체예술로 음악, 노래, 춤, 시, 시각예술, 무대기술의 총합이기 때문에 그만큼 더욱 재능이 요구된다. 하지만 아직도 많은 이들이 그를 그냥 작곡가로 여긴다.

상대성 이론을 통해 세상을 변혁한 알베르트 아인슈타인(Albert Einstein)은 과학자로 생각한다. 하지만 그에겐 과학이 예술이었고 음악이 과학이었는지 모른다. 그는 상당한 솜씨의 바이올린 연주를 했다. 1934년 미국으로 망명한 독일 과학자들을 돕기 위해 연주회를 가졌을 정도다. 아인슈타인은 "상상하지 못하는 자는 창조하지 못한다"고 했다. 상상력이 그의 실험이었고, 양자론을 사고의 영역에서 보여주는 음악성의 최고 형태라고 했다. 즉 그는 음악과 과학이 하나라고 보았다.

영역이 비슷하지도 않은 수많은 장르를 아우르면서 활발하게 작품을 선보이는 예술가도 있는 법이다. 프랑스 시인 장 콕토(Jean Cocteau)는 영화배우, 화가(벽화, 삽화가), 조각가, 도예가, 재즈 연주가였다. 그는 펜과 붓, 카메라 그리고 시로 자신을 표현했으며, 말년에는 영화에 모든 것을 쏟아부었다.

타율적 쓰리잡이 아니라 자율적 쓰리잡으로 ___

판타지스타(fantasista)라는 말은 축구에서 다양한 기술로 경기를 승리로 이끌거나 팬들을 즐겁게 해주는 이들을 가리키지만 원래의 의미는 '다재다능한 예술가'를 뜻한다. 예술가들의 다른 창작적 활동들을 보면 성공하거나 성공하지 못하거나 간에 판타지스타를 떠올리게 한다. 예술가들이 한 분야가 아니고 여러 분야에서 창작을 하려한 이유는 무엇일까?

일단 새로운 분야에 끊임없이 도전하는 그들의 열정과 의지를 높이 사야 한다. 이는 제2막 인생을 꿈꾸는 이들에게 본보기가 될 것이다. 많은 예술가가 대가적인 면모에서 창피를 당하지 않으려고 타장르에 가지 않으려 한 것과 달리 그들은 쉼 없이 도전했다. 물론 그 과정에서 저평가를 받거나 혹평을 받은 예도 많다. 하지만 그러한 노력이 결국에는 그들의 창작과 성취를 더 풍부하게 했다. 오히려 다른 측면들을 간과한 이들에게 잘못이 있다.

무엇보다 그들은 삶과 예술에 대한 하나의 진리를 깨달은 사람들인지도 모른다. 피카소는 "단어로 그림을 그릴 수 있고 시에 느낌을 그려내니 모든 예술은 하나"라고 했다. 작곡가 로베르트 슈만(Robert Schumann)은 "음악가라면 라파엘로의 그림을 연구하고 화가라면 모차르트의 교향곡을 공부해야 한다"고 말했다. 아인슈타인은 항상 과학 이전에 상상력을 강조했다. 상상력을 통해 과학법칙을 창조할 수 있다고 강조하고 문화예술의 중요성을 강조했다. 서로 다르게 보이는 영역이지만 서로 연결되어 있고 상호 시너지를 받는 것이 문화예술임이 분명하다.

그래서 진정한 대가들은 한 분야가 아니고 다양한 분야에서 융합을 해내려 했던 것이다. 지금 21세기에 요구되는 것이다. 여기에서 하나의 시사점을 얻어낼 수 있다. 앞에서 이야기한 예술가들은 모두 평생에 걸쳐 다양한 장르에서 창작을 시도했다는 것이다. 우리가 인생의 전 기간에서 무엇을 해야 할지 가늠할 수 있는 단서가 아닐 수 없다.

인생은 짧기도 하지만 길기도 하다. 많은 도전을 하기에는 짧겠지만 그런 일들이 기다리고 있어 길다. 예술가들만이 아니라 우리도 알아주건 그렇지 않건 인생 전 기간에 걸쳐 다양한 장르와 영역에서 도전하고, 그 도전 속에서 삶의 성취를 이루어가야 한다. 자신이 원하는 다양한 도전 속의 예술가들은 행복했기 때문이다.

이제 경제·사회적인 측면에서 쓰리잡, 포잡을 뛰어야 한다. 비극적이다. 하나의 잡에만 종사해도 편안히 지낼 수 있던 시대는 갔다.

이왕 쓰리잡, 포잡을 뛰어야 하는 사회라면 자신이 원하는 것들을 할 수 있으면 좋을 것이다. 안정된 하나의 잡이 아니라 일 중심으로 하는 사회, 그러나 자신이 좋아하는 일을 하는 사회면 좋다. 만약 하나의 잡으로 먹고사는 사회일지라도 자신이 하기 싫은 일을 하는 상태라면 행복할 수는 없다. 여러 가지 일로 먹고살아도 기본 생활은 보장되는 복지 시스템이 갖추어져야 함은 물론이다. 아무리 자신이 좋아하는 일을 해도 기본적인 생활은 되어야 하니 말이다.

배트맨은
왜 동굴로 들어갔나

　심리학자 존 그레이(John Gray)는 《화성에서 온 남자 금성에서 온 여자》에서 화성인 남자는 자신에게 문제가 생겼을 때 자신의 '동굴'에 들어가 해결 방법을 찾는다고 했다. 일테면, 여성들이 남성들에게 같이 이야기 좀 하자고 할 때 남자들은 혼자 방으로 들어가 버린다. 도대체 왜 그러는지 여성들은 이해를 하지 못하는 경우가 많다.

　영화 〈뷰티풀 마인드〉에서 존 내시는 국가적인 업무와 신변 위협에 따른 고민에 빠지는데, 자세한 이야기를 하지 않고 방에 틀어박힌다. 대화를 요구하는 아내는 답답해 미칠 지경이 된다. 보통 여성들은 고민이 있으면 동굴이 아니라 광장을 선택한다. 다른 사람들에게 고민을 드러내고 문제점을 밝힌 후 해답을 찾으려 한다. 내시는 자신의 주변에 있는 친구들에게도 자신이 무슨 일을 겪는지, 어떤 고민이 있는지 전혀 말하지 않았다. 심지어 자신의 팀원들에게조차 일말의 힌트도 주지 않았다. 그가 정신분열증에 걸려 있다는 사실을 그의 친구들 그리고 은사들도 전혀 몰랐다. 결국에는 그의 아내가 최초로 발견한다. 가장 가까이 살고 있고 지켜보고 있었기 때문일까.

여성들은 친구들에게 자신의 고민이나 상처를 털어놓는다. 그것이 바로 여성들이 광장에 나와서 하는 일이다. 어떻게 보면 이런 광장 방식이 좋을 수 있다. 여러 사람의 다양한 경험과 대안을 들을 수 있으니 당연해 보인다. 하지만 다른 사람들의 의견을 들어도 결국 선택을 해야 하는 사람은 자기 자신이다. 존 그레이는 여성들에게 남성들이 동굴에 들어가거나 나왔을 때 지나치게 닦달하지 말라고 당부했다.

여기에서 동굴은 상징적인 의미일 수도 있고 실제적일 수도 있다. 배트맨은 항상 지하 동굴에 들어가 많은 고민을 하고 자신의 문제점을 해결하려고 한다. 영화 〈다크나이트 라이즈〉에서는 지하 우물 감옥에서 큰 깨달음을 얻어냈다. 그렇다면 이렇게 동굴에 들어가 의사 결정을 하는 것은 실제로 효과가 있는 것일까?

햇빛 쨍한 날 자살이 더 많은 이유 _____

토론토대학교와 노스웨스턴대학교의 연구팀은 〈소비자 심리학 저널(Journal of Consumer Psychology)〉에서 어두운 공간에 있을 때 차분하고 이성적인 판단을 할 수 있다고 밝혔다. 빛의 세기가 줄어들수록 사람들은 협상을 잘해냈다고 한다. 빛이 강하면 강할수록 부정적인 감정이건 긍정적인 감정이건 세진다고 덧붙였다. 혼란스럽고 복잡한 마음은 강한 빛에 노출될수록 강해진다. 이는 이성적·합리적·객관적 판단보다는 그렇지 않은 판단에 따라 의사결정을 할 가능성을 내포한다.

호주 뉴사우스웨일즈대학교 조 포가스(Joe Forgas) 교수 팀은 〈실험심리학 저널(Journal of Experimental Psychology)〉에서 사람들은 맑고 햇빛이 좋은 날 들뜨기 쉽고 가볍게 판단하기 쉽지만, 자신이 무엇을 보고 대했는지 잘 기억하지 못하며 자신이 소비한 결정을 더 긍정적으로 생각한다고 밝혔다. 이는 이성적인 의사결정을 하지 못한다는 의미다. 거꾸로, 날씨가 우중충한 날일수록 사람들은 합리적인 선택을 한다. 이에 따른다면 쇼핑 매장에는 조명을 가능한 한 현란하고 밝게 해야 한다. 차분한 조명은 오히려 소비를 줄이게 한다. 조명에 따라 감성의 터치가 달라진다. 이런 맥락에서 네덜란드 에인트호번의 필립스연구소 숍랩(Shop Lab)은 매장에서 쇼핑객의 감성을 사로잡을 조명을 전문적으로 연구한다. 어쨌든 소비자로서는 조명에 휘둘려 소비하는 것을 경계해야 한다.

심리적으로 우울한 사람이 지나치게 화려하고 밝은 공간에 있으면 우울증이 심화된다는 연구도 있다. 프랑스의 한 연구에 따르면 마르세유에서는 온화한 날 자살이 증가한다고 했다. 우중충한 날 우울해서 자살이 증가할 것 같다는 일반적 인식과는 전혀 다른 결과다. 비교당하는 상황에서는 우울증이 있을 때 더욱 심화된다. 우울증이란 상대적인 측면이 있고, 그에 따라 달라질 수 있음을 주의해야 한다. 우울증은 누구에게나 발생할 수 있다. 물론 남성들에게도 얼마든지 존재한다. 그래서 없는 척하는 것이 문제가 된다. 남성들이 동굴을 찾는 경향이 있음을 인정하는 것이 우선 중요하다. 왜 동굴에 들어가느냐고 타박할 일이 아니다. 동굴에 들어가지 않은 이들도 사실은 들어가고 싶은 것이다.

지나치면 부족함만 못하다 ____

조직에서도 이러한 점은 다시금 생각할 수 있다. 어쩌면 각 조직에는 동굴의 방이 필요할지도 모른다. 햇빛이 들지 않고 조명도 거의 없는 방 안에 있을 때, 더 객관적이고 합리적인 판단을 할 수 있을 것이다. 아니면 집단이 모두 어두운 조명의 공간에서 집단 숙의를 할 수도 있겠다. 물론 지나치면 부족함만 못하겠지만.

배트맨은 동굴에 있었기 때문에 이성적이고 합리적인 판단을 할 수 있어 정의를 수호했는지 모른다. 하지만 지나친 은둔은 배트맨의 활동 자체를 못 하게 할 수 있다. 2004년 전문가들은 이탈리아 피렌체의 산 로렌초 성당 바닥에서 지하로 들어가는 입구를 발견했다. 르네상스 시기 최고의 명문가였던 메디치가의 가족무덤으로 들어가는 통로의 입구였다. 9구의 유골을 발견했는데 이 가운데 6개의 유골에서 구루병을 발견했다. 이는 햇빛을 충분히 보지 못했기 때문에 발생한 것이라고 연구진은 결론을 내렸다. 최고의 명문가 사람들은 합리적이고 이성적인 판단들을 통해 최고의 명문가를 유지했는지 모르지만, 결국 구루병에 걸려 몰락한 셈이 되었다. 막대한 부와 권력이 무용지물이었다.

뱀파이어와
비타민D

어두침침한 동굴 이야기를 했는데 이제는 밝은 빛에 대해서 말해보자. 밝은 빛은 어디에나 있기 때문에 그것을 하찮게 여길 수 있다. 실제로 우리는 그 중요성을 간과해왔다. 어디에나 존재하는 공기에 대해서 그러듯이 말이다.

영화 〈매트릭스〉에서 인공지능 시스템에 대항하는 인간 반군은 지구 중심에 시온이라는 기지를 건설하고 항전한다. 그들은 햇살이라고는 하나도 보지 못하는 상황에서 전쟁을 벌인다. 과연 그들은 승리할 수 있을까? 적어도 인간이 비타민D를 흡수해야 하는 운명을 타고났다는 점을 생각한다면, 쉽지는 않아 보인다. 비타민D는 음식에서 획득하기가 쉽지 않기 때문에 그들이 전쟁에서 이기려면 간편하게 햇빛을 누려야 했다. 더구나 핵전쟁으로 지구는 온통 잿빛 구름에 가려 있으니 아이들이 태어나도 성장이나 제대로 할 수 있을지 의문이다. 뱀파이어 종족같이 되지 않는 바에야 말이다.

뱀파이어들은 햇빛을 싫어하니 당연히 체내에 비타민D가 없을 것이다. 이 비타민이 없으면, 칼슘 부족 때문에 구루병에 걸리고 만다. 신체 골격의 변형이 일어나거나 키가 자라지 않거나 안짱다리가 되고 만다. 따라서 〈드라큘라 백작〉이나 〈트와일라잇〉의 에드워드 같이 훤칠한 신장은 나올 수 없다. 〈반지의 제왕〉이나 〈호빗〉의 골룸 같은 캐릭터는 가능할지 모른다.

최근 영국의 한 대학 팀이 의학 저널에 발표한 내용에 따르면 골룸이 패배한 이유는 햇빛이 들지 않는 지하에 살면서 썩은 고기를 먹기 때문이라고 밝혔다. 즉 비타민D가 생산되지 않기 때문에 몸에 질병이 많고 구루병에 걸리니 햇빛 속에 있는 주인공을 이길 수 없다는 것이다. 연구진은 소설이나 영화에서 악인이 영웅에게 지는 것은 이 때문이라는 말도 덧붙였다.

팀 버튼의 〈배트맨2〉에 나오는 펭귄맨도 지하 하수도 세계에서 펭귄들과 거주하는데 키가 작달막하고 얼굴이 항상 창백하다. 작고 창백한 겉모습처럼 실제로도 그는 건강하지 못하다. 그래서일까. 배트맨에게 패배하고 만다. 조커 역시 마찬가지다. 그는 항상 지하에 있으며 주로 밤에 움직인다. 역시 배트맨에게 패배한다.

그럼 배트맨도 밤에만 움직이니 패배해야 하는 것 아닐까? 하지만 배트맨의 실제 인물인 부르스 웨인은 낮에는 다른 이들처럼 인간의 삶으로 돌아오므로 낮에 야외활동을 할 수가 있다. 다만, 배트맨으로 돌아다니지 못할 뿐이다.

햇빛으로 얻는 필수 영양소 _____

최근 비타민에 대한 논란이 많다. 비타민에 의존하는 것에 대한 경종이라고 할 수 있다. 비타민D는 태양 비타민이라고 하는데 달걀노른자, 생선, 간에서 얻을 수 있다지만 대부분은 햇빛을 통해 얻는다. 이 비타민은 근골격계 성장을 돕고 각종 암·심혈관 질환을 예방하며 면역력을 강화하고, 감기나 우울증에도 관여한다. 특히, 햇빛이 감소하면 호르몬 분비에 이상이 생겨 우울증에 빠질 수 있다.

한 조사 결과에 따르면 국내 인구 가운데 88%가 비타민D 결핍이라고 한다. 2013년 2월 건강보험심사평가원의 발표는 더 심각했다. 2007년부터 2011년까지의 심사 결정 자료를 분석한 결과, 비타민D 결핍증 관련 진료 인원이 2007년 약 1,800명에서 2011년 약 1만 6,000명으로 5년간 약 1만 4,200명이 증가했다. 이는 매해 평균 81%가 증가한 수치다. 더구나 여성들의 증가율은 10배였다. 피부미용 등의 목적으로 지나치게 햇빛을 꺼리는 현상은 젊은 여성들의 비타민D 결핍을 유발하며 총체적인 건강에도 문제가 되고 있다.

2013년 11월 말 서울대가 내놓은 자료에 따르면, 서울대 학부생과 대학원생 5,239명을 대상으로 실시한 2013학년도 정기 건강검진 결과 비타민D가 부족한 학생의 비율이 96%였다. 실제로 하루 평균 야외활동 시간이 30분이 채 안 되었다. 이는 특정 대학만이 아니라 모든 대학이 마찬가지일 것이다.

남학생 95%, 여학생 96%로 여성이 약간 더 높았는데 그 이유는 뭘까? 피부노화나 피부암에 대한 걱정으로 여성들이 햇빛을 피하기 때문이다. 선크림을 바르고 항상 얼굴을 가리려 한다. 우윳빛 피부를 유지하고 싶어 하는 경향도 있다. 그러나 이는 자칫 자궁에도 영향을 준다. 2013년 7월 미국 국립보건연구원은 "하루 햇빛 노출 시간이 1시간 이상인 여성의 자궁근종 진단율이 그렇지 않은 여성보다 40% 낮게 나타났다"고 발표했다. 또한 햇빛 결핍은 여성들의 골다공증을 악화시키거나 촉진할 수 있다.

초·중·고 학생들 중에도 구루병을 앓고 있는 이들이 있는데 이는 잘 못 먹기 때문이다. 그러나 최근에 문제가 되는 경우는 장년 이상의 노년층이었다. 건강보험심사평가원이 발표한 바에 따르면, 비타민D 결핍증 환자가 소아보다 고령층에서 더 많이 발생하고 있다. 이유를 추측해보면, 아이들은 칼슘 등으로 성장장애가 올 수 있기 때문에 신경을 쓰지만 장년층 이상은 이에 대해서 신경을 안 쓰고 있다는 점이라 할 수 있다.

우리는 새벽부터 일어나 밤늦게까지 열심히 일하고 공부도 정말 열정적으로 하고 있다. 하루에 5~10분간 햇볕을 쬘 시간적 여유도 없다. 건물들은 높다란 마천루를 자랑하고 일조권에 대한 인식은 여전히 낮다. 북촌과 같이 산책하기 좋은 동네가 부각되는 것은 이 때문인지도 모른다. 햇볕이 따뜻하게 드는 곳을 거니는 것은 비타민이 아니어도 사람을 기분 좋게 만들어준다. 햇볕을 받을 수 있는 권리는 어린 학생들에게도 노동자나 노인층에게도 항상 명백하게 확보되어야 한다. 그래야 개인의 건강을 해치고 의료비 상승을 높이며, 국가 경쟁력을 떨어뜨리고 창조적 활동을 저하시키는 여러 질병을 예방할 수 있다. 그런 점을 무시하면 뱀파이어나 악인처럼 생산적인 활동을 파괴하는 존재가 될 뿐이다.

2장

사회와 문화

작심삼일, 결국 당신의 생체시계 때문

   금연이나 금주, 다이어트 그리고 아침형 인간 되기 등 새해 계획은 어김없이 작심삼일이 되고 만다. 이유는 각 계획에 따라 다를 수밖에 없다. 우선 담배를 예로 보자. 2009년 영국 엑서터대학교 스포츠과학과 에이드리언 테일러(Adrian Taylor) 교수 연구팀은 운동을 하게 되면 도파민이 분비되어 담배 생각을 덜 하게 된다고 밝혔다. 이런 연구 결과에 따르면 운동만 하면 금연은 떼놓은 당상이다. 일본의 세로토닌 연구 권위자인 아리타 히데오(有田秀穗) 박사는 도파민이 많이 분비되게 하려면 세로토닌을 활성화시키면 된다고 한다. 하지만 운동할 때만 도파민이 분비된다는 한계가 있다. 담배 생각이 날 때마다 운동을 할 수는 없는 노릇이다.

영국 하트퍼드셔대학교 리처드 와이즈먼(Richard Wiseman) 교수는 목표를 세분화하고 그 세분화된 단계마다 보상을 주라고 말했다. 이 역시 성취감에 따른 도파민이나 세로토닌의 분비를 유도하는 것이다.

아울러 독일 콘스탄츠대학교 심리학과 션 맥크레이(Sean Macrae) 교수 팀의 연구 결과에 따르면 계획을 추상적으로 세우는 사람들이 계획 달성에 실패하는 것으로 드러났다. 2009년 미국 심리과학협회의 〈심리과학(Psychological Science)〉에 소개된 내용을 보면 이렇다. 학생들에게 3주 동안 실행할 여러 과제를 내주었는데 은행 계좌 개설하기, 일기 쓰기 등 평범한 내용이었다. 그런데 과제 내용은 같지만 지시 사항은 그룹에 따라 달리 주었다. 학생 절반에게는 은행 계좌를 여는 사람의 특성에 대해 쓰라는 등 '추상적인' 과제를 냈다. 다른 학생들에게는 은행 계좌를 열려면 구체적으로 얼마가 필요한지, 은행 창구직원에게 가서는 뭘 말해야 하는지 등 '구체적인' 계획을 작성하게 했다. 연구진은 학생들의 은행 계좌 개설 날짜를 기다렸다. 결과는 추상적인 생각부터 하고 계획을 짠 학생들은 은행 계좌를 여는 날짜가 한정 없이 늘어졌다. 반면 구체적인 실행 계획을 짠 학생들은 훨씬 빠르게 개설했다. 맥크레이 교수는 "미루는 사람들의 특징은 멀고 이뤄내기 힘든 일을 추상적으로 계획하는 경향이 있다. 막연히 계획하면 막연히 미루게 된다"고 했다. 이는 다시 말해 구체적인 실행 계획을 짤 때 일이 빠르게 달성된다는 것이다.

예일대 연구진이 졸업생들을 대상으로 20년 동안의 연구를 통해 밝혀낸, 큰 목표를 위해 구체적인 목표를 가지고 있을 때 성공한 비율이 높다는 것도 마찬가지 맥락에서 이해할 수 있다. 이는 구체적인 계획을 세우지 않는 사람들은 작심삼일이 되기 쉽다는 것이다. 세부 계획을 쉽게 성공시킬수록 쾌감과 즐거움의 호르몬이 증가하고, 그 경험이 학습되기 때문이다.

개인의 시계와 사회의 시계 _____

앞서의 논의들은 철저하게 개인적인 차원에서만 접근하는 논리다. 작심삼일의 책임을 개인에게 전가하고 있기 때문이다. 시간 생물학자 틸 뢰네베르크(Till Roenneberg)는 《시간을 빼앗긴 사람들》에서 다르게 접근한다. 그는 사람들이 작심삼일에 그치는 것은 각자가 가지고 있는 시계, 즉 생체시계 때문이라고 한다. 그런데 문제는 각 개인의 시계와 사회에서 요구하는 시계가 다르다는 점이다. 그러한 차이 때문에 사람들은 만성피로와 수면부족, 스트레스와 불안, 우울증을 앓고 있다는 것이다.

이 때문에 사람들은 술 담배를 자주 찾게 되고 커피 같은 카페인이 들어간 음료를 자주 찾게 되는가 하면, 매운 음식과 같이 자극적인 음식을 통해 심적 부담을 해소하려고 한다는 것이다. 여기에 단 음식을 섭취하여 일시적인 기분 전환을 누리는 데 중독된다는 것이다. 이는 결국 비만과도 밀접하게 연결된다.

자신의 생체시계와 사회적 시계, 내부의 시간과 외부의 시간이 다른 것을 사회적 시차증이라고 한다. 몸에서 요구하는 시간과 사회에서 요구하는 시간이 다른 이 증상은 중부 유럽의 경우 인구의 40%가 2시간, 15%는 3시간의 차이로 나타났다. 틸 뢰네베르크는 전인구의 60%가 출근 시간이 이르다고 주장한다. 더욱이 집이 먼 사람들은 더욱 일찍 집에서 나와야 하므로 항상 잠이 부족하다. 작심삼일은 개인의 문제가 아니라 개인과 사회의 시간 차이 때문에 벌어지는 일인 것이다.

요컨대, 사회적 시차증의 가장 큰 문제는 바로 만성적 수면부족을 일으킨다는 것이다. 특히 시간의 자기 통제권이 없는 샐러리맨일수록 이러한 증상이 더욱 심하다. 만성적으로 수면이 부족하면 집중력과 운동 능력, 인지 능력이 떨어짐은 물론 식욕감퇴, 소화불량에 걸리며 변덕과 우울 증상에 시달리게 된다. 7시간을 잔 사람은 8시간을 잔 사람보다 자주 감기에 걸렸고, 93% 수준에서 푹 잔 사람은 98% 잔 사람보다 2.5배나 감기에 더 잘 걸렸다. 따라서 개인의 건강은 떨어지고 정신은 장애가 생긴다.

정신적으로 불안정한 상태에 이르기 때문에 이를 안정의 상태로 되돌려놓아야 하는데, 이때 찾는 것이 대부분 수면이 아니라 담배와 커피 같은 각성제다. 한국에서도 커피 소비량이 갈수록 늘어나고 있다. 커피를 아무리 마셔도 피로감이 가시지 않는 인구가 증가하고 있고, 커피에 대한 의존도는 더 높아지고 있다.

다시 요약을 해보면, 시간을 마음대로 쓸 수 없는 사람들은 자신의 뜻대로 계획을 달성할 수가 없다. 술이나 담배를 피하려고 해도 자기 마음대로 할 수 없는 사회적 일과 때문에 스트레스를 받고, 이 때문에 술, 담배, 커피를 끊지 못하게 된다. 문제는 생체시계이며, 수면 부족을 해소하는 일인데 말이다. 잠을 자는 등 마음대로 몸을 쉬지 못하기 때문에 업무 외의 다른 일을 성취하기는 쉽지 않다.

미국 UC버클리대 연구팀 조사에서 부자에게는 시간이 상대적으로 천천히 흐르지만 가난하면 시간이 더 빨리 가는 것으로 나타났다. 그래서 가난한 이들은 항상 시간이 없다며 시간에 쫓기는 모습을 보인다. 시간에 쫓길수록 자신이 계획한 일을 제대로 할 수 없을 가능성이 크다. 연구팀은 시간이 많다고 느끼는 사람은 스트레스를 덜 받는다고 했다.

틸 뢰네베르크는 10대에 술과 담배를 배우는 경우가 많은 것은 이런 사회적 시차증에 따른 스트레스와 우울 등 불안정한 정신 상태 때문이라고 말한다. 피로가 많은 사람이 아침에 일어나기는 쉽지 않다.

새해를 맞아 가장 먼저 시도하는 것이 금연이다. 그러나 작심삼일인 경우가 많다. 금주는 더 말할 필요가 없을 정도로 지키기 어려울 것이다. 중요한 것은 잠을 푹 자는 것이다. 그래야 금연과 금주가 잘될 확률이 높다. 물론 그것은 개인의 의지 문제가 아니라 사회적 시차의 문제임이 분명하다.

무엇보다 각자의 생체 시간을 잘 알아야 한다. 저녁형 시계를 가지고 있는 사람들은 아침형 인간이 될 수 없다. 또한 대체로 나이가 들수록 아침형 인간이고 젊을수록 저녁형 인간이다. 왜 최고 리더들이 일찍 일어나 회사에 출근하는지도 알 수 있다. 농업과 산업 시대에 유리했던 아침형 인간이 최고 관리자가 되어왔으니 말이다.

이제 달라져야 한다. 각자에게 약이 잘 듣는 시간, 암기와 사고가 잘되는 시간, 작업 속도가 빨라지는 시간이 따로 있기 때문이다. 이런 생체시계를 배려한 노동과 업무가 이루어지는 사회가 되어야 모두 행복하고 장수할 수 있다.

아홉수라서
그렇다고?

전통적으로 '3'은 길수(吉數)다. 복과 부를 가져다준다는 숫자인데, 3보다 더 길한 숫자가 있다. '9'다. 9는 3이 3번 곱해져 얻은 수이니 정말 큰 길수가 되는 셈이다. 한편, 9는 '오래 산다'는 뜻의 '구(久)'와 비슷하다. 고대의 황족들은 어떻게 해서든 자신들을 9와 연결하려고 애썼다. 곤룡포에는 9마리의 용이 있다. 구룡포(九龍袍)라고도 한다. 자금성에는 9,999개의 방이 있다. 우임금은 천하를 구주(九州)로 나누었다. 9는 음양오행에서 금(金)을 상징하기도 했다. 신라 역시 전국을 9주로 나누었고, 9서당이라는 군사제도를 만들었다.

중국 신화에 등장하는 '육오(陸吾)'라는 신은 사람의 얼굴에 9개의 꼬리를 가지고 있었다. 9는 꽉 채워진 숫자다. 꽉 채워졌기 때문에 극상, 다른 말로 하면 이미 꺾어짐을 상징한다. 대개 '아홉수'는 부정적으로 인식되지만 '9'가 너무 길하니 액운이 따를 수 있음을 경고한 말이다. 수비학 연구자들에 따르면 9는 용서와 공감, 성공을 담은 숫자라고 한다.

9라는 숫자를 황제나 귀족들만 소중하게 여긴 것은 아니다. 전례 민속으로 아홉 차례가 있는데 대보름날 모든 행위를 아홉 번 하는 것이다. 우리나라 전통적인 한약재 수치법과 전통차의 제다법은 모두 구증구포(九蒸九曝)다. 백범 김구 선생의 이름은 본래 거북 구(龜)였으나 나중에는 아홉 구(九)로 바꾸었다. '열 사람이 있으면 아홉 번째에 해당하는 사람'이라는 겸손의 뜻이 담겨 있다.

여하간 아홉 마리의 용과 같은 쓰임을 통해 보듯 9라는 숫자는 평범하지 않은 것을 의미한다. 꼬리 아홉 달린 동물은 상서로운 것을 의미한다. 대표적인 것으로 구미호(九尾狐), 즉 꼬리 아홉 달린 여우가 있다.

'9'에 대한 동서양의 관점 차이 _____

서양인들은 9를 마케팅에 활용한다. 99달러는 아직 100달러 단위가 아니라 10달러대라는 것을 부각해 소비자의 구매를 유도한다. 아직 두 자릿수이니 비싸지 않음을 부각하는 것이다. 하지만 동양에서 아홉은 '아홉수'라는 단어를 더 먼저 떠올리게 되는데, 이는 동양적인 철학적 지혜가 있는 개념에서 출발했다. 물론 지금은 이와 많이 동떨어져 있다. 공포감과 두려움만 남아 있다.

최고의 인기를 끌었던 KBS 〈개그콘서트〉 '씨스타 29'에서는 안 좋은 일이라 생각하는 것에는 모두 "아홉수라서 그래!"라고 딱지를 붙이고 만다. 스물아홉에는 당연히 안 좋은 일이 생기기 때문에 체념하면서 합리화한다. tvN 드라마 〈아홉수 소년〉에서는 아홉수에 걸린 4명의 남성 캐릭터가 등장한다. 한 점쟁이는 서른아홉의 주인공에게 이렇게 말했다. "아홉수가 끼어서 될 일이 아무것도 없다." 또 다른 역술가는 4명의 아홉수 아들을 둔 엄마가 아들들의 결혼에 대해 궁금해하자, 1명만 귀한 인연과 이어진다는 말도 한다.

아홉수이기 때문에 될 일이 없다는 것은 주술이나 마법에 걸린 듯하다. 불행이 충만한 사람들이 등장하는 주술적이고 미스터리한 콘셉트의 드라마인 셈이다. 애초에 아홉수가 가진 철학적인 인과관계는 배제하고 마치 불변의 메커니즘이라도 되는 듯이 여기는 관점이 지배하고 있다. 주술적이고 불가항력적인 콘셉트는 초월적인 힘과 이를 뛰어넘는 초능력을 등장시킬 수도 있을 것이다.

하지만 이대로라면 아홉이라는 숫자는 부정적일 뿐이다. 아홉은 본래 부정적인 숫자가 아니라는 점을 잊어버렸기 때문이다. 아홉이 부정적인 숫자가 아니며 매우 철학적이면서도 긍정적인 진리를 포함하고 있다는 점은 뒤로 밀려난다.

왜 '은하철도 999'일까 _____

아홉수는 왜 이렇게 위험하게 간주되는 것일까.

애니메이션 〈은하철도 999〉에서 철이와 메텔이 영원한 생명을 얻기 위해 탑승한 열차가 999호였다. 왜 많은 숫자 중에 999호였을까 궁금증이 한 번쯤은 있었다. 동양에서 아홉은 가장 완전한 수다. 가득 찬 수 9가 3개나 있으니 이보다 더 완전할 수가 없다. 여기에 석 삼자라는 길한 숫자가 포함돼 있다. 1,000 바로 전의 999이므로 더는 충만할 수 없는 숫자인 것이다.

완전하다는 것은 가득 차 있다는 의미를 말한다. 29살은 20대에서 가장 나이가 많다. 20대 가운데 가장 위에 있는 연장자다. 하지만 30대로 넘어가야 하는데 30으로 넘어가면 이제 30대의 제로에 해당한다. 30살은 이제 30대에서 지위가 가장 낮아 쌓아놓은 이점이 아무 것도 없게 된다. 그야말로 알의 상태가 된다. 20대 초는 좌충우돌이지만 29살은 그렇지 않다. 30대 초반은 또 바쁘고 정신없지만 39살은 30대의 생활에 익숙하고 평안하다.

9는 거안사위(居安思危)의 경지다. 평안할 때 위기를 생각한다는 말이다. 사람은 무릇 가득 찰 때 주의해야 한다는 것이다. 그릇에 물이 차면 스스로 넘쳐흐르기 쉽다. 잘나가는 찰나에 오히려 아무것도 아니게 되기 쉽다. '찰 영(盈)'이라는 글자에는 충만이라는 뜻이 있는데, 교만하다는 뜻도 있다. 가득 차면 다 이뤘으니 자만에 빠질 수 있음을 경계해야 한다.

가득 차면 곧 쇠퇴하는 것이 자연의 이치다. 달도 보름달이 되면 곧 줄어들고 꽃도 화사하게 피면 곧 수그러든다. 숲도 극상을 이루면 녹음이 바랜다. 그러나 다시 줄어들면 극상의 충만함으로 나아간다. 아홉수를 잘 넘긴다는 것은 교만하지 않고 근신하며 겸손해야 함을 뜻한다. 아홉수라는 개념으로 돌아오면 사람이 10년 단위로 성장과 조절을 교차로 해야 함을 뜻하기도 한다.

꼬리가 아홉 개 달린 구미호는 원래 영민하고 상서로운 동물로 간주됐다. 하지만 그 영민함을 믿고 재주를 부리는 캐릭터가 되기도 했다. 자신의 재주가 많으니 그것을 믿고 오만하거나 탐욕적이 된다. 그 탐욕은 인간이 되기 위한 살상으로 이어졌는데 그 대상은 바로 인간, 그중에서도 남자였다. 구미호는 999개의 간을 먹었고, 1개의 간을 더 먹어 인간이 되려 한다. 999개로 만족한 것이 아니라 하나를 더 채워 더 완전한 존재가 되고 싶다는 교만함을 부렸던 것이다. 여우는 여우대로 자족하는 것이 좋으리라는 관점이 담겨 있는 셈이다.

'은하철도 999'를 해석해보면 영원한 생명을 구하려는 행동 자체가 이미 지나친 행동일 수 있다는 것이다. 인간은 이미 충만한 점을 알고 자족해야 한다는 주제 의식이 제목에 담겨 있다. 만약 영원한 생명 1,000을 채우는 순간 인간은 더 위험할 수 있음을 경계하는 것이다.

그런데 한국에서 아홉수는 무조건 미스터리한 주술의 대상으로만 간주돼 등장한다. 스스로 만들어내는 자만과 안일함을 경계하고 항상 성찰하는 삶을 일깨우는 것이 아홉수라는 콘셉트인데 방송영상 콘텐츠에서는 무속의 코드에 오컬트 코드가 젊은 세대의 초월적 욕망에 결합되고 있다.

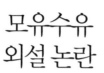

모유수유
외설 논란

2013년 2월 호주의 한 카페에서 아이에게 젖을 먹이는 여성을 직원이 제지했다. 여성이 수유를 그만두지 않자, 사장이 나섰다. 여사장이었다. 하지만 그 아이 엄마는 아이에게 젖 먹이는 일을 멈추지 않았다. 여사장은 모유수유는 불쾌한 행동이라고 거듭해서 말했다. 이같은 사실을 페이스북에 올리자, 모유수유를 반대한 여사장에게 항의 댓글이 수백 개 달리고 해당 카페 앞에는 모유수유를 찬성하는 여성들의 시위가 벌어졌다. 결국 여사장은 자신의 행동을 사과했다.

수유 논란은 일상 공간보다는 매체에서 더욱 논란이다. 2006년 7월 미 육아 잡지 〈베이비 토크〉가 외설 논란에 휩싸였다. 모유를 수유하고 있는 엄마의 가슴이 드러난 사진이었기 때문이다. 잡지사는 공공장소에서의 모유수유에 대한 편견을 없애려고 게재했다는 입장을 밝혔다. 반응은 극과 극이었다. 잡지사의 입장을 지지하며 모유수유를 성적인 대상으로 보면 안 된다는 주장과 표지에 드러난 여성의 가슴이 청소년들에게 악영향을 준다는 주장들이 부딪혔다.

2012년 6월 미 공군 소속 여성 2명이 공군기지 야외에서 모유수유를 하고 있는 사진이 공개되어 논란을 일으켰다. 반대하는 이들은 군인의 명예를 실추시키는 행위라고 했다. 그 사진은 모유수유 권장 운동을 하는 시민단체가 촬영한 것인데, 여군들도 모유수유의 권리가 있다는 점을 강조하기 위한 것이었다. 두 사람은 어리둥절해 했다. 그동안 두 여군은 건물 로비나 공원에서 모유수유를 해왔고 문제가 된 적은 없으며 자부심을 느낀다고 밝혔다.

2012년 5월 미국 〈타임〉 표지에는 20대 여성이 세 살짜리 자기 아이에게 젖을 먹이는 장면이 실렸다. 당당하고 도도한 포즈로 청바지를 입고 있는 이 여성은 한쪽 가슴을 내려 아이에게 물리고 있었다. 이 또한 역겹다는 반응도 나왔다. 이 사진은, 즉각 선정성 논란을 일으켰다. 더구나 세 살짜리 아들은 이미 젖을 떼어야 한다는 주장도 거셌다. 그러나 그들은 애착 양육(Attachment Parenting)의 하나라고 항변했다.

미국 소아학회(AAP)는 모유수유는 엄마와 아이가 원할 때까지라고 규정하고 있어 특정하게 몇 살까지라고 못 박고 있지 않다. 2011년 9월, 신경생물학자이자 배우인 마임 비아릭(Mayim Bialik) 도 세

살이 훨씬 지난 시점까지 모유를 먹이고 있다고 밝혀 논쟁을 일으킨 바 있다. 이렇게 늦은 나이의 아이에게 모유수유를 하는 것은 정서적 위안과 안정이라는 효과 측면에서 모유수유의 긍정성을 높이 샀다.

디지털 공간의 확장은 모유에 대한 논란과 이슈를 더 확대하고 있다. 2012년 11월 모유 사진을 페이스북에 올렸다가 삭제당한 여성은 페이스북 측에 항의 실험을 했다. 그 여성은 욕조에 기대고 있는 여성의 가슴 사진을 게재했다. 페이스북은 즉각 삭제했다. 하지만 그 사진은 여성의 가슴을 담고 있는 게 아니었다. 팔꿈치가 가슴처럼 나와 있는 것이었다. 그 사진을 게시한 여성은 가슴과 팔꿈치도 구분하지 못하는 페이스북이 권리를 침해하고 보장 의무를 저버리고 있다고 항의했다.

2012년에는 페이스북이 사람의 신체가 으깨진 사진은 허용하고, 모유수유는 금지한다는 원칙에 이용자들이 항의하기도 했다. 2008년에는 모유수유를 찬성하는 이들이 페북의 모유수유 금지에 항의하는 글 1만 개를 올리고, 모유수유 동영상 3,000여 건을 항의시위 차원에서 게재한 일도 있었다.

모유수유의 효과 측면 _____

모유 논란은 아이에 대한 것으로만 그치지 않는다. 가족이라는 넓은 범주로 볼 때 애완동물, 반려동물로 확장되고 있다. 며칠 전 브라질의 모델이 송아지에게 자신의 모유를 먹인 사진이 SNS에 올라가면서 논란을 빚었다. 사람이 아닌 소에게 모유를 먹였기 때문이다.

2012년 10월에도 영국의 테리 그레이엄(Terri Graham)은 개에게 자신의 모유를 주었다. 애완견에게 젖을 물릴 때 만족감은 물론 모성애를 느낀다고 했다. 이를 지지하는 이들은 아기나 애견은 마찬가지이며, 아기만 되고 애견은 안 된다는 원칙은 없다고 주장했다. 반려견 문화가 발달하는 와중에 이러한 주장은 더욱 많아지고 있다.

모유수유가 찬반 논쟁 중인 가운데 그 현실적 이로움이 강조되는 경향이 있다. 일단 모유는 아이에게 좋은 영양분을 제공해준다. 단백질이나 지방은 물론이고 유당, 철분, 염분과 칼슘이 있으며, 분유에는 없는 지방 분해 소화효소인 리파아제가 있다. 영양학적인 측면만이 아니라 지능 발달에도 도움이 된다는 연구도 종종 있었다. 지난 2월 환경부의 연구보고서에 따르면, 모유만 먹은 영아의 인지 능력은 분유를 섞어 먹은 아기보다 더 높았다. 조제분유만 먹은 경우 인지 점수가 가장 낮았다.

아이에게만 좋은 것은 아니기 때문에 모유수유가 늘어난 측면도 있다. 지난 3월 발표된 세계영양학회(ASN)의 미 임상영양학회지 논문에 따르면 12년 동안 유럽 9개국 38만 명을 조사한 결과, 6개월 이상 모유수유를 한 여성은 그렇지 않은 여성보다 암과 순환기 질환으로 사망할 확률이 낮았다. 각각 10%, 17% 낮았다.

또 다른 연구에서는 수유기간이 1년 증가할 때마다 암 발생 확률이 4% 줄어들었다. 폐경 후 골절과 골다공증을 낮추어준다는 연구도 있다. OECD 보고서에 따르면 한국은 1960년대 모유수유율이 95%였지만, 1997년 이후 14%로 떨어졌다. 2012년에는 36.2%를 기록했다.

그간 모유수유율이 떨어진 이유는 여성들의 체형을 망가뜨린다는 점이 크게 작용했다. 하지만 오히려 모유수유하는 과정에서 다이어트가 되는 것으로 밝혀졌다. 임신 과정에서 축적된 지방 성분이 젖으로 나가기 때문에 살이 빠지는 효과를 낳는다. 500~1,000킬로칼로리가 소모되는 것으로 알려지기도 했다.

무엇보다 모유수유는 둘 사이의 유대를 강화해준다는 점이 장점으로 꼽힌다. 촉감 측면에서 여러 긍정적인 효과를 낳는다는 것이다. 2012년 고소영은 SBS 〈힐링 캠프〉에 출연해 모유수유 일화를 소개했는데, 병원 진료 중에 배고파 하는 아이에게 모유를 수유했다고 밝혔다. 간호사가 그녀를 가려주었는데, 고소영은 그런 것은 신경도 쓰지 않았다고 했다. 왜냐하면 아들의 건강이 더 중요했기 때문이다.

매체와 모유수유 _____

얼마 전 종편사의 사극이 모유수유 장면으로 논란을 일으켰다. 선정적이라는 일부 네티즌의 의견에 제작진은 모성애를 강조했을 뿐이라고 항변했다. 아름답다는 지적에 반발하여 성적 수치심을 끌어냈다는 주장이 제기되기도 했다. 모유수유를 선정적으로 바라보지 말아야 한다는 주장도 엄존한다. 이러한 당연한 가치를 넘어서서 매체는 다른 목적을 충족하게 되는데, 그것은 매체와 이미지의 본래적인 속성이기도 하지만 그 의도 측면에서 헤아려봄 직한 점도 있다.

청나라로 끌려가는 세자빈이 아이와 떨어져야 하는 상황에서 마지막으로 모유를 먹이는 장면이 연출되었다. 해당 배우가 글래머로 인지도를 가지고 있었고, 처음 공개되는 가슴이라 호기심을 증폭시켰다. 이러한 프레임에서 본다면 충분히 선정적인 상상을 가했는지도 모른다. 그러나 수유 여성의 가슴은 해당 배우의 가슴이 아니라 대역의 것이었다. 클로즈업이 세 번이라는 횟수는 너무 많다는 지적도 있었다. 이 장면만 있었던 것은 아니다. 여배우의 나체가 부각되거나 붓을 통한 애무 장면은 시청자의 눈길을 잡아두기에 충분했다. 사실 이 프로그램은 시작한 지 얼마 안 되는 상황에서 성적인 논란으로 대중적 각인 효과를 낳았다.

2006년 5월, 〈일요일 일요일 밤에〉의 '검색 대왕' 코너에서 요가를 하는 엄마의 모유수유 장면이 논란을 일으켰다. 엄마가 요가를 하고 있는 동안 아기가 모유를 먹는 장면이 방영되었다. 이 장면은 첫 회에 등장했다.

모유의 중요성을 교육철학적인 관점에서 부각하는 것은 전 세계적인 트렌드가 되었다. 하지만 그것이 매체를 통해 자리매김되는 경우에는 다른 측면들을 갖게 마련이다. 특히 상업적인 목적을 갖는 경우에는 맥락에서 멀어지는 경우가 빈번하다. 중요한 것은 허구적인 상황과 사실의 보도라는 측면에서 차이가 있다는 것이다. 사실은 나름의 교육철학을 가진 이들의 활동을 전하는 것이고, 허구적인 상황은 영화나 드라마의 장면일 것이다. 영양 측면이나 정서적 유대와 위안의 효과를 얼마나 잘 보여주는가가 중요할 것이며, 단지 몇 장면을 부각하는 것은 중요하지 않을 것이다. 그것을 중요하게 여길수록 모유수유는 시청자나 네티즌들을 낚는 도구로 적극 활용되어 시청률 전쟁의 희생양이 될 것이다.

2012년 9월 〈타임〉 5월호에서 논란이 된 사진을 촬영했던 26살의 제이미 린 그루멧(Jamie Lynne Grumet)은 다른 사진을 잡지 〈패스웨이 투 패밀리 웰니스〉에 실었다. 〈타임〉의 사진이 모델과 같은 패션에 아이와 엄마가 카메라를 응시하던 것이었다면, 이 사진에는 무엇보다 남편이 등장하고 아이도 하나가 아니라 둘이었다. 또한 전신의 몸매를 강조하기보다는 상반신과 표정의 행복감, 아이를 대하는 자애로운 점을 강조하여 모성애의 맥락에서 모유수유를 부각하고 있다. 이런 사례는 모유수유의 영상이나 이미지를 사용하는 경우 하나의 준거점이 될 수 있을 것이다. 〈타임〉과 같은 접근법은 모유수유를 섹슈얼리티에 가둔 데 머문 것이다.

모유수유의 핵심은 가족과 모성에 있을 것이고 정서심리학적·교육적·건강의학적인 맥락이 작용하고 있지만, 매체의 기준은 장면 그 자체의 선정성, 즉 여성의 가슴을 분리해내는 기계적인 측면이 있다.

싸이는 되고
레이디 가가는 안 돼?

  2012년 가수 싸이는 서울시청 광장의 콘서트에서 상반신을 탈의했다. 빌보드 1위 하면 벗겠다고 했지만 2위임에도 상반신을 벗었고, 이에 대해 문제를 제기하는 이들은 없었다. 2009년 8월, 공연 중인 레이디 가가의 가슴이 노출되었다. 많은 매체가 파문이라는 단어를 붙였다. 본인의 고의가 아니었음에도 그러했다. 브리트니 스피어스와 린제이 로한의 상반신 노출 사진 역시 크게 문제화됐고, 두 사람은 이를 역이용하기도 했다. 싸이는 남성이고 레이디 가가, 브리트니 스피어스, 린제이 로한은 여성이다.

  2012년 미국 텍사스에서는 상반신을 드러낸 청소부를 100달러에 공급한다는 광고가 내걸렸고, 경찰은 허락이 없이는 2,000달러의 벌금을 물게 된다고 경고했다. 2010년 미국 메인 주에서는 종업원이 상반신을 노출한 커피숍이 등장했지만, 반대에 부딪혀 점포가 전소되는가 하면 2012년 마침내 문을 닫게 되었다. 여기에서 청소부와 종업원은 여성이다.

이렇게 여성의 상반신 노출은 여전히 논란거리다. 특히 여성의 가슴 노출이 그렇다. 이에 대한 집단적인 저항 운동이 없다면 이상할 것이다.

상의 탈의의 성 차별? _____

2014년 5월, 축구 스타 크리스티아누 호날두의 여자 친구인 슈퍼모델 이리나 샤크는 토플리스 차림으로 거리에 나섰다. 시위를 벌이기 위해서였다. 난데없이 이리나 샤크가 토플리스 시위를 벌인 이유는 이슬람 무장단체 보코 하람이 납치한 여학생들의 석방을 주장하기 위해서였다. 이렇게 여성이 상반신을 드러내는 시위를 하는 까닭은 대중의 시선을 모을 수 있다는 장점도 있기 때문이다. 이른바 '토플리스(topless) 시위'다.

우크라이나에서 결성된 급진적 여성주의 그룹 '페멘(FEMEN)'은 토플리스 시위를 통해 여권 신장을 주장하는 단체로 이름이 높다. 특정 목적이 아니라 여성의 노출 자체를 주장하기 위해 활용된다. 이처럼 토플리스 시위는 말 그대로 여성의 상반신 노출을 주장하는 데 활용된다. 매년 8월 26일 여성의 날을 앞두고 미국에서는 여러 도시에서 토플리스 데이(Topless Day)가 열린다. 토플리스 데이는 여성도 남성처럼 가슴을 가리지 말고 거리를 활보해야 한다는 주장을 알리는 날이다. 실제 시위에 참여하는 여성들은 상반신을 탈의한다. 오히려 이 시위에 참여하는 남성들이 브래지어를 착용한다. 남성과 여성이 모두 젖꼭지를 갖고 있는데 왜 여성만 가리느냐고 주장하며, 팔다리와 같이 여성의 가슴도 신체의 한 부분일 뿐이라고 주장한다. 거리는 물론 요가나 피트니스, 수영장에서 남성들은 가슴을 드러내도 되지만 여성들은 가려야 하는 게 부당하다는 것이다. 그들은 헌법에 보장된 평등권 위배로 본다. 이들은 또한 남성들이 공공장소에서 여성의 가슴을 보게 되면 성욕을 분별할 수 있게 된다고 주장한다.

《유방의 역사》에서 매릴린 옐롬(Marilyn Yalom)은 신성한 유방, 에로틱한 유방, 어머니의 유방, 정치적인 유방, 상업화된 유방, 의학 관점의 유방을 말하면서 어느 순간도 여성의 가슴은 여성 스스로 갖는 대상이 아니었다며 해방의 유방을 주장한다. 그의 관점에서 여성의 가슴은 종교인들에게는 여신·여사제·성녀로서 신성함의 대상이고, 아이에게는 젖의 공급원이며, 국가의 관점에서는 통제와 이데올로기의 수단이면서, 의학에서는 사이즈로 확대하는 신체 부위이고, 포르노 사업자들에게는 상품화의 사물이며, 남성들에게는 성적 판타지의 대상이었다. 그는 심지어 질병에 걸린 유방일 때만 여성들에게 돌아온다고 주장한다. 해방의 가슴은 바로 신체의 자기 결정권을 함의하는 것이겠다. 토플리스도 이러한 관점에서 해석할 여지는 있을 것이다. 19세기에는 코르셋, 20세기에는 브래지어에 가슴이 갇혔고 1960년대부터 브래지어 화형식이 열렸다. 토플리스는 이런 계보에 있다.

반대자들은 이렇게 말한다. "남성들도 아무나 가슴을 내놓는 것은 아니다." 하지만 남성이 웃통을 벗고 다닌다고 제재를 받지는 않을 것이다. 하지만 몸에 대한 자신이 상반신 노출을 좌우할 것이다. 싸이가 노출을 반복할 수 없는 것은 몸매가 예쁘지 않기 때문이라는 지적도 있다.

노출이 성폭행을 부른다고? _____

2014년 봄, 할리우드 배우 브루스 윌리스와 데미 무어 사이의 딸 스카우트 윌리스는 길거리 토플리스 시위에 나섰다. 스카우트 윌리스는 여성 누드를 금지하는 인스타그램(Instagram)의 정책에 항의했다. 무엇보다 인스타그램에는 유방암 환자의 가슴조차 게재할 수 없게 돼 있기 때문이다.

한편 미스 영국 선발대회에 출전할 예정이었던 22세 조지아 에덴은 유방암 캠페인용으로 쓰일 상반신 탈의 사진을 찍었다가 출전 금지 처분을 받았다.

토플리스 관점에서 보면 이는 말도 안 되는 결정이었다. 토플리스 옹호자들 사이에서는 여성의 가슴 노출 금지는 남성과 비교했을 때

차별이라는 주장이 꾸준히 제기돼왔다. 남성은 상반신을 노출해도 되지만 여성은 안 된다는 불문율을 더 문제 삼는다. 더구나 노출을 성폭행의 원인으로 삼아 여성들에게 책임을 전가하는 현실도 분노의 대상이었다.

2014년 6월, 브라질에서는 국책연구소에서 발표한 내용을 겨냥해 집중적인 토플리스 시위가 벌어졌다. 국책연구소인 응용경제연구소(IPEA)의 설문조사 발표 내용 때문이었다. 그 내용 가운데 핵심은 '여성의 노출이 성폭행을 부른다'는 것이었다. 발표 결과에 반발한 브라질 여성들이 온라인상에서 상반신을 드러낸 채 '나는 강간당할 이유가 없다'는 글귀를 몸에 적고 사진을 찍어 올렸다.

이는 브라질 전역으로 확산됐다. 노출을 했다고 강간의 이유가 된다면, 이는 거꾸로 노출이 합법화된다면 강간의 대상이 되지 않는다는 논리를 편 것이다. 만약 공공연하게 가슴을 드러낸 채 다닌다면, 노출을 했다는 이유로 강간의 이유가 되는 일은 없는 셈이다. 실제로 뉴욕 시에서는 공공장소에서 여성의 상반신 탈의를 규제하지 않는다. 뉴욕의 경우라면, 노출이 심하다는 이유로 강간이 피해 여성에게 전가되는 일은 없을 듯하다.

어쨌든 매년 세계적으로 여성들의 상반신 노출을 권리로 주장하는 토플리스 데이가 열리고 있으며, 조금씩 확산되고 있다. 한국에서도 열렸다. 한국에도 이 같은 운동이 정착될까? 물론 한국에서도 여성의 상반신 노출이 문제가 되지 않는다면, 노출이 강간의 원인이라는 구실은 설 자리를 잃을 것이다.

영화에서 여배우의 가슴이란 _____

영화 시장에도 영향을 미치지 않을까 싶다. 적어도 노출에 의존하는 영화들에 말이다. 영화 〈인간중독〉과 〈황제를 위하여〉는 한국 팬들에게 상당한 실망감을 안겨줬다. 〈인간중독〉은 이색적인 멜로 영화이고 〈황제를 위하여〉는 정통 누아르 장르를 표방했지만, 둘 다 노출과 베드신을 앞에 내세웠다. 차라리 영화 〈우는 남자〉처럼 누아르에 승부를 걸었다면 실망이 덜했으리라 싶다.

영화 〈인간중독〉은 송승헌과 임지연의 베드신으로 화제를 모았고, 이어 개봉한 〈황제를 위하여〉도 이민기와 이태임의 베드신이 관심의 대상이었다. 파격적인 노출 장면에 너무 야하다는 평가가 내려졌다. 이러한 점들은 영화 홍보를 위해 관객의 눈을 어지럽히기도 했다.

그런데 그 파격적이고 야하다는 기준이 뭘까? 엉덩이나 복부가 나오면 이런 평가가 내려지는 걸까? 남성이 옷을 벗는다고 야할까? 무엇이 볼 게 있단 말인가. 기준은 여배우의 가슴이었다. 가슴이 노출되는가 그렇지 않은가에 따라 평가가 갈리는 것이다. 할애되는 시간은 물론 가슴의 노출 각도나 정도가 중요해질 것이다. 물론 여배우들의 가슴이기 때문이다.

만약 토플리스가 공공연한 사회라면 영화에 대해서 이런 평가가 내려지기 힘들 것이다. 더는 가슴이 섹슈얼리티의 대상이 아닐 것이기 때문이다. 아니, 영화의 홍보 내용에 이런 상투적인 문구들이 사라질지 모르겠다. 또한 관객이 우롱당하는 일도 없어질 것이다.

〈인간중독〉과 〈황제를 위하여〉는 여러 가지 면에서 관객을 실망시킨 영화다. 이렇게 크게 어필하는 점이 없을수록 여배우들의 노출은 마케팅의 대상이 된다. 정확하게는 여배우들의 가슴 노출이 상품의 대상이 된다.

토플리스 운동이 성공적으로 정착한다고 하면 값싼 흥행몰이를 위해 여성들의 가슴 노출을 가지고 관객을 우롱하는 일들이 없어질까? 물론 그렇지 않을 수도 있다. 일반 여성과 스타 여성들의 가치는 다르게 상품화될 수 있기 때문이다. 팝 문화 마케터들은 본질적으로 인간의 존엄 차원에서가 아니라 신비적인 마케팅 차원에서 가치를 높일 것이기 때문이다. 예컨대, 2013년 할리우드 여배우 안젤리나 졸리의 토플리스 사진이 크리스티 경매에서 3만 5,000파운드(약 6,000만 원)에 낙찰됐다.

하지만 아무리 그래도 빈약한 스토리와 주제 의식, 플롯을 여성의 가슴에 의존해 돌파하는 것은 한국 영화의 발전에도 그리 좋을 것 같지는 않다. 그런 면에서 토플리스 운동은 긍정적일지 모르겠다. 김태희 같은 배우가 아니라 적어도 신인 배우들의 가슴을 상품화하는 것을 억제하는 데 토플리스 효과가 있을 것 같기 때문이다.

페멘은 말했다. 자본 때문에 여성의 신체적 자유가 박탈당했다고.

이는 평범한 여성들만이 아니라 여배우들도 마찬가지다. 좋은 평가를 받든 그렇지 않든, 세간의 몸 기준을 충족시키기 위해 그들은 몸의 자유만이 아니라 영혼의 자유마저 스스로 박탈하고 있으니 말이다. 그 대가는 누구에게 돌아갈까. 현실에서는 정말 수많은 여성 중에 매우 극소수가 그 대가를 받고 나머지는 부자유의 고통 속에 희생된다.

적어도 그들에게 토플리스를 주장하는 이들의 철학적 세계관은 있어야 하지 않겠는가. 철학이라는 고상한 단어에 부합하지 않는다 해도 성 상품화와 선정성으로 여성의 몸을 도구화하는 데 의존하는 행태들의 최전선에 있어온, 그 정도일 뿐이겠다. 성 상품화의 교묘한 빈틈에 영합하는 것보다 평등권이나 신체의 자기 결정권 주장이 오히려 개념 연예인의 행태에 맞을 것이다. 물론 상반신 노출을 찬양하는가는 별도의 문제이겠다.

어른을 위한 동화

    어른용이나 성인용 하면 우리는 어떤 이미지를 떠올릴까. 이러한 질문을 하는 것 자체가 너무 뻔한 일이 아닌가 싶다. 당연히 대부분 성(sex)을 연상한다. 더 정확하게 말하면 남성과 여성의 성적 관계다. 따라서 어른용이나 성인용이라는 딱지는 금기의 콘텐츠를 형성하고, 청소년들의 궁금증과 호기심을 자극하여 판매고를 더 올리는 상품이 되었다. 어른용 라벨을 붙인 상품이나 노래, 영화는 작품 자체가 아니라 그 자체로 주목의 대상이 된다. 성적인 내용을 연상하거나 실제로 그런 내용을 어느 정도 포함하고 있기 때문이다. 물론 어른용이나 성인용을 이러한 관점에서 볼 수는 없다. 하지만 어느 순간 어른용이나 성인용은 성적인 콘텐츠가 들어 있기 때문에 가능한 것으로 여겨져 왔고 그것이 하나의 마케팅 수단으로 활용되어 왔다.

하지만 성적인 내용 말고도 어른과 성인의 범주에 들어갈 수 있는 요인은 매우 많다. 인생의 경험이나 사유의 폭 때문에 어린이들이 이해할 수 없는 내용이 많다. 성인과 어른이란 성적인 내용을 마음대로 보고 잔인하고 폭력적인 내용을 접해도 관계없다는 식의 19금은 성인과 어른에 대한 오해를 낳게 한다. 또한 상품 마케팅 차원에서 이런 구분은 단기적으로는 효과적일 수 있지만 더 많은 인기를 모을수록 주목을 받으려면 더 넓은 측면을 중요하게 고려해야 한다. 즉 성인과 아이의 구분보다는 그 공통적인 점을 찾는 것이 더 중요하다.

최근 문화 트렌드 가운데 대표 코드 '어른들을 위한 동화', '어른 동화'를 통해 이 같은 점을 살필 수 있다. 어른 동화 하니까 역시 19금을 떠올리게 된다. 어느새 우리 문화 풍토에서는 어른, 성인 하면 무조건 19금을 연상하게 되었다. 하지만 어디 어른의 의미가 성적 코드에만 부합할까. 매체나 콘텐츠의 분화에 따라 여러 맥락에서 어른 동화는 다양한 장르에 존재한다.

어른들을 위한 동화 _____

KBS 〈개그콘서트〉는 '어른들을 위한 동화'를 선보여 좋은 반응을 얻었다. 〈해님 달님〉과 〈시골 쥐와 서울 쥐〉 같이 우리에게 익숙한 동화를 패러디해 웃음 속에서 삶의 현실과 이면을 보여주려 한다. 질병과 폭력, 음모, 죽음 등 아동문학에서는 제거되기 쉬운 코드들이 좀더 부각된다. 〈해를 품은 달〉이나 〈별에서 온 그대〉는 사실상 어른 동화나 다름없어서 마법이나 초능력, 판타지가 너무나 자연스럽게 녹아 있다. 잔혹 동화는 어른 동화의 한 양상으로 살인과 폭력 등의 하드코어 요소가 강하다. 한국 관객을 찾은 〈맨 오브 라만차〉, 〈오즈의 마법사〉, 〈위키드〉 등은 어른 동화 뮤지컬이라고 해도 손색이 없었다. 모험과 환상, 마법 등 현실과 환상 사이 동화 같은 시공간을 통해서 전해주는 메시지는 유아적인 수준이 전혀 아니었기 때문이다. 서울시 국악관현악단 공연 〈어른을 위한 동화〉는 아예 40~50대 관객을 겨냥해 〈선비와 호랑이〉, 〈임금님 귀는 당나귀 귀〉, 정채봉의 동화 등을 소재 삼아 전통음악과 소리, 내레이션을 아울렀다.

한국에서 흔히 아동문학으로 분류될 법한 황선미의 〈마당을 나온 암탉〉은 영국에서 큰 인기를 끌고 있는데, 그곳에선 아동문학으로 분류되지 않았다. 일반 소설로 분류되었는데, 영국 출판가에서 이런 현상은 흔한 일이다. 아동과 성인의 교차 지점에 속하는 작품에 수요가 많기 때문이다. 청소년 소설조차도 어른들이 본다는 문학과 구분이 잘 되지 않는다. 성장 문학은 이러한 점에 더 부각된다. 비단 아이들만 보는 작품이 아니라 어른들도 충분히 삶의 성찰을 얻기도 한다. 한국에서도 많은 직장인이 이 작품을 보고 삶을 되돌아보기도 했다. 영국의 청소년 소설에서는 성인 소설에서나 등장하는 소재나 설정이 많기로 유명하다. 어른 동화 장르가 바로 이에 해당한다.

과대 포장된 감이 있지만, 애니메이션 〈겨울왕국〉은 어린이들만이 아니라 30~40대 어른들이 보아도 충분한 작품이었다. 그래서 가족 동반은 물론 관련 콘텐츠가 부가 판매된 측면이 있다. 그러나 〈넛잡〉은 분명 어른들이 보기에는 버거운 감이 있었다. 이는 애니메이션의 흥행 공식에서 어른 애니메이션에 대한 관심이 필요한 이유가 되겠다. 물론 〈겨울왕국〉보다는 〈수상한 그녀〉가 어른 동화 같은 측면이 강하다. 〈수상한 그녀〉에도 마법과 판타지가 절묘하게 결합되어 있지만, 관객은 그것의 현실성 여부를 더는 따지지 않는다. 현실성의 리얼리즘이 아니라 맥락과 메타포(metaphor)에 관객은 열광한다.

다양성 영화의 신기원을 이루고 있다는 영화 〈그랜드 부다페스트호텔〉은 어른 동화다. 세계 대부호 마담 D가 그랜드 부다페스트 호텔을 다녀가고 난 지 얼마 안 되어 피살당하고 그 범인으로 지목된 구스타브는 누명을 벗기 위해 고군분투한다. 그 고군분투는 호텔 보이 무스타파의 협업이 없었다면 불가능했는데, 무스타파와 구스타브는 현실과 비현실을 가로지르는 모험 속에 악당들의 음모를 밝혀내고, 마침내 동화 같은 해피엔딩에 이른다. 음모, 범죄, 유산 다툼, 폭력과 성애의 코드들은 어린이들에게 추천하기에는 무리가 있는지 모른다. 예컨대 로맨티시스트 구스타브는 많은 노부인과 성관계를 맺는데, 성심을 다하는 구스타브의 태도는 세계 대부호의 유산을 상속받게 한다. 요컨대 노부인들에게 진실한 성관계를 하면 해피엔딩의 결말을 맞게 되다니, 이런 얼개가 어른들을 위한 동화로 알맞았다.

어른 동화의 코드는? _____

이전에 유행한 키덜트(kidult)라는 말이 있었는데, 어른 동화 코드와 겹치는 느낌이 있다. 키덜트는 키드(kid)와 어덜트(adult)의 합성어로 아이 같은 어른, 유아 같은 문화적 취향을 가지고 있는 어른을 말한다. 로봇 비행기 프라모델을 수집하는 남성들이 하나의 예다.

키덜트라는 말이 주체적인 개념이 강하고 트렌드 소비 성향을 가리킨다면, 어른 동화는 스토리텔링이나 문화 콘텐츠에 좀더 기울어진 개념이다. 또한 키덜트의 문화적 취향은 복고적 향수의 개념이 강하다. 어린 시절에 갖고 놀았던 인형이나 콘텐츠에 대한 소비를 말한다. 어른 동화 코드는 이야기 콘텐츠에 해당하며, 반드시 유아적인 코드를 강조하기보다는 보편적인 소재나 심리 등을 좀더 부각한다. 또한 삶의 주제 의식에 대한 보편적인 공통점이 있고, 좀더 쉽게 접근한다는 형식적인 특징이 있을 뿐이다. 말하자면, 현실을 넘어선 보편적인 이상 탐구라는 점에서 어른 동화 코드가 콘텐츠 차원의 특징을 갖는다.

어른 동화 코드는 어떤 특징이 있을까? 이솝이 우화를 만든 이유나 석가모니가 설법을 우화 형태로 전달하는 것은 스토리텔링의 본질에 맞았기 때문이다. 그래서 동화 콘셉트는 아이들만이 아니라 어른들도 충분히 삶의 성찰을 얻게 한다. 무엇보다 질병과 폭력, 음모, 죽음 등 아동문학에서는 제거되기 쉬운 코드들이 좀더 부각된다. 나아가 마법, 초능력, 환상 등 리얼리즘 소설이나 공연에서는 잘 볼 수 없는 설정들이 많이 등장한다. 리얼리즘이 아니라 맥락과 메타포에 관객이 열광하는 이유다. 드라마에서도 마찬가지로 〈해를 품은 달〉이나 〈별에서 온 그대〉는 사실상 어른 동화라서 마법이나 초능력, 판타지가 자연스러워 보였다.

그렇다면 이 어른 동화 코드를 어떻게 바라봐야 할까? 대등한 인간이라는 점에서 성인과 아동의 대한 의미상 구분이 많이 희미해졌다. 어른과 아이에 대한 전통사회와 전근대적 관념이 많이 옅어지고 있다. 아이와 어른을 구분하는 것 자체가 본질을 은폐하는 것일 수 있다. "아이는 이런 것만 봐야 돼"라고 하는 금기는 성인기의 혼란과 갈등을 야기하기도 했다. 동화를 쓰는 사람은 어른이고 동화를 골라주는 사람도 어른이다. 어떻게 보면 삶과 사회·문화, 정치, 역사를 관통하는 깨달음에 도달한 이들만이 창작할 수 있는 것이 동화다. 가벼워져 가는 문화예술이라는 평가도 있을 수 있지만, 복잡한 사회일수록 원칙으로 돌아가는 현상이 벌어진다. 그것이 세계적인 콘텐츠들과 접점을 찾아가고 있다. 이러한 점은 우리의 문학이나 한류가 많이 참고해야 할 점이다. 이제 동화작가의 지향점은 단지 아동이 아니라 모든 이들을 대상으로 해야 하며 다른 예술 분야도 이런 작업들을 적극 수용해야 한다.

형식적인 측면에서 마법, 환상, 초현실, 초능력, 판타지 등은 아이들만이 아니라 인류가 꿈꾸는 이상적인 삶에 대한 갈망을 반영한 것이다. 이러한 형식적인 장르에 익숙한 세대가 문화 소비 주체로 부상하고 있기 때문에 어른 동화 코드는 더 부각될 가능성이 크다. 이러한 점은 영국에서 큰 반응을 보이고 있는 황선미의 〈마당을 나온 암탉〉이 보여주고 있다. 신경숙의 〈엄마를 부탁해〉도 같은 맥락이었다. 성인과 아동의 구분을 무너뜨리고 보편적인 문화 코드에 부합할수록 호응을 얻는다. 우리 문화예술에 대한 출발은 이 지점에서 다시 시작해야 한다. 이제 성장이 유아나 청소년의 전유물이 아니라 어른도 끊임없이 모색하는 사회가 되었기 때문에 더욱 그러하다. 저성장 경제의 사회에서 우리는 평생 영적 성장을 모색해야 하기 때문이다.

베르테르 효과,
아무 데나 붙이지 말자구요

  연예인들의 자살 소식이 전해지면서 포털을 달구는 단어 가운데 하나가 베르테르 효과(Werther effect)다. 심지어 여러 언론매체는 그 주변 사람들의 안타까운 죽음을 보도하면서 이 단어를 사용하기도 했다. 주변인들의 자살까지 베르테르 효과라고 하는 것이 정말 맞는 것일지 의문이 들 수밖에 없다. 베르테르 효과는 유명인들의 자살 소식이 신문을 통해 알려지면 이를 접한 이들의 모방 자살(copycat suicide)이 늘어나는 현상을 가리키는 말인데, 이제 주변인의 죽음에도 이 말이 붙는 상황이 된 것이다. 하지만 이 말은 탄생부터 맥락과는 관계없이 지어졌다.

베르테르 효과인가, 아니면? ____

1774년 괴테의 소설 《젊은 베르테르의 슬픔》은 괴테에게 상업적으로 큰 성공을 가져다준 작품이었다. 괴테의 다른 작품들은 일반 독자가 접근하기 어려워했지만, 《젊은 베르테르의 슬픔》은 유럽의 수많은 젊은이가 광범위하게 읽었기 때문이다.

괴테는 "젊은 나의 친구들이 시(詩)를 현실로 바꾸고 있다"면서 "처음에는 몇몇이 베르테르처럼 자살하더니 이제 그것이 널리 퍼지고 있다"고 말했다. 그렇다고 본다면 《젊은 베르테르의 슬픔》은 괴테에게는 명성과 부유함을, 유럽의 젊은이들에게는 죽음을 안겨준 셈이다.

그러나 100여 년 뒤인 1897년 프랑스의 사회학자인 에밀 뒤르켐(E. Durkheim)은 소설 속 베르테르와 같이 자살한 젊은이들은 몇 명에 불과하며, 국가 전체적으로 자살이 일어나지도 않았다고 밝혔다. 그에 대한 근거를 찾을 수 없다고 했다. 이후 자살을 연구하는 이들은 괴테보다는 뒤르켐의 말을 따랐다.

1970년대에 이를 검증한 사람이 미국의 사회심리학자 데이비드 필립스(David P. Phillips)다. 그는 뒤르켐이 아니라 괴테의 주장이 맞는다고 생각했다. 1974년 그는 20여 년간(1947~1968) 영국과 미국의 신문 1면에 난 유명인의 죽음에 관한 기사를 조사했는데, 무엇보다 관심은 그 기사와 자살의 인과관계였다. 그는 이들 각각의 자살 사건 이후에 사회적으로 자살 사건이 늘어나는지 분석했다. 그가 내린 결론은 자살이 증가했다는 것이었다. 그는 다른 연구자들과 함께 발표한 1985년과 1989년 논문에서도 매체를 통해 잘 알려진 자살은 다른 이들의 자살에 영향을 준다고 밝혔다.

우리나라에서는 2005년 배우 이은주 이후 자살 빈도가 늘어난 것으로 밝혀져 베르테르 효과를 입증하는 것으로 회자되었다. 사실상 유명인의 자살 이후 모방 자살이 증가하는가에 대한 본격적인 연구는 이때 이후부터 이뤄졌다고 볼 수 있다. 실제 많이 인용되는 사례를 보면 2005년 2월, 이은주 사건 이후 두 달 동안 평소보다 495명이 더 목숨을 끊은 것으로 나타났다. 2007년 1월 가수 유니 사례는 513명, 2008년 9월 탤런트 안재환 사건 때는 694명이었고, 2008년 10월 배우 최진실 때는 이후 2개월간 평균보다 1,008명이나 증가했다. 그해 9월에 비해서는 65.6%나 늘었다.

그런데 이 베르테르 효과는 사실 맞지 않는 개념이다. 유럽의 젊은 이들이 베르테르처럼 자살을 한 것은 문학 작품 주인공의 행동을 따라 한 것이다. 여기에서 따라 한 것은 단순히 모방을 한 것과는 다른 맥락이다. 소설에서는 주인공 베르테르가 로테와 꿈꾸었던 사랑이 이루어지지 않자, 권총으로 자살해버린다. 초기 유럽에서는 사랑에 좌절한 베르테르와 심정적으로 동일시한 사람들이 같은 방식으로 자살을 한 것이다. 여기에서 사람들은 바로 젊은 사람들이다. 괴테가 우려한 것은 이 때문이다. 소설과 신문 기사는 분명 다른 장르다. 옆 사람이 자살하기 때문에 따라서 목숨을 끊는 것은 베르테르 효과라고 보기 힘들다. 나아가 군중의 동조나 모방 현상과 다를 바 없다.

데이비드 필립스는 언론매체에 오른 유명인의 기사를 본 많은 사람이 자살을 결행했다고 본다. 사실 이는 언론매체에 접촉함으로써 영향을 받은 것이다. 데이비드 필립스의 주장이 맞는다면, 대중매체가 발달한 사회일수록 영향력이 더욱 확대될 것이다. 그러나 언론매체에 노출된 유명인의 연이은 자살이 정서적 공감이나 동일시가 이뤄지는지는 알 수 없다. 다만 방아쇠 역할, 즉 촉발자의 기능에 머물 가능성이 크다. 유명인이 세상을 떠났기 때문이 아니라 기계적인 자극 측면이라고 봐야 한다. 다시 환기하면 《젊은 베르테르의 슬픔》은 전 유럽의 젊은이들에게 열렬하게 읽혔던 작품이기 때문에 그 작품의 감동을 전제해야 가능하다.

과잉 연결의 영향 _____

무엇보다 인터넷 포털 환경은 자살에 대한 인지도를 급속하게 증가시킨다. 대한민국 인구 대부분이 사용하고 있는 인터넷 포털은 자살의 구체적인 방법까지도 자세하게 알려준다. 이는 개별 인터넷 매체들이 속보 경쟁 속에 자살에 관한 보도지침을 지키지 않기 때문이다.

따라서 베르테르 효과는 정확한 표현이 아니라 매체의 영향에 따른 모방 자살이라고 해야 한다. 그러나 이는 전통적인 차원의 출판이나 언론매체 영향의 범주를 넘어선다. 중요한 것은 네트워크가 밀집할수록 자살의 영향과 모방이 늘어날 것이라는 점이다.

윌리엄 H. 데이비도(William H. Davidow)는 《과잉 연결 시대》에서 과잉 연결(overconnected)의 사회가 집단적 재앙을 낳을 수 있으며, 그것은 디지털 네트워크의 밀집으로 가속화되었다고 말한다. 그에 따르면 과잉 연결은 어떤 시스템의 내외부에 연결됨이 급격하게 높아질 때 일어나는 현상을 말하는데, 이것이 폭력을 일으키기도 하고 심각한 사고를 일으키기도 한다. 또한 기업이나 국가의 도산과 파산을 불러일으키기도 한다. 연결 과잉은 인간의 행동에 관한 현상이고 단순한 행동 하나가 사회 반응에 따라 상상을 초월하는 영향력을 행사할 수도 있다. 디지털 공간의 네트워크가 과도한 밀집 빈도를 가지고 있을 경우에 문제가 쉽게 확산되고 전염된다. 상호 연결의 빈도와 강도가 높아질수록 사고는 전염과 확산이 빠르다. 윌리엄 오그번(William Ogburn)은 '문화 지체(culture lag)' 현상을 강조한 바 있는데, 이런 연결 과잉에 대해 제대로 대응하지 못하면 마찬가지 현상이 나타날 수밖에 없다.

데이비도는 이런 상황에서 해법은 높은 수위의 연결 과잉에 대해 인지하고 이와 관련한 제도나 기관 등을 재편하는 것이라고 보았다. 또한 포지티브 피드백(positive feedback)으로 과잉이 증폭하고 있는데 대해 이를 줄일 수 있는 네거티브 피드백(negative feedback) 차원의 조치로 그것을 감소, 안정화시켜야 한다. 매체의 지배성이 확고한 사회일수록 전염이나 확산이 빠르게 일어나고, 그로 인한 수용자들의 행태 변화가 나타날 수밖에 없다. 인터넷 매체의 네트워크가 더욱 밀도 높게 이루어지는 것은 포털과 연동되어 있는 SNS들이다.

과잉 연결의 사회에서는 자살에 관한 인지 여부가 디지털기술을 통해 더 급속하게 전염되고 인지되며 그것이 행동으로 옮겨질 가능성이 크다. 이러한 가운데 단순 접촉으로 인한 모방 자살이 많아진다. 포털이나 SNS를 통한 밀집도와 인지, 수용성은 갈수록 높아지고 있다.

윌리엄 파워스(William Powers)는 《속도에서 깊이로》에서 인간에게는 연결되고자 하는 욕구와 벗어나고자 하는 욕구가 공존한다고 하였다. 과잉 연결의 부작용이 무서워 일본의 무연고 사회(독신가정의 증가, 저출산, 고령화 등으로 가족은 물론 인간관계가 약해져 가는 혼자 살아가는 사회)처럼 연결을 아예 단절하도록 하는 것은 해법이 아니다. 모든 연결에서 잠시 벗어나 천천히 느끼고 제대로 생각하는 법을 찾아야 할 것이다.

자살에 대해서 자세하게 다루지 못하게 하거나 보도 기준을 준수해야 할 것이다. 그러나 이것은 쉽지 않다. 네트워크의 과도한 밀집 지원지는 적어도 디지털 공간에서는 포털과 SNS다. 이러한 제도들의 재편과 새로운 구성이 있어야 한다. 자살에 관한 기사가 인터넷이나 SNS에서 과도하게 전송되거나 페이지뷰를 기록하게 되면 그것이 자동으로 억제되도록 하거나 삭제되도록 해야 한다. 이는 폭행이나 선정적인 내용에 관해서도 마찬가지로 적용될 수 있을 것이다.

모방 자살은 문학 작품 속의 주인공을 따라 하는 감정이입과 차원이 다르다. 주인공에 대한 경외와 동일시보다는 매체의 지배가 강할수록 일어나기가 더 쉽다는 점을 생각할 수 있다.

천재들의
수난사

은행원이었던 아르놀트 쇤베르크(Arnold Schönberg)는 19세에 아마추어 악단에 들어갔다. 여기에서 알렉산더 쳄린스키(Alexander von Zemlinsky)를 만난다. 쳄린스키가 쇤베르크에게 대위법을 가르쳤는데, 그것이 쇤베르크가 받은 유일한 정규 교육이었다. 바그너는 16세 때 베토벤의 교향곡을 듣고 마음이 크게 흔들린다. 너무나 감동한 그는 작곡가가 되기로 마음을 굳힌다. 하지만 체계적인 가르침이 없어 천재성이 드러나지 못했다. 이렇게 천재성, 영재의 능력을 가진 음악가들은 제대로 교육을 받지 못하고 있다가 나중에 빛을 발하는 내용으로 영화에도 자주 그려진다.

영화 〈어거스트 러쉬〉에서 나쁜 어른 위저드에게 거리 공연에 이

용당하는 어거스트는 부모도 모른 채 아동복지원에서 자라지만 악보 쓰는 법을 배우자마자 교향곡을 써내려간다. 그는 모든 소리를 음악으로 만드는 음악 천재였다.

영화 〈솔로이스트〉에서는 인생에 지친 〈LA타임스〉 기자 스티브가 부랑자 나다니엘을 만나는데 겉보기와 달리 그는 천재 음악가였다. 정신분열증에 시달리며 현실에서 도피한 채 자신의 음악 세계에만 빠져 있었고 스티브는 그를 세상 밖으로 다시 끌어내리려고 분투한다.

영화 〈호로비츠를 위하여〉에서 경민은 음악학원의 메트로놈을 훔쳐 달아나는 나쁜 아이로 비친다. 학원 강사 김지수도 문제 아이라고만 생각했는데, 경민이 절대음감을 소유한 천재라는 것을 알게 된다. 음악 콩쿠르 대회에서 입상시키기 위해 분투한다.

영화 〈마이 리틀 히어로〉에서는 다문화 가정의 음악 천재 영광이 등장한다. 사회적 차별과 편견 속에서 자신의 꿈을 이루려는 영광이가 주인공이다. 이 영화에서도 재능을 알아보는 사람이 있어, 결국 주인공은 꿈에 도전한다.

영화 〈파파로티〉에서는 조폭 음악 천재가 등장한다. 이장호는 불우한 가정환경 때문에 학교도 제대로 다니지 못하고 밤업소를 관리하는 조폭이지만, 하늘이 내린 천상의 목소리를 지니고 있다.

영화 〈터치 오브 라이트〉의 주인공 유시앙은 천재적인 감각을 지닌 시각장애인이다. 그는 세상에 대한 두려움 때문에 자꾸만 뒤로 숨고 자신의 꿈을 제대로 찾지 못하고 만다.

세상은 천재가 이끌어가는 게 아니다 _____

문제 아이, 다문화 가정 소년, 조폭, 시각장애인 같은 주인공은 모두 고통과 불행을 겪는 존재로 그려진다. 그리고 이들은 하나같이 천재적인 재능을 가진 캐릭터로 등장하여 결국 스승을 만나 자신의 재능을 세상에 알린다. 심지어 장애인들은 하나같이 서번트 신드롬 (savant syndrome; 뇌 기능 장애가 있으나 암산 등 특정 부분에 우수한 능력을 가지는 증상)을 가진 인물들로 등장한다.

이런 측면에서 보면 장애인들 가운데 특별한 재능을 갖지 않으면 존재적 가치가 없는 것으로 여겨진다. 특별한 능력이 있어야만 존중을 받는다. 한 영화에서는 조폭이지만 특별한 재능이 있어 교사들조차 생활지도를 제대로 하지 않는다. 다른 학생들과 동등한 대우를 하지 않는 것이다. 그러다가 재능이 드러난 친구는 학교생활을 불량하게 해도 존중받고 그의 아픈 사연은 더욱 부각된다. 재능이 없어도 아픈 사연은 누구나 하나쯤은 가지고 있어야 하는데 유독 재능이 있는 불우한 캐릭터만 부각된다. 그것도 절대적인 천재성이다.

왜 상업영화에는 이런 천재 캐릭터가 등장하는 것일까. 약자의 성공 스토리에 목말라 있는 대중 정서 때문일까? 사실 음악 천재들만 이야기했지만, 이를 확장해보면 다른 영역의 재능도 얼마든지 이야기할 수 있다. 중요한 것은 각자 자신의 재능을 발견하지 못했거나 그러한 재능이 있는데도 다른 일을 하는 이들이 너무나 많다는 것이다.

경제적 사정이 좋지 않을 수도 있고, 제대로 혹은 적합한 교육을 받지 못하거나 스승의 가르침 혹은 멘토나 조력자, 후원자가 없어 그렇게 될 수도 있다. 현실의 결핍된 상황에서 자신을 알아주는 그 누군가를 기다리는 것은 현대인의 〈고도를 기다리며〉와 같은 심리라고 할 수 있다. 또한 입시 교육의 서열화 속에서 자신의 재능을 발견하지도 못하면서 일률적인 삶을 살아가는 이들의 대중적 정서가 투영되어 있는 것이다.

아직 발견되지 않은 천재성을 우리는 모두 가지고 있고, 가지고 있어야 한다. 하지만 그 천재성의 유무와 관계없이 모두 존재적 가치를 인정받아야 한다. 천재가 모든 것을 이끌어가는 것은 아니기 때문이다. 천재가 아닌 이들이 그 천재들을 뒷받침하고 세상에 그들의 가치를 발현시키는 법이니 말이다.

행복하지 않은
카이스트

버지니아 출신의 장학생 존 내시(John F. Nash Jr.)는 프린스턴의 대학원 수업에 한 번도 들어가지 않는다. 그런데도 당시 학과장은 그가 창의적인 논문을 쓰자 출석이나 학점과 관계없이 박사 과정을 졸업시킨다. 그뿐 아니라 당시 최고의 인재들만 근무하는 윌러연구소에 들어갈 수 있도록 해준다. 내시는 윌러연구소에서 국가적 활동을 활발하게 펼친다. 그가 쓴 박사 논문은 나중에 노벨경제학상을 받게 된다.

아인슈타인은 대학생활 내내 강의를 빠지기 일쑤였고, 몇몇 과목은 낙제 수준이었다. 그에게 항상 노트를 정리해주는 친구가 있어서 그는 졸업을 할 수 있었고 직장을 얻은 뒤 연구에 몰입할 수 있었다.

그 친구가 바로 마르셀 그로스먼(Marcel Grossmann)으로, 나중에 상대성 이론을 정립하는 데 작업을 같이 하기도 한다.

1등만 하던 이들의 비극 ____

이런 세계적인 천재를 길러낸다는 한국의 카이스트에서는 창의적인 학자를 길러내지 못할 뿐만 아니라 같이 연구할 동료들을 적으로 만들고 있다. 그 각박한 상황에서 고독감을 느낀 이들은 스스로 목숨을 버려왔다. 2011년에는 학생 4명과 교수 1명, 2012년에는 학생 1명, 2014년 학생 2명, 2015년에는 2명이 스스로 목숨을 끊었다. 연이은 자살 사건들은 카이스트의 환경이 얼마나 황폐한지를 보여준다.

그 원인을 두고 종교계에서는 영적인 황폐함을 이야기하기도 한다. 물론 영적인 충만함이 가득하다면 극단적인 선택을 피할 수 있을지 모른다. 그 영적인 충만함은 삶을 긍정하는 방향에서 적절할 것이다. 다만, 어쩌면 그것은 한국인 모두가 겪고 있는 바이기 때문에 카이스트에만 해당하는 점은 아닐지도 모른다.

카이스트가 2007년부터 도입한 제도의 영향을 생각해봐야 한다. 바로 그것은 징벌적 등록금제다. 일반 대학교의 장학제도를 생각한다면 별것 아닐 수도 있다. 일반 대학교에서도 특정 기준의 학점을 넘지 못하면 장학금 혜택이 박탈되기 때문이다.

그런데 상대평가에서는 누군가는 반드시 좋지 않은 학점을 받는다. 카이스트의 경우, 두 학기 평점 3.0을 넘지 못하면 0.01점당 6만 원에 해당하는 등록금을 내야 한다. 모두가 아무리 열심히 해도 15%의 학생은 이런 벌금형 등록금을 내야 한다. 내가 내지 않으려면 다른 누군가, 즉 자신의 친구들을 그곳에 빠뜨려야 한다. 학생들의 동기부여 요소가 바로 벌금 등록금제라는 데 문제가 있다. 총장은 이 징벌적 등록금에 단순히 벌점을 맞거나 낙제를 하는 것과는 다른 문제가 도사리고 있음을 간과했다.

그것은 한국의 사회·문화적 요인을 간과했기 때문에 발생한 것이다. 등록금이 한국에서 어떤 문화심리를 가지고 있는지 생각했어야 한다. 등록금은 단순히 그 개인에게만 해당하는 것이 아니며, 그들에게는 더 큰 상징 효과가 치명적으로 작용하기 쉽다.

우선 한국에서 등록금은 학생 자신이 온전히 마련하는 경우가 그렇게 많지 않다. 많은 경우 부모들이 마련한다. 학생이 낸다고 해도 빚을 지는 경우가 많고, 온전히 학업에 매진하기보다는 아르바이트 등 다른 수단을 모색해야 한다. 이럴 경우 학점이 나빠도 책망할 만한 사안이 되지 않는다. 다른 일을 하느라 그랬다는 변명이라도 세울 수 있다. 카이스트의 학생이 학자금을 자신이 만들어내야 하는 지경에 이르는 것은 굉장한 충격이 된다. 이들은 공부만 해왔다. 더구나 공부만 해야 하기 때문에 이는 학생 자신의 경제적 부담이 아니라 학생 부모의 경제적 부담으로 돌아온다.

그런데 중요한 것은 액수의 크고 작음이 문제가 되는 것이 아니라는 점이다. 학비를 부모가 부담해야 하는 것은 학생의 수치이면서 부모의 수치가 된다. 부모의 체면이 말이 아니게 되는 것이다. 한국과 같이 주위의 시선을 강하게 의식해야 하는 사회에서 학생들의 심리적 상처는 매우 강하다.

전교 1등을 놓치지 않던 학생이 3등 하는 것과 100등이 103등 하는 것은 차원이 다르다. 개인에게 다른 심리적 현상을 낳는 것이다. 그러한 수치를 벗어나기 위해서 공부를 열심히 하지만, 문제는 누군가는 그러한 비참한 지경에 반드시 빠질 수밖에 없는 상대평가의 구조다. 이 때문에 수많은 학생이 그러한 비정상적인 상태에서 상처를 받게 된다.

천재를 가두는 교육 ____

자기효능감에 따른 몰입이 아니라 부정적 처벌을 통한 학습의 촉진이 과연 얼마나 창의적인 작업을 끌어낼 수 있겠는가 하는 근본적인 의문을 품을 수밖에 없다. 노벨상을 가장 많이 받는다는 유대인의 교육철학은 스스로 생각하는 사람이 되는 것이고, 생각하지 않는 사람은 유대인의 수치라고 여긴다. 한국인의 교육철학은 1등 하는 것, 아니 낮은 학점을 받지 않는 것이다. 이럴 때 얼마나 스스로 생각하는가는 전혀 중요하지 않다. 미적분을 영어로 얼마나 잘 알아듣는가만 중요하다. 영어 구사라는 능력의 강조가 자기 소외와 연결되는 것인가는 그리 중요하지 않다.

무엇보다 이러한 조치들이 학생 저마다의 심리적 상태나 성격을 고려하지 않은 것이라는 점이 큰 문제다. 자존심을 자극하면 그것을 극복하여 더욱 잘하는 학생이 있지만, 오히려 악순환에 빠져버리는 학생이 존재한다는 사실을 무시한 조치다. 그래서 징벌적 등록금제는 폭력일 뿐이다. 특히 카이스트 학생들은 어린 시절부터 항상 주위의 기대를 한몸에 받고 자란 이들이다. 한국 사회에서 이런 학생들은 결코 혼자 존립할 수 없다. 다른 사람들의 시선 속에서 자신의 존재감을 가져야 한다. 하지만 그런 그들에게 벌금형 등록금은 존재론에 심각한 위협이 될 수도 있다. 그것을 고려하여 교수·학습 방식이 다듬어져 실행되어야 한다.

더구나 정말 비극적인 것은 그들이 수행해야 하는 과업들이 정말 폭력적인 조치들과 교환할 만한 것들이냐는 것이다. 노벨경제학상 수상자인 존 내시는 학교 수업이 창조력을 해친다며 수업을 듣지 않았다고 한다. 적어도 창의력을 통해 신기원을 이루어야 하는 학생들에게 학점의 틀로 서열화하는 것은 맞지 않는다. 더구나 수단이 목적을 합리화하는 교육 방식은 그 효과와 관계없이 인간의 영혼과 지성을 훼손시킨다. 인간의 영혼과 지성을 수단화하기 때문이다. 수많은 학생은 아직도 자신이 좋아하는 것을 위해 학업을 하지 못하는 경우가 많고, 그 정점에 카이스트가 있다. 다른 사람들을 만족시키기 위해 학교에 다니는 그러한 학생들은 학교에서 교육이라는 이름으로 방치된다.

장기적으로 중요하며 꼭 필요한 소양은 창조적인 연구 능력의 함양이다. 이러한 능력에는 인지적 지능도 중요하지만 정서적 지능 차원의 접근도 매우 중요하다. 학생들은 컴퓨터나 기계가 아니라 정서를 가지고 있는 사람이다.

우리는 모두 2등이다 _____

장학금제도는 학생들이 학비 걱정을 하지 않고 학업에 충실하도록 만들어야 한다. 이 학업을 당장 단기적인 학점으로 평가하는 것이 타당한 것인지는 의문이다. 오랫동안 자기 주도적이고 능동적인 학업 성취가 이루어져야 한다. 공자는 공부에서 아는 자는 좋아하는 자만 못하고, 좋아하는 자는 즐기는 자만 못하다고 했다(子曰; 知之者, 不如好之者. 好之者, 不如樂之者). 말콤 글래드웰(Malcolm Gladwell)은 《아웃라이어》에서 단기간에 이루어지는 것은 없다고 했다. 그는 1만 시간이라는 절대량을 말하기도 했다. 특정 시간 이상이 반드시 필요하다고 했으며 이는 천재적인 작업에서도 마찬가지다. 로봇 영재의 불행한 일을 생각할 때, 징벌적 등록금제도와 같은 무모한 제도가 앞으로 오랜 기간 창의적인 작업을 하려는 희망과 의지를 꺾어버리는 기제로 작용하는 것은 바람직하지 않다.

하늘 아래 우리 모두는 2등이다. 천재도 2등이요, 꼴찌도 2등이다. 인간이기 때문이다. 인간은 완전한 합리성과 과학성을 지닌 사람이 아니므로 언제든 겸손해야 한다. 다른 사람들보다 나은 것처럼 보이는 것은 착각일 뿐이므로 천재니 수재니 하며 군림하고 자만할 필요가 없다. 그래봤자 인간이다. 다른 사람들이 없으면 결코 존재할 수 없는.

능력주의 시대니까
모두 개인 책임?

우리는 능력주의 시대를 원한다. 능력 있는 사람이 제대로 평가받고 성공하는 사회를 염원한다. 19세기보다는 20세기, 20세기보다는 21세기에 더 능력 중심의 사회가 되었지만 여전히 우리는 능력 중심의 사회를 원하고 있다. 능력 있는 사람이 높은 지위에 있고 성공과 부를 누려야 한다고 여긴다. 누구에게나 능력을 살릴 기회가 주어지는 사회, 이런 능력 중심의 사회는 우리가 반드시 이루어야 할 이상향으로 간주되어왔다. 무능력한 사람들이 자리를 차지하고 있는 모순에서 벗어나 능력 있는 사람들이 그 자리에 오르는 것이 바람직해 보인다. 거꾸로, 능력이 없는 사람들이 특정한 자리에 가지 못하는 것은 당연한 것이다. 그 당연한 결과에 대해서는 개인들이 책임을 져야 한다. 왜냐하면 개인들이 얼마든지 능력을 발휘할 수 있는 여건이 조성되어 있기 때문이다.

하지만 능력주의 시대에 능력 있는 이들이 모두 반드시 행복하게 잘 살 것이라는 보장은 없다. 기본적으로 능력이 있음에도 언제나 부자와 성공에서 거리를 두는 사람들은 있게 마련이다. 그들은 능력주의 담론과 별개로, 능력이 있는데도 능력주의 시스템과 관계없이 실력을 연마한다. 따라서 알랭 드 보통(Alain de Botton)이 《불안》이라는 책에서 지적하듯이 능력주의 시대가 되면 될수록 그 능력주의 시대에 성공하지 못하거나 가난한 사람들은 할 말이 없어지게 된다.

또한 그는 지적했다. 능력 있는 사람들을 교육하고 선발하는 제도가 잘 정착, 확립될수록 성공을 못 하거나 빈한한 사람들은 변명도 못 하는 난처한 지경에 이를 것이다. 능력주의 시대에 성공하지 못하는 이들은 무능력자로 간주될 것이기 때문이다.

완전한 능력주의 시대라고 해도 능력을 제대로 인정받지 못하거나 그 능력이 잘못 쓰일 가능성은 얼마든지 있다. 당장에 성공과 부를 갖지 못한다고 해도 그것이 능력의 유무와 연결되는 것은 아니다. 능력이 있어도 누구든, 언제든 사고와 질병으로 장애인이 될 수 있는 것과 같다. 그러나 능력주의 사회는 이런 것을 가릴 수 있다.

능력주의와 개인의 책임 _____

입시 교육이 능력주의 사회와 맞물리면 걷잡을 수 없는 편견이 생긴다. 요즘에는 과거처럼 돈이 없어 공부를 못 하는 경우가 없다. 따라서 돈이 없어서, 집안 형편 때문에 공부를 할 수 없다는 말은 할 수가 없을 것이다. 더구나 여성들의 경우에도 누구나 마음만 먹으면 얼마든지 공부를 통해 사회에 진출할 수 있으리라는 생각이 많다.

그러나 하워드 가드너(Howard Gardner)의 다중지능론에 따른다면 학교 교육은 수리논리지능을 우선한다. 대표적인 것이 바로 IQ라고 볼 수 있다. 수리논리지능이 높을수록 학교 성적이 높고, 좋은 학교에 진학하며, 사회에 나가서도 좋은 일자리를 잡을 가능성이 크다. 그렇게 될수록 능력 있는 사람이라는 평가가 내려질 것이다.

하워드 가드너 교수의 다중지능론은 인간 뇌의 특정 부위와 직접적 연관관계가 입증된 언어, 음악, 논리수학, 공간, 신체운동, 인간친화, 자기성찰, 자연친화라는 독립된 8개의 지능과 종교적 능력과 관련된 가설 단계의 실존지능(2분의 1)으로 구성되어 있다. 그래서 '8과 2분의 1 지능론'이라고도 한다. 이에 따르면, 다양한 영역에서 활동할 수 있는 역량을 발휘하게 하는 것이 진정한 능력주의 시대라고 할 수 있다.

선택의 기회가 많을수록 모든 잘못이 개인의 책임으로 돌아간다는 연구 결과도 있다. 이는 자유 민주주의와 사적 자본주의가 결합된 사회적 특성을 반영하는 것이기도 하다. 〈심리과학 저널〉에 실린 선택에 관한 연구 논문에서 컬럼비아대학교 크리슈나 사바니(Krishna Savani) 연구원은 "미국인들은 사람들이 하는 일이나 그들에게 일어나는 일이 자신들 마음대로 선택할 수 있는 일이고 심지어 개인적으로 책임이 있다고까지 생각했다"고 밝혔다.

미국에 허리케인 카트리나가 닥쳐왔을 때 사람들은 '왜 그 사람들은 태풍이 오는데도 거기 남기로 했지?'라고 말하며 개인들에게 책임을 돌렸다고 한다. 하지만 당시 사람들은 그 상황을 벗어나기가 쉽지 않았다. 이는 매우 중요한 시사점을 주는데 만약 개인들이 각자 선택할 것이라고 간주한다면 국가의 정책이 개입되는 문제에 찬성하지도 않을뿐더러 관심도 없게 된다. 그 개인들이 선택해서 피해가 더 커졌다고 생각하기 때문이다. 만약 중국이나 북한처럼 개인의 선택이 일정하게 제한되는 나라에서 태풍의 피해가 발생한다고 하면, 국가가 나서서 피해를 구제하는 것에 대해 관심이 많거나 당연하게 생각할 것이다. 특히 거주·이전의 자유가 없는 북한의 경우, 자연재해가 잦아도 그대로 있어야 한다. 그러나 미국은 자유국가이기 때문에 자신이 원한다면 언제든지 이동할 수 있다고 생각하는 것이다. 하지만 사람들이 아무리 자유롭게 이전할 수 있다고 해도 그렇지 않을 수 있는 변수는 많다.

마찬가지로 아무리 능력을 잘 살릴 수 있는 사회가 된다고 해도 그 능력을 제대로 발휘하는 경우가 그렇게 많을지 의문이 든다. 기회가 많이 열려 있는 개방된 사회라고 해도 말이다.

기회의 개방 시대, 하지만 _____

알랭 드 보통이 인용한 자료 중 마이클 영(Michael Young)은《능력주의의 등장(The Rise of the Meritocracy)》에서 이렇게 말했다.

"오늘날 사람들은 아무리 비천해도 자신에게 모든 기회가 열려 있음을 안다. 만일 계속 바보라는 낙인이 찍히면 허세를 부릴 수 없다. 자신이 열등하기 때문에 열등한 지위에 있다는 사실을 인정해야 한다."

자신의 능력을 발휘하지 못한 사람은 기회의 개방 시대에 능력이 없는 것으로 낙인 찍히기 쉽다. 능력주의 시대에도 그 능력의 있고 없음과 상관없이 자신의 존재가치를 발휘하지 못하는 경우는 얼마든지 있다. 또한 사회에서 요구하는 능력과는 반대로 각자의 개성과 삶의 가치를 소중하게 생각하는 사람들도 많다. 수많은 오디션 프로그램이 있지만 그와 상관없이 자신의 음악을 추구하는 이들은 얼마든지 있고, 그 프로그램에서 뽑히지 않아도 그들에게 재능이 없다고 말할 수는 없다.

따라서 사회적으로 요구되는 능력을 갖추지 못했다고 해서 그의 무능력이나 게으름으로 규정하는 것은 타당하지 않다. 자신의 재능이 무엇인지 알 수 없거나 그에 대한 평가를 제대로 받은 적이 없는 경우도 많다.

여전히 세상에는 가난하고 불행한 집안 출신의 사람이 얼마든지 있다. 비록 안정된 가정에서 태어났다고 해도 불행한 사고나 생각하지 못했던 불행으로 학업을 제대로 하지 못할 수도 있다. 따라서 행복하거나 안정된 삶을 구가하지 못하는 이들, 능력을 갖지 못한 개인에게 책임을 물을 수만은 없다. 아무리 기회가 많고 능력주의가 대세라 해도 그 개인들의 불행은 사회적, 국가적 복지정책으로 뒷받침해주어야 한다.

예능 프로의
외국인 출연 러시를 보며

국내외적으로 많이 지적되듯이 한국 사람들은 외부의 시선을 중요하게 생각한다. 다른 사람이 자신을 어떻게 생각하는지, 다른 사람의 눈에 자신이 어떻게 비치는지에 관심이 많다. 다른 사람만이 아니라 다른 조직, 나아가 사회·국가들이 자신이 사는 나라에 대해 관심이 있는지, 어떻게 평가하는지를 중요하게 생각한다. 할리우드 배우들이 영화 홍보차 방한했을 때 '싸이를 아느냐', '한국의 김치와 불고기를 좋아하는가'라는 질문이 빠지지 않는 것은 이 때문이다.

자학할 필요는 없다. 부자이면서 강자이면 다른 사람의 눈치를 보지 않으며, 약자이고 빈자일수록 다른 사람의 눈치를 본다는 것이 심리학적 연구의 결과이기도 하다. 《세계의 문화와 조직》에서 거트

호프스테드(Geert Hofstede)는 한국 같은 나라를 집단주의 문화 사회의 유형에 속한다고 했다. 집단주의 문화는 집단을 우선하는 문화일 수도 있지만, 집단 속에서 자신이 어떤 평가를 받는지 그리고 어떤 위치에 존재하는지 중요하게 생각하는 문화를 말한다. 즉 집단 안에서 상위에 속하는지 아니면 하위에 속하는지에 따라서 자신의 존재감이나 행복감을 충족하기도 한다. 집단 안에서 상위에 오를수록 그러한 점을 대내외적으로 드러내거나 과시한다. 이는 유교 문화 때문이 아니라 농경사회의 습속이 많이 남아 있기 때문이다.

외국인을 등장시키는 프로그램의 증가 _____

그런데 그간 한국 사람들이 무조건 다른 모든 이들의 관심을 중요하게 생각하는 것은 아니었다. 예컨대 백인들이 한국에 대해서 관심을 가질 때면, 한국인들의 호감은 더욱 높다. 대개 백인은 선진국 사람들이라는 인식이 강하다. 흑인이나 아시아·아랍계보다는 백인, 그 가운데에서도 영어를 잘 구사하는 이들에 대해서 관심이 많다.

이는 실제와 관계없이 영국과 미국이 선진국이라는 각인이 무의식에서 작용하기 때문이다. 최근에는 방송매체에 등장하는 외국인들의 캐릭터가 예전보다 다양화된 것이 사실이다. 또한 그들을 다루는 방식도 폭넓어졌다.

JTBC 〈비정상회담〉은 세계 여러 나라 남성들을 출연자로 등장시켜 〈미녀들의 수다〉 프로그램의 한계를 극복해냈다. 글로벌 토크쇼를 내세운 KBS 〈미녀들의 수다〉는 대중적 인지도를 갖췄음에도 광고 판매가 저조한 대표 프로그램이었다. 왜냐하면 주 시청자층이 소비의 중심인 여성이 아닌 남성이었기 때문이다. 또한 여성들을 성 상품화한다는 비판에 시달려야 했다. 다만 다양한 일상생활을 소재로 한 다문화 성격에 초점을 맞추고 있었다.

JTBC 〈비정상회담〉은 미녀 대신 미남들을 선택했다. 여성 성 상품화를 비껴가려 한 것이며, 이는 콘텐츠 소비자와 광고를 모두 고려한 선택이었다. 미남들을 상품화한다는 비판에서 벗어나려는 듯 미남들이 각각 서로 논쟁과 논박 그리고 토의도 할 수 있는 방식을 적극 도입했다.

또한 주제를 넓고도 깊게 선택했다. 일상생활 소재만이 아니라 진지하고 깊이 있는 주제를 다뤘다. 이는 '비정상회담'이라는 이름 자체에 내포되어 있다. 또한 한국의 젊은이들이 겪고 있는 문제들을 다양한 각국 사례를 통해 멘토링을 구사하고 있다는 점이 특징이다.

다만, 예능적인 요인을 강화하려고 각 캐릭터를 좀더 구체화해 설정했다. 무엇보다 우연적 유희와 재미를 강화했다. 단지 일정한 순서에 따라 토크가 오가는 방식을 넘어서서 무작위적으로 대화가 오가는 리얼토크 버라이어티의 성격이 강했다. 이에 따라 애초에 준비한 각본대로 움직이지 않는 우연적 리얼리티의 강화 현상이 일어난다.

이런 새로운 유형은 KBS 3부작 〈이방인〉처럼 특정한 외국인을 밀착 취재하는 교양 다큐멘터리나 정보 프로그램과는 차원이 다를 수밖에 없다. 오히려 MBC 〈헬로! 이방인〉이 이에 가깝다. 다만 〈1박 2일〉 버전을 차용해 11명의 외국인이 참여하는 게스트하우스를 중심으로 한 이색 문화 체험 프로그램이라는 점이 다르다.

물론 이 과정에서 여러 체험 액션에 토크가 곁들여질 수밖에 없다. 명절 특집 장기자랑을 시키거나 그들의 삶을 다큐멘터리로 제작하는 방식과는 다른 것임이 분명하다. 이런 유형은 다문화 관점에서 볼 때, 한국 중심주의에 따른 통합적 관점을 여전히 중요시하는 콘셉트에서 맴돌고 있는 프로그램이다.

이쯤에서 이런 유형의 프로그램을 시청하는 심리에 대해서 약간 정리가 필요하다. 이러한 심리는 바로 외국인이 참여하는 리얼리티 프로그램들이 쏟아지는 이유이기 때문이다. 즉 〈헬로! 이방인〉이 〈비정상회담〉을 베꼈다고 한다면, 〈비정상회담〉은 〈미녀들의 수다〉를 베낀 것이 된다.

흑인보다는 백인에 점수를 더 주는 이유 _____

중요한 것은 왜 이런 외국인 예능 캐릭터들이 늘어나고 있는가 하는 점일 것이다. 한국인들에게는 외국인이 한국말을 잘한다는 것 자체가 신기한 일로 받아들여진다. 그리고 그들의 사고와 표현을 들어보는 자체가 호기심의 대상이 된다. 물론 한국인과 한국 사회에 대해서 어떻게 생각하는지에 관한 궁금증 심리가 작용하고 있다.

이런 텔레비전 프로그램들을 보면 '세계에서 그간 주목을 받지 않았던 한국'이라는 인식을 가진 시청자일수록 이런 외국인들의 한국말 구사를 보며 세계 속 한국의 위상을 실감할 듯싶다. 하지만 외국인들의 발언들에 대해서 궁금증이 많은 것은 그만큼 한국이 여전히 외풍에 휘둘리고 있음을 나타낸다.

그렇기에 외국인들은 적절한 선을 넘어서면 곤란할지 모른다. 예컨대, 한국말을 너무 잘하는 것은 이질감을 준다. 어설픈 발음일수록 좋고, 그에 반대로 외모는 출중할수록 바람직하다. 멋지면서도 한국말을 적당히 못하는 외국인일수록 호감을 얻는다. 또한 한국인이나 한국의 사회·문화에 대해서 매우 잘 알기보다는 잘 모를 때 관심과 호감이 증폭된다. 이때 많은 한국인은 웃음을 터트리면서 친근감을 갖는다. 물론 그들의 출신이 대단한 나라일수록 좋다.

이는 왜 외국인들이 예능 프로그램에서 더욱 왕성하게 활동하고 있는지 가늠할 수 있게 한다. 여전히 외국인들을 예능에 한정시켜 보고 있는 점은 한국인들의 무의식을 그대로 반영하고 있기 때문이다. 이는 어쩌면 권위의 붕괴에 따른 우월 심리의 웃음 코드 때문이다. 대단할 것처럼 보였던 존재가 무너지면 보통 보는 이들은 쾌감을 느낄 수 있다. 웃음 유발 이론 중에 '우월 이론'이다. 멋진 사람이 바보 같은 의외의 행동을 할 때 웃음이 터지는 법이다. 따라서 한국인들에게는 백인이거나 백인에 가까운 캐릭터일수록, 아프리카보다는 미국이나 유럽 출신의 외국인들이 예능 프로그램에서 어설프거나 망가지는 모습을 보일수록 관심을 더 기울인다.

하지만 그런 모습을 보일지라도 그들은 개인이 아니라 해당 국가의 대표처럼 말을 해야 한다. 물론 그가 각 나라의 모든 것을 대표해 말할 수는 없지만 시청자는 그렇게 받아들인다. 그래서 각 나라의 비교·검토를 통해 해법을 찾는 콘셉트도 일정하게 경계해야 한다. 해외의 사례를 그들에게 직접 들어보면서 한국의 문제점들을 해결할 수 있는 실마리를 제공하는 방식은 매우 색다르고, 그 의미도 좋게 평가할 수 있다.

여전히 집단주의 문화를 해결하는 대안이 개인주의 문화가 아니듯이 선진국들의 해법이 다른 나라의 해법이 될 수는 없다. 한 사회와 나라의 문제는 그 내부 구성원의 합의에 따라야 하기 때문이다. 그래서 예능 프로그램에서 한국을 논하는 외국인들이 한국 사회 안의 구성원에 대해 갖는 정체성 정도에 따라서 정말 한국인에게 필요하고, 도움이 되는 해법들이 좌우될 수밖에 없다.

콩글리시가
어때서

1991년 MBC 드라마 〈여명의 눈동자〉에서 장하림 역의 박상원은 영어를 구사하지만, 전형적인 콩글리시다. 발음이나 억양이 엉망이다. 하지만 그의 영어를 문제 삼는 담론은 없었다. 그러나 2004년 〈러브 스토리 인 하버드〉에 출연했던 김래원과 김태희는 영어 논쟁에 시달렸다. 특히 서울대 출신의 김태희에게는 더욱 심했다. 그때 영어 실력의 기준은 발음이었고, 그 발음의 기준은 미국이었다. 이는 하나의 상징이자 신호였다. 이후 한류 열풍과 아울러 배우나 가수의 영어 노이로제는 더욱 강화되었다. 2000년대 중반부터 불어닥친 교포 출신 연예인들의 국내 러시 현상은 이런 맥락에서 일어났다.

현재 영어를 추종하는 경향은 고려 후기 몽골어 추종 경향에 비견될 만큼이다. 영어는 그 종속성이 자발적으로 일상화되었다. 그런 영화의 종속적 일상화는 시장 상품화에서 시작했고, 그래서 국가 정체 차원에서 중요한 함의를 줄 수도 있다. 이 점은 박근혜 대통령의 미 의회 연설과 국문과 폐지 논란, 한류 스타들의 영어 구사에서 확인할 수 있다.

한국 사회의 영어 노이로제, 대중문화만이랴 _____

초기 한류 스타들이 해외 활동을 펼칠 때 가장 큰 장애 가운데 하나는 언어였다. 현지 팬들이 자신들이 좋아하는 한류 스타들과 대화를 나눌 수 없다는 데 실망했다는 것. 이러한 점은 아이돌 스타들을 다루는 매체에서 더 많이 부각되었다. 원활한 커뮤니케이션이 아닐지라도 어느 정도 대화를 나눌 수 있어야 친밀도를 높일 수 있지만, 한류 스타들에게는 이마저도 쉽지 않았다. 그러나 아이러니하게도 그들이 부른 노래들은 영어 가사로 도배질한 것이라 말해도 지나침이 없었다. 노래에는 영어가 많아 어학 수준이 높을 것으로 기대되었지만, 정작 그들은 일상 커뮤니케이션을 못 하고 있었다. 이후 각 관련 학과와 기획사에서는 영어 학습을 시키거나 현지인들을 아이돌 그룹 멤버로 받아들이기 시작했다.

영어가 점철된 한국 가요에 대한 비판을 염두에 둔 듯 싸이 측은 반대 전략을 취했다. 〈강남 스타일〉은 한국 가사를 기본으로 하되 간단한 후렴구에만 영어를 사용했다. 즉 쓸데없이 영어를 남발하지 않았다. 현지 공연에서도 영어로 바꿔 부르지 않았다. 〈젠틀맨〉에서는 '시건방춤'이라며 춤 자체를 한국말로 지었다.

그렇다고 싸이가 영어를 못하는 것은 아니라는 점을 우리는 잘 알고 있다. 우리는 그가 영어를 통해 현지인과 자연스럽게 대화하는 모습을 매체를 통해 자주 목격할 수 있었다. 싸이는 한류 스타들이 가지고 있던 커뮤니케이션상의 한계를 쉽게 넘나들었다. 영어 구사 능력이 있음에도 이를 남발하지 않은 싸이였다. 언어는 그냥 수단일 뿐이라는 점을 생각하게 했다. 또한 그 내용이 더 중요한 것이며, 결국 우리의 정서와 감수성이 담긴 콘텐츠가 중요하다는 점을 생각할 수 있다.

2013년 5월 박근혜 대통령의 미국 연설을 두고 논란이 있었다. 그런데 그 논란의 핵심은 영어를 잘했다와 그렇지 않다는 점이었다. 언론매체 가운데는 역대 영어를 잘한 대통령 순위를 매긴다. 물론 여기에서 영어를 잘한다는 것은 발음이나 억양, 호흡, 띄어 읽기 등을 말한다. 그 안의 메시지에 대한 평가는 부차적이다.

대통령의 미국 연설, 메시지보다 발음을 주목하는 기현상 _____
비슷한 시기 영국 여왕의 연설에 대해 좋은 톤과 억양, 발음으로 연설을 잘했다느니 하는 언론매체는 없었다. 그 연설에 어떤 내용을 담았는지가 중요했다. 예컨대 복지와 경제회복 입법 계획에 대한 내용이 부각되었다. 박근혜 대통령은 일상 사교 언어는 그들에 맞게 영어로 했더라도 의회 연설은 한국어로 할 수 있었을 것이다.

그런 의미에서 그들이 붙인 '박 마담'이라는 호칭은 묘한 뉘앙스를 연상하게 했다. 영어 연설로 이미지를 긍정적으로 올리는 데 신경 쓸 시간에 차라리 콘텐츠, 즉 성추행의 주인공 윤창중 대변인 같은 사람의 인식 수준을 바꾸는 데 집중했어야 한다. 영어 연설로 얻었다는 이미지는 윤창중식 손짓 하나로 한 방에 날아갔기 때문이다.

정작 중요한 것은 대통령의 영어 구사력에 대한 관심이 가진 상징적이고, 실제적인 효과다. 한 나라의 대통령이 세계적으로 자신의 국가 언어를 사용하지 않는다면 이는 자연스러운 모방 효과를 낳을 수밖에 없다. 이제 한국어보다 영어를 더 우선해야 한다는 지표가 되었다. 역대 대통령의 영어 구사 능력 수준을 순위 매기는 상황에서는 더욱 그러하다. 무엇보다 영어 안의 내용이 아니라 겉 형식, 즉 발음이나 억양, 호흡법 등에 더 신경을 쓰게 된다.

그런데 정작 박근혜 대통령의 한국어 연설은 낙제점이라는 데 동의하지 않을 사람이 없다. 이는 대선 과정에서 충분히 인식된 바다. 이러한 점은 한국의 대학과 대학원에서의 영어 강의도 마찬가지다. 한국의 대학과 대학원은 전공 수업임에도 회화 수업처럼 되었다. 전공 내용이 아니라 미국식 영어 발음이나 억양에 가까운가가 중요하다. 학생들도 발음과 억양에 자신 있는 학생들만 발언한다. 미국에서 학위를 받았다는 이유로 교수 임용 시 여러 면에서 유리한 점수를 받는 것은 물론, 발음이나 억양이 좋은 이들이 채용에서 우선순위를 배정받는다.

대한민국이 어느 나라인지 알 수 없는 상황에서 영어는 하나의 권력이며, 왕따와 배제의 핵심 수단이 되었다. 남을 짓누르는 폭력이다. 물론 그 영어 수준은 '네이티브 스피커' 수준이라는 알 수 없는 유령 때문에 막대한 경제 자원을 필요로 한다. 영어와 관련하여 없어져야 할 단어는 콩글리시다. 미국의 창조경제를 움직이는 인도인들은 미국이나 영국식 영어가 아닌 인도식 영어를 사용한다. 그렇다고 그들을 무시하지 않으며 그들을 데려가려고 오히려 잔뜩 줄을 서 있다. 정말 그 사람이 가지고 있는 능력이나 콘텐츠가 우월하다면 그의 발음에 신경 쓰지는 않을 것이다. 우리나라에서도 마찬가지다. 한국어로 연설을 잘한다는 것 자체가 그 사람이나 사안의 본질을 대변하지 않는다. 그런데 영어만은 유독 그런 경향이 강하다.

영어, 우리 사회에서 권력과 왕따와 배제의 핵심 수단이 된 이유 _____
대통령마저 한국어보다 영어 발음과 억양에 더 신경을 쓰는 마당에 최근 국문학과들이 없어지는 일은 어쩌면 당연한 일일지도 모르겠다. 물론 폐과 이유는 취직이 안 되기 때문이라는 것이다. 그 연쇄 효과는 곧 다른 대학들에도 미칠 전망이다. 하지만 일선 기업의 취업 담당자들은 신입 사원들의 한국어 글쓰기 능력 부족 때문에 골머리를 앓고 있다. 영어 어학 점수와 발음은 나아졌는데, 한국어 구사력은 떨어졌기 때문이다.

한국어 교육을 제대로 받으려는 이들은 다문화 가정의 아이들이다. 그런 면에서 볼 때는 다문화 가정의 아이들이야말로 한국어를 사랑하는 애국자들이다. 케이팝을 좋아해 한국어를 학습하는 동남아시아 몽골 청년들이 한국 국민이고 대통령이다. 몽골 사람들이 한국어를 배우는 역전된 상황에서 한국인들은 영어에 목을 매고 있다는데, 다른 사람을 짓밟고 군림하기 위한 수단으로 말이다.

그것은 종종 문화 주권을 방기한 채 이루어진다. 영어 발음 없이도 강대국이 된 독일과 일본은 여전히 시사적이다. 국가 지도자가 제시해야 할 것은 우리말과 우리글을 스스로 자랑스럽게 하는 것이고 세계경제를 선도한다는 창조경제의 비전이어야 할 것이다. 과연 남의 말과 글로 얼마나 창조적일 수 있을지 의심스럽고, 그것은 국내의 대학과 대학원 연구 집단에게도 마찬가지로 요구되는 것이다.

한국에서는 엄청난 돈이 영어 학습에 투여된다. 해외 유학을 마다치 않고 뒷바라지한다. 학문을 닦기 위해 유학을 보내는 것이 아니라 영어 발음 교육을 받게 하려고 해외 학비를 지원하는 것이다. 영어 발음을 통해 굴욕을 경험한 학부모들은 영어 설움을 극복하려는 듯 아이들의 발음 교정에 무척 신경을 쓴다. 겨울 왕국의 OST 〈렛잇고〉를 본인은 발음기호를 적어 불러야 하지만 아이들은 원어민 발음과 같이 부른다는 점을 너무나 대견해 한다.

이탈리아에서는 입사 지원 서류에 영어 점수가 없어도 된다. 그러나 한국에서는 영어를 잘 쓰든 못 쓰든 영어 어학 점수를 기록하게 되어 있다. 어디 이탈리아만일까. 미국인들은 다른 나라에 관심이 없다. 그렇게 해도 먹고사는 데 지장이 없기 때문이다. 다른 나라의 언어를 배울 생각도 안 하고 어린 시절부터 입에 익숙한 영어만 해도 전혀 문제가 없다. 언어를 배우러 학원이나 유학을 가지 않아도 되고 오히려 세계를 자유롭게 유람한다. 그리고 이를 바탕으로 창조적인 결과물을 만들어낸다.

한국이 만들어야 하는 나라는 그런 나라다. 외풍에 휘둘리지 않는 강건한 나라, 자기 나라말을 써도 먹고사는 데 지장이 없는 나라, 자기 언어를 배반하지 않아도 수치스럽게 생각하지 않는 자부심이 가득한 나라.

그럼 현재는 어떻게 해야 하는 것일까. 세계화 시대에 외국어는 꼭 필요하니 말이다. 콩글리시면 어떤가. 하루빨리 한국인의 발음구조에 맞는 영어를 국가가 제정해야 한다. 영국과 다른 미국 영어를 보라. 영국과 다른 인도 영어를 보라. 그리고 그에 따라 국민이 사용할 수 있게 해야 한다. 콩글리시는 하나의 자격이다. 영어는 우열의 문제가 아니라 수단의 문제, 즉 커뮤니케이션의 문제이기 때문이다. 영어는 하나의 자격요건일 뿐이다. 발음이 미국, 영국에 가깝거나 영어 점수가 몇 점 좋다는 것으로 인생을 좌우하는 일은 없어야 한다.

대머리에 대한
시선

대한피부과개원의협의회에 따르면 탈모 환자는 10월부터 급증한다. 왜 그럴까. 건조한 가을 날씨는 여름 내내 강한 자외선에 노출되었던 두피를 자극해 탈모를 심화시킨다. 땀과 피지 분비물이 잘 씻기지 않으면 지성 비듬이 생겨 탈모를 촉진한다. 또한 피서 때 묻은 수영장, 바닷물의 염소 성분이 더 부추긴다. 찬바람이 불기 시작하면 세포 증식력이 떨어져 머리가 더 빠진다. 환절기에는 남성호르몬 테스토스테론(testosterone)의 분비가 일시적으로 증대된다.

테스토스테론은 전립선에서 5알파 환원효소(5alpha reductase)를 통해 디하이드로테스토스테론(DHT: Dihydrotestosterone)으로 전환한다. DHT는 머리카락의 모낭에서 모발 생성을 저하시킨다. 따라서 DHT가 많아지면 모발이 가늘어지고 심지어 빠지기도 한다. 남성호르몬 테스토스테론이 가을 초입에 일시적으로 많아지고, 이 때문에 DHT 생성도 많아지면서 머리가 더 많이 빠지게 된다. 여성들도 나이가 들어감에 따라 남성호르몬이 분비되면 탈모증이 발생한다.

특히 스트레스를 받을 때 분비되는 호르몬은 테스토스테론의 증대를 낳는다. 기원전 400년 히포크라테스는 거세된 남성과 아이는 탈모가 되지 않는다고 했다. 남성형 호르몬의 영향이 크다고 할 때, 고환을 일찍 거세한 남성들은 탈모에서 자유롭다는 연구가 많다. 1942년 미국의 해부학자 해밀턴(Hamilton) 박사는 거세당한 남자 104명을 대상으로 한 남성형 탈모 연구에서 사춘기 전에 거세된 남성은 탈모가 없었고, 가족 가운데 탈모가 있거나 성적으로 미성숙한 남성에게 남성호르몬을 투여하면 탈모가 생겼다는 결과를 얻었다고 발표했다.

살인까지 부르는 대머리 비하 _____

어쨌든 가을은 남성들이 호르몬의 변화로 계절성 우울증, 즉 가을을 타는 증상이 심해진다. 가을은 한편으로 결혼 소식이 많고, 앞으로 추운 겨울이 다가오기 때문에 소개팅이나 맞선 같은 만남이 많아진다. 하지만 이런 만남에 임하는 이들에게는 빠지는 머리카락이 스트레스를 많이 준다. 이는 탈모증을 가지고 있는 이들에 대해서 비호감 성향이 강한 사회가 한국이기 때문이다. 이 때문에 여러 가지 사회·문화 현상이 일어난다. 놀림의 대상이 되어 수치감을 느껴 심지어 살인극까지 벌이게 된다.

2003년 7월 〈올드 보이〉의 주연 배우 최민식은 언론과 가진 영화 출연 동기에 대한 인터뷰에서 대머리 살인 때문이라며 다음과 같이 말했다. "얼마 전에 대머리 콤플렉스가 있는 사람이 가발을 장난으로 벗긴 친구를 살해했다는 기사를 읽은 적이 있어요. 얼마나 수치스러웠으면 그랬겠어요." 당시는 같은 이름의 작품만 있을 뿐 구체적인 시나리오도 캐릭터의 구체적 동기도 구현되지 못한 상태였다. 최민식은 "사람이 마음을 다치는 일 중엔 정말 별것이 아닌 게 많은데, 그런 감정을 극대화하면 감정이입을 못 할 일도 없죠"라며, 이렇게 대머리에 관한 수치심과 상처에 감정이입을 했다고 밝혔다. 발설과 루머 그리고 수치심에 관한 영화 〈올드 보이〉의 주연 배우다운 말 같았다. 그럼 그는 어떤 기사를 본 것일까.

2003년 6월, 서울 석촌호수 인근 포장마차에서 인터넷 동호회 회원들끼리 술을 마시다가 대머리라고 놀리는 전씨를 대머리인 홍씨가 흉기로 찔러 숨지게 했다. 당시 언론 보도에는 전씨가 여성들 앞에서 가발을 벗기는 바람에 홍씨가 수치심을 느껴 전씨를 살해했다고 했다. 그런데 1년 뒤, 서울 남부지방법원은 모 방송사에 전씨 유족들에게 2,000만 원을 물어주라고 판시했다. 전씨가 홍씨의 가발을 의도적으로 벗긴 게 아니었기 때문에 방송사의 왜곡 보도에 대한 배상금이었다.

무엇보다 이때 대머리 살인범의 선처를 바라는 탈모증 네티즌들의 탄원서가 법원에 제출되었다. 이때 참여한 한 네티즌은 "친구들이 대머리라고 놀릴 때마다 너무 원망스러웠다. 이러한 점들을 고려해 선처가 필요하다"고 말했다. 이는 탈모증이 있는 이들의 고통을 대변하는 것이었다.

이어 2004년 9월에도 비슷한 사건이 일어났다. 다만 청부살인이라는 점이 사람들을 놀라게 했다. 강원지방경찰청 사이버범죄 수사대에 따르면 김모 씨는 자신을 대머리에 뚱보라고 놀리는 중학교 동창 박모 씨를 살해해달라고 이모 씨에게 400만 원을 주고 청부살해를 했다. 실제 살해는 일어나지 않았지만 의뢰자 김모 씨는 징역 10개월, 집행유예 2년에 처해졌다. 자칫 대머리라는 말이 살인을 불러올 뻔했다.

스트레스의 근원, 비호감의 상징 ___

이렇게 탈모증을 가지고 있는 이들은 사회적 인간관계 속에서 스트레스를 받게 된다. 2004년 9월 한 개인 의료기관에서 탈모증이 있는 300명을 대상으로 조사한 결과 '탈모 때문에 불이익을 경험한 적이 있다'고 대답한 이들이 87%(261명)였다. 뒤이어 취업이나 재취업에서 불이익 경험(42%), 이성 교제 및 결혼에 문제가 생겼던 경우(41%)가 높았다. 2012년 5월 대한피부과학회의 조사에 따르면 탈모 환자의 63.3%는 사람을 만나는 것에 부담을 느끼는 것으로 나타났다. 또한 이성 관계에 어려움을 겪는다거나(41%) 항상 스트레스를 받는다(13.7%)고 대답했다.

2012년 한 취업사이트의 조사에 따르면, 여성의 경우 총 응답자 233명 중 77명(33%)이 '1분 이내'에 남성에 대한 호감도를 판단했으며, 비호감을 낳는 요인은 74명(31.8%)이 '적은 머리숱(탈모가 진행 중인 머리)'이라고 답했다. 요컨대 척 보고 대머리이면 비호감을 나타내는 것이다. 다른 결혼정보회사의 조사에서, 만나기 꺼려지는 남성의 조건으로 '탈모'를 꼽은 여성이 53%였다.

이러한 인식은 드라마에도 반영되기 일쑤다. 임성한 작가의 드라마 MBC 〈아현동 마님〉에서는 백시향이 맞선남으로 탈모 남성이 나오자 투덜거리는데, 이를 본 어머니는 "그러길래 괜찮은 사람 다 놓치고 누가 대머리를 만나래!"라고 말한다. 2010년 1월 MBC 〈아직도 결혼하고 싶은 여자〉에서 여성들은 소개팅남이 대머리라는 이유로 딱지를 놓는다. 영화 〈사랑도 흥정이 되나요?〉에서 대머리 샐러리맨 프랑수아는 어느 날 400만 유로의 복권 당첨금을 받는데 최고의 섹시 미녀 다니엘라에게 아내가 되어달라고 한다. 단, 조건은 복권 당첨금이 없어질 때까지였다. 돈이 아니면 미녀가 그를 쳐다볼 일도 없다는 것이다. 2009년 KBS 2TV 〈개그콘서트〉의 코너 '분장실의 강 선생님'에서 안영미, 강유미 등은 대머리 분장을 통해 큰 인기를 끌었다. 많은 매체에서는 여성에게 치명적인 대머리 분장을 딛고 인기를 끌었다고 했다. 드라마 〈아현동 마님〉에서는 대머리 분장을 연기자들이 흉내 내는 장면을 15분이나 방영해 비판의 도마 위에 오르기도 했다. 이를 두고 기괴하다는 평가도 있었다.

2009년 11월, MBC 〈살맛 납니다〉에서 장동걸은 가발이 떨어졌는데도 맞선녀가 놀라든 말든 능청스럽게 웃으며 거울 대신 숟가락에 자신을 비춰 가발을 다시 쓴다. 만약 이렇게 유연하게 대응할 수 있으면 좋겠지만 현실에서 그러기는 쉽지 않다. 일본 드라마 〈러브제너레이션〉에서 남자 주인공은 "내가 대머리 되고 배 나온 아저씨가 되는 걸 네가 지켜봐 줄래? 난 네 얼굴에 주름 생기고 가슴 처지는 걸 지켜봐 줄게"라고 말한다. 매우 아름다운 말이다. 하지만 현실에서는 대머리가 되지 않으려 하고 가슴이 처지지 않기를 바란다.

문제는 한국이 유난히 대머리에 대한 편견이 심하다는 것이다. 2009년 7월 13일, KBS 〈미녀들의 수다〉에서 해외에서 온 여성들은 대머리(민머리) 남성이 멋있다고 말했다. 러시아 출신의 마리아가 "러시아에서도 진짜 머리 없는 남자 좋아해요. 브루스 윌리스, 빈 디젤처럼 근육이 있고 대머리 있는 남자 너무너무 좋아해요"라고 말했다. 독일 출신의 베라는 "독일 여자도 대머리 남자 섹시하고 남자답다고 생각한다"라고 답했다. 호주 출신의 커스티는 "대머리 만지는 게 너무 좋다"라는 이색적인 답변을 털어놓기도 했다.

2010년 여론 조사기관 웹서베이어(web surveyor)가 유럽 5개국(독일, 스페인, 프랑스, 이탈리아, 스웨덴) 20~30대 여성 1,002명 대상의 조사와 한국 조사 내용을 비교해보니, 한국 여성은 유럽 여성에 비해 탈모가 남성의 매력을 낮게 한다고 생각하는 비율이 높았다. 한국 78%, 유럽 57%였다. 탈모가 실제보다 나이가 더 들어 보이게 한다고 말한 비율은 한국이 98%, 유럽은 61%였다.

'빛나리', '문어대가리', '까진 대머리'라는 단어는 모두 탈모증 환자들을 놀리거나 조롱하는 말이다. 2011년 10월 대법원은 '대머리'라는 단어에 대해 "경멸적 감정을 표현하여 모욕을 주기 위하여 사용한 것일 수" 있다고 판결했다. 하지만 "객관적으로 표현 자체가 상대방의 사회적 가치나 평가를 저하하는 것으로 볼 수는 없다"고 했다. 따라서 모욕일 수는 있지만 명예훼손은 아니라고 보았다. 1심은 "대머리란 머리털이 많이 빠진 사람을 뜻하는 표준어일 뿐 단어 자체에 경멸이나 비하의 뜻이 담겨 있다고 보기 어렵다"고 했고, 앞선 2심은 '대머리'라는 용어를 사용한 것에 대해 유죄로 보아 "대머리는 외모에 대한 객관적인 묘사인 동시에 가치 평가적인 요소도 담고 있다"라고 했다. 이러한 측면은 '대머리'라는 단어가 가치판단의 경계에 있다는 점을 말한다. 누군가에게 모욕적으로 사용되고 있는 것은 확실한데, 이를 법적으로 처벌할 것인지에 대해 논란이 있는 것이다.

사회적 프레임의 영향 ___

그렇다면 왜 대머리는 부정적이고 꺼리는 대상이 되었는가. 일단 대머리 남성에 대한 이미지는 서양과 동양이 다르다. 앞선 KBS〈미녀들의 수다〉에서 캐나다 출신의 제니퍼는 "캐나다 영화나 드라마 보면 코치·감독이 대부분 대머리 남자고 운동선수 이미지가 있어 멋있는 남자예요"라고 했다. 우크라이나 출신 이바나도 "운동 잘하는 사람은 대머리 스타일"이라고 했다.

하지만 태국 출신의 차녹난은 "아시아 남자가 대머리면 스님이라고 간주한다"고 했다. 중국인 은도령도 "소림사 생각나요. 여섯 개 점 찍고…"라며 불공드리는 스님 모습을 취했다. 이는 한국이나 일본 여성들도 다르지 않다. 동양 여성들은 대체로 이런 이미지 프레임에서 자유롭지 못하다. 결국 대머리는 드라마, 영화 그리고 스포츠 같은 대중문화 속 이미지와 맞물려 있다.

그 대머리 이미지는 나이 많음의 상징으로 사용되면서 부정적으로 여겨졌다. 즉 나이가 많을수록 대머리가 많다는 정보에 의존해 이를 드라마나 영화, 만화에서 주로 장년이나 노년층 캐릭터로 그렸다. 그래서 대머리 하면 나이 든 사람이라는 인식을 강화했다. 또한 불교 억압의 사회풍토에서 탈모증의 남성들은 '중'이라며 놀림의 대상이 되었다.

하지만 이제 탈모는 나이 든 남성에게만 나타나는 현상이 아니다. 젊은 남성은 물론 여성들에게도 광범위하게 나타난다. 한 두발업체 조사에 따르면, 20대 남성들 가운데 17%가 탈모 예방을 위해 한 달에 10만 원 이상의 비용을 지출한다고 한다. 탈모에 대한 공포 때문이다. 20, 30대 젊은 탈모 환자가 급증해 전체 환자의 50%를 차지한다는 의료기관의 통계수치도 있다. 또한 여성에게도 빈번하게 나타난다. 대한모발학회는 원형 탈모 환자 5명 가운데 1명이 여성이라고 밝힌 바 있다.

머리가 빠지는 건 스트레스가 자율신경이나 교감신경을 자극하여 아드레날린이 혈관을 수축시켜 모근에 영양공급이 부족해지기 때문이다. 기상캐스터 출신 방송인 박은지는 MBC〈세바퀴〉'패밀리 특집'에서 "힘든 기상캐스터 일을 7년 동안 하다 보니 원형 탈모가 너무 심하게 걸렸다. 가짜 머리를 똑딱이로 붙일 정도였다"라고 했다. 또한 다이어트나 편식이 탈모를 일으키기도 한다. 특히 밤낮이 바뀌는 직종은 이를 더욱 부추긴다. 밤낮이 따로 없는 PD나 작가 등 방송 관련 종사자, 디자이너, IT 업종의 직장 여성이 탈모 현상을 많이 보인다는 점을 통해 짐작할 수 있다. 잦은 염색, 드라이, 모발 약품 사용 등이 부추긴다는 지적도 있다. 대머리가 공짜를 좋아한다거나 정력이 센 것과는 상관없다는 점이 드러난다.

탈모는 문명의 병 _____

이미 2012년 탈모증 인구가 1,000만을 넘어섰다는 발표도 있었다. 탈모는 단지 집에서 샴푸 등으로 해결할 수 없는 의학적 치료가 필요한 질환이다. 탈모증을 가진 이들을 대머리라고 놀리거나 조롱하는 것은 특정 환자를 놀리거나 조롱하는 것이 된다. 그러니 대머리로 인한 차별은 질병 환자에 대한 차별이라고 할 수 있다. 우리는 모두 한두 가지의 병증이나 장애를 갖고 있다.

무엇보다 유전성을 떠나 탈모는 문명의 병이며 장애라고 해야 한다. 유전적인 내력이 있어도 외부 요인이 강하면 일찍 혹은 더 크게 나타나는 게 탈모다. 문명이 발달할수록 스트레스와 노동의 강도가 강해질 수밖에 없고 무한 경쟁의 글로벌화는 이런 탈모증을 더 강화할 것이다. 이는 누구에게나 해당하는 문제이기 때문에 안심할 수 없다. 여성들이 머리를 못살게 구는 것도 연예인들처럼 생존을 위한 방편이고 그것이 탈모로 이어지고 있다.

대머리에 대한 이미지를 바꿀 필요도 있다. 1624년, 루이 13세는 22살이라는 젊은 나이에 대머리가 되었다. 정치적인 난제도 많은 데다가 아내가 바람을 피우기도 했다. 즉 그가 대머리가 된 것은 스트레스 때문이었다. 그는 대머리를 가리기 위해 가발을 착용했다. 그가 가발을 착용하자 전 유럽으로 가발 문화가 퍼져 나갔다. 루이 14세는 가슴까지 내려오는 가발을 착용했다. 가발은 매우 화려해지고 고급화되었으며 남성다움의 상징이 되어갔다. 만약 루이 13세가 당당하게 자신의 대머리를 내세웠다면, 대머리가 유행했을지 모른다.

기원전 5세기 그리스 키레네의 시네시오스(Synesius of Cyrene)는 《대머리 예찬》에서 스승이자 소피스트였던 디온(Diōn)의 《머리카락 예찬》을 반박했다. 그가 대머리를 비꼬았기 때문이다. 그는 "지성이란 열매는 머리에서 불필요한 장식을 떼어낸 뒤에야 맺을 수 있다"
라고 말한다. 하늘의 예지에 따른 이집트의 사제는 머리는 물론 눈
썹까지 밀어버렸다는 점을 강조하기도 했다. 그는 "대머리는 신과
같은 존재다. 학자 중에 대머리가 아닌 사람이 있느냐?"라고 했다.
시네시오스는 소크라테스와 율리우스 카이사르도 대머리였다며 머
리카락 예찬론을 비판하고 대머리를 옹호했다. 심지어 "털 많다는
것은 곧 지성이 모자란다는 것을 의미한다"거나, "털 많은 개는 멍청
하고 사납기만 하다"고 말했다.

만약 대머리가 지성인들의 특징이고 현자라는 프레임이 작동한다
면 대머리가 부끄러운 일은 아닐 것이다. 또한 이집트의 사제처럼
고귀한 신분이라는 것을 상징한다고 해도 마찬가지일 것이다. 현실
적으로는 대머리가 운동 잘하는 건강한 사람으로 이미지 프레임을
바꾸는 데 대중매체의 역할이 필요하기도 하다.

A형이라서
소심하다고?

2013년 7월 11일, MBC 〈라디오 스타〉에서 영화배우 강성진은 자신이 혈액형이 'A형'이기 때문에 당연히 소심한 성격이라고 말했다. 그것은 어쩔 수 없는 일이라고 했다. 이런 견해에 대해 전 출연자가 동의했다. 대부분이 'A형'이었다. 가수 장호일은 자신이 A형임을 숨겼다. 왜 숨겼을까. 소심하다는 A형의 부정적인 성격 때문이었다. 생각해보면 A형들이 어떻게 연예인을 할까. 어느 조사에 따르면, 한 방송국 아나운서도 A형이 가장 많았다.

　이는 혈액형에 따른 혈액형 성격론이다. 시중의 서점에는 혈액형 성격론 관련 책들이 많다. 종수도 예전보다 더 많아지고 내용도 외연을 확장하여 심지어 혈액형별 음식 섭생론 등으로도 확장되고 있다. 그에 대한 많은 정보가 인터넷을 장식하고 있다. 하지만 혈액형 성격론은 이미 과학적으로 근거가 없는 이론으로 판명난 지 오래다.

이 때문에 학술 논문은 거의 없는 실정이다. 이런 점은 마치 주류 학술계에서도 인정하지 않은 숨겨진 이론으로 인식되기도 한다. 한국에서도 이에 대한 문제점과 허구성을 언론 보도뿐만 아니라 다큐멘터리, 심지어 교양 프로그램에서도 여러 차례 다룬 바 있다(김헌식, '혈액형의 진실'(2006.8.20), '혈액형 신드롬 그 실체와 허구'(2004.11.3) 참조).

A형은 정말 소심한 걸까 _____

이렇게 근거가 없는 혈액형 성격론을 믿는 심리적 이유로 '바넘 효과(Barnum effect)'가 이제 광범위하게 알려졌다. 19세기 말 미국의 링링 서커스단 단장 피니어스 테일러 바넘(Phineas Taylor Barnum)은 신통력으로 이름이 높았다. 사람들의 성격을 정확하게 맞추었기 때문이다. 그는 사람들에게 때론 소심하지만 때론 활달하다고 말했다. 거꾸로 다소 활달하지만 때론 소심하다고 말했다. 그러자 사람들은 자신의 성격을 어떻게 아느냐고 신기해했다.

이를 '포러 효과(Forer effect)'라고도 한다. 1940년대 말 심리학자인 버트램 포러(Bertram Forer)가 성격 진단 실험을 통해 증명한 데서 유래한다. 학생들에게 성격 진단 실험을 한 다음 똑같은 성격 판정 내용을 전 학생에게 배포했다. 그러자 87%의 학생이 4~5점의 높은 척도 점수를 주면서 지지를 보냈다.

심리학자 미셸(Michel)은 신문에 컴퓨터로 점괘를 봐준다는 광고를 내고, 150명에게 같은 내용의 점괘를 주었다. 매우 긍정적인 내용이었다. 무려 94%가 자신의 점괘가 맞다고 했다. 하지만 사실 그 점괘는 악명 높은 살인자의 것이었다.

사람은 대개 부정적인 점에 더 민감하게 반응하는 법이다. 대체로 혈액형 성격론에서 사람들이 맞는다고 여기는 부분은 부정적인 요인이다. 사람들은 긍정적인 점보다 부정적인 요인에 더 신경을 쓰지만, 무엇보다 혈액형 성격학에서 말하는 성격적 특징을 모두 가지고 있다. 사람은 때론 소심하고 때론 활달하다. 진득하게 하나에 집중하다가도 쉽게 싫증을 내는 게 사람이다. 일관성이 있다가도 때론 제멋대로이거나 변덕스럽다. 때로는 좋은 아이디어를 내고 창조적이었다가 너무 개성이 넘쳐나기도 한다. 때론 얌전하다가 광기를 보이기도 한다.

많은 전문가가 지적했듯이 혈액형 성격론은 그 태생부터가 의심스럽다. 혈액형 성격론은 1880년대 독일에서는 우생학적인 관점에서 발생했다. 카를 란트슈타이너(Karl Landsteiner)가 1901년 ABO식 혈액형을 만들었고 이후 연구한 결과 1910년대 아시아 인종은 B형이 많고, 유럽에는 A형이나 O형이 많다는 사실이 밝혀졌다. 유럽인들은 아시아인을 낮추고 백인을 높이기 위해 B형을 열등하게 만들었다. 이를 일본에서도 받아들여 A형과 O형을 강조하면서 혈액형 성격론이 굳어진다. 그래서 B형 성격론은 적은 혈액형이므로 매우 편파적인 면이 많다. 문제는 B형에만 그치지 않는다.

태생부터가 의심스러운 혈액형 성격론 _____

독일에서 유학한 후루카와 다케지(古川竹二)가 성격론을 혈액형과 연결하는 데 조사한 인원은 319명에 불과했다. 무엇보다 1971년 일본 방송작가 노미 마사히코(能見正比古)가 후루카와 다케지의 논지를 상상력으로 쓴 혈액형 성격론 책 《혈액형으로 알 수 있는 상성》이 대중적으로 크게 히트하면서 일반인의 의식에 남아 있게 되었다. 혈액형 성격론이 일본에 근거를 두고 있는 이유다. 과학자나 의사가 쓴 책이 아니었다. 의학계에서는 성격이 성격 유전자나 뇌의 구조에 따라 만들어지고, 혈액 자체에는 성격을 좌우하는 유전 인자가 없다고 말한다. 만약 성격이 달라진다면 혈액이 바뀌어야 한다.

MBC 다큐멘터리 〈아마존의 눈물〉에서 아마존 지역의 조에족은 혈액형이 A형밖에 없었다. 같은 종족 내에서만 결혼하기 때문이었다. 그렇다면 이 종족 사람들은 하나의 성격만을 가지고 있어야 한다. 지금은 그렇지 않지만 예전 페루의 인디오는 모두 O형이었다. 마찬가지로 페루 인디오도 하나의 성격만 있어야 한다. 이런 논지라면 성격 검사 MBTI(Myers-Briggs Type Indicator)는 할 필요가 없다. 사람의 성격을 어찌 네 가지 범주로 맞출까. 더구나 확률이 25~50%다. MBC 〈섹션TV 연예통신〉에서 이민호는 "혈액형은 A

형이다. 성격 좋은 O형이라는 소리를 듣고 매력적인 B형 소리도 듣는다"라고 했다. 동북아시아는 B형이 많은데 그렇다면 동북아시아에는 B형 남자의 성격이 다른 지역보다 많아야 하지만 그렇지 않다. 예를 들어 자유분방한 연애를 해야 한다.

어떤 경우에는 혈액형을 잘못 알아 의기소침했지만 진짜 성격을 알고는 좋은 행동을 보인 사례도 얼마든지 있다. 2004년 MBC〈실험쇼 진짜?진짜!〉에 대해 B형 남자들이 집단 항의했다. B형 남자들에 대해 일방적으로 규정해버렸기 때문이다. 당시 MBC는 문제를 인정, 전격 폐지했다.

이처럼 많은 문제제기가 있었음에도 혈액형 성격론이 잘 없어지지 않는 이유는 무엇일까. 재미있기 때문일지도 모르고, 사람들이 후천적으로 혈액형 성격론에 맞게 성격이 사회화되어 변하거나 적응한 것일 수도 있다. 무엇보다 대중매체에서 이런 혈액형 성격론을 확대 재생산한다. 단지 재미를 추구하는 예능 프로그램일수록 강하다. MBC〈라디오 스타〉도 결국 예능 프로그램이었다. 즉 즐김, 유희의 대상이 된다. 그것도 남을 골리는 주제가 된다. 텔레비전과 라디오는 물론 오락 프로그램, 드라마를 막론하고 이런 예를 심심치 않게 볼 수 있다.

혈액형 성격론 확대 재생산하는 대중매체 _____
2012년 3월 31일 방송된 KBS 주말연속극〈넝쿨째 굴러온 당신〉에서 A형 소심성격론이 등장했다. A형이라 소심해서 어쩔 수 없다는 것이다. 2012년 10월 KBS2 주말극 〈내 딸 서영이〉에선 "나는 A형이라 생각을 많이 하고, 다른 사람을 자주 의식하는 편이다"라는 대사가 나온다. 2012년 6월 10일 방영된 KBS 〈해피선데이: 남자의 자격〉에서 김국진은 활달하기 때문에 O형인 줄 알았다고 했고, 윤형빈은 A형 성격과 O형 성격이 궁합 면에서 잘 맞는다고 했다. 2011년 8월 KBS 2TV 〈개그콘서트〉 '슈퍼스타 KBS'에서 혈액형 브라더스는 2주 동안 DJ DOC의 〈Run To You〉를 부르며 A, B, AB, O형의 대표 4명이 나와 그 성격론에 맞게 춤과 함께 노래를 했다. 심지어 2013년 7월, MBC 축구해설위원은 "B형은 성취욕이 강한 반면 O형은 성격은 좋지만 덜렁거리고 종종 집중력을 잃는다"고 했다.

수많은 연예인이 자신의 성격을 혈액형과 연결하여 언급한다. 2013년 6월, 송승헌은 드라마 〈이 남자가 사랑할 때〉 관련 언론 인터뷰에서 "저는 B형이 가진 단점을 다 가지고 있다"라고 했다. 드라마 〈구가의 서〉에서 이승기는 캐릭터와의 일치율에 대해 "B형이다. 보통 사람들이 생각하는 전형적인 B형의 성격도 있다. 하지만 연예계 일을 하고 시간이 흐르면서 이해하게 된 것들이 많다"고 했다. 심지어 2013년 1월, 한 매체에는 드라마 속 여성들의 혈액형별 복수방법이 기사화되기도 했다. 2012년 10월 MBC 뮤직에서는 그룹 트루로맨스와 함께하는 혈액형 탐구 프로그램 〈트루로맨스 ABO〉를 통해 혈액형별 성격과 음악적 재능을 연결했다.

'A형은 내성적이다', 'B형은 예의가 없다', 'O형은 집중을 못 한다' 등 혈액형별 성격에 대한 이야기는 인간관계 경험이 적은 아동과 청소년들에게 큰 영향을 미친다. 특히 사회 초년생들에게 강력한 영향력을 행사한다. 하지만 그것은 누군가에게 편견을 작동하게 하며 그 편견 때문에 대인관계 장애를 갖게 할 수 있다.

혈액형 성격론은 명백한 인권침해다 _____

혈액형 성격론이 인권 차원의 문제를 불러일으킨 지 오래다. 또한 교육 관점에서도 부정적이다. 아동들은 A형이라 발표는 소질이 없다거나 O형이기 때문에 산만하다고 여긴다. 아예 자신의 진로를 혈액형으로 간섭받게 된다. 결국 인생이 바뀐다. 이런 정보는 너무나 쉽게 아동과 청소년들에게 주입된다. 심지어 직장을 잃을 수도 있고, 소중한 인연이나 사랑을 잃게 될 수도 있다. 이 순간에도 특정 혈액형은 어떠하다는 편견 때문에 고통을 당하는 이들이 많다. 세상 사람을 이렇게 단순하게 판단할 수 있다면, 이미 많은 고민이 사라졌을 것이다. 혈액형 때문에 사람의 본질을 보지 못한다는 것은 21세기 인권의 시대에 모순적이다.

잘못된 혈액형 성격론은 바로잡혀야 한다. 하지만 매체를 통해 끊임없이 재생산·강화되고 있다. 이러한 혈액형 성격론은 이제 방송에서 퇴출되어야 한다. 적절하게 주의토록 할 필요성이 있지만, 지금의 현실에서는 문제의식조차 없어 보인다.

2004년 일본에서는 1년 동안 40편이 넘는 관련 프로그램이 방영되었는데, 방송 프로그램 윤리증진기구(BPO: Broadcasting Ethics & Program Improvement Organization) 청소년위원회는 혈액형 성격에 관한 내용이 근거 없는 차별을 일으킬 수 있다는 판단을 내렸다. 일본에서 그런 프로그램들은 사라졌다.

3장

남과 여

남과 여

출처: 런던의 프로이트 박물관

프로이트 박물관에는 밝은 응접실 입구에 문지기가 출입을 통제하고 있는 그림이 있다. 어두운 부분은 무의식을 나타내고 밝은 곳은 의식을 의미한다. 문지기는 무의식적인 욕구나 본능이 뛰쳐나가지 못하게 일종의 검열자 역할을 한다.

보통의 평범한 인간들은 자아 안에 문지기가 존재한다. 어떤 사람은 엄격하고 냉정한 문지기가 내재해 있을 것이며 또 어떤 사람은 무늬만 문지기이지 문지기 역할을 제대로 하지 않을 수도 있을 것이다. 여하튼, 우리 인간들은 모두가 의사표현이나 행동을 할 때 스스로 자기검열을 한다는 것이다. 특히 주위 상황이나 분위기, 본인의 사회적 지위나 소속 집단에 따라 내재적 자기검열은 더욱더 활성화될 것이다. 자기검열은 본인의 정체성을 숨기게 하고 자아를 왜곡하게 할 수 있다. 자기검열이 가장 강하게 드러나는 분야가 남녀에 대한 차이를 논하는 것이라고 본다.

현재의 우리나라에서 여성의 지위는 순수하게 사회적 약자라고 할 수 있는가? 여성의 사회적 정체성을 논할 때 남성들은 위선적이라고 하지 않을 만큼 솔직하다고 볼 수 있는가? 여성은 남성과의 관계에서 사회적 약자라는 지위를 활용하지 않는가? 여성들에게 만연한 결혼 기피 현상이 단순히 어려운 경제적 상황에 원인이 있다고 한다면, 이미 혼인 적령기를 훌쩍 지나버린 골드미스들의 존재는 어떻게 설명해야 하는가?

이상의 물음에 부분적으로나마 옳은 대답을 하기 위해서는 남성은 여성을, 여성은 남성을 상대로 자기검열이라는 고의적인 의식작용을 통해야 할 것이다. 그러나 의식적 자기검열이 심하여 남녀 간의 문제에 대한 대화를 피하는 것이 현실이다. 왜냐하면 자칫 남녀 관계에 대한 오해를 불러올 수 있는 민감한 문제로 생각하기 때문이다.

이 글을 통하여 여성의 사회적 지위와 정체성 간의 불일치 또는 엇나감에 대한 주관적인 논리를 비교적 자기검열이라는 작업 없이 허심탄회하게 펴나가려고 한다.

고정관념과
사회적 정체성

    우리는 일상생활에서 정체성이라는 말을 대수롭지 않게 사용한다. 정체성의 사전적 의미는 '변하지 아니하는 존재의 본질을 깨닫는 성질 또는 그 성질을 가진 독립적 존재'다. 흔히 성 정체성이라는 말을 자주 접하게 되는데, 성장하면서 여성성을 다분히 느끼는 남자가 자신의 성 정체성에 혼란을 느껴 성전환 수술을 받았다는 뉴스의 사례에서처럼, 정체성은 자신이 자신이 느끼는 내재적 독립적 성향을 말한다. 정체성 앞에 사회적이라는 수식어를 붙이면 그 의미는 좀더 확대된다. 사회적 정체성은 나 이외의 다른 사람들과의 관계에서 타자가 응당 기대하게 되는 성향을 보여주어야 한다. 청소년들은 당연히 정식 교육기관에서 수업을 받아야 함을 인식하여 학생의 본분을 다해야 청소년기 학생의 정체성을 느끼게 된다.

이러한 사회적 정체성을 형성하게 하는 심리적 전 단계가 고정관념이다. 리처드 니스벳(Richard E. Nisbett)은 《생각의 지도》에서 동양인과 서양인 간 인식의 차이를 수많은 실험 결과를 토대로 정리하였다. 이 책 일부 챕터의 소제목을 소개하면 서양의 독립성과 동양의 상호 의존성(관계 중시), 동양인의 순환론과 서양인의 직선론 등이 있다.

동양의 순환론과 서양의 직선론을 설명하면서 리처드 니스벳은 이렇게 말했다. "고대 그리스의 철학자들은 사물이란 쉽게 변하지 않으며 설사 변하더라도 일정한 방향과 일정한 속도로 변한다고 믿었다고 믿는다. 현대 서양인들 역시 그러한 믿음을 가지고 있는 듯 보인다. 그러나 고대의 중국 철학자들과 그들의 사고를 이어받은 현대의 동양인들은 사물이란 항상 변하는 존재이며, 현재 어떤 방향으로 변하고 있다고 해서 계속 그 방향으로 변하리라고 예측하는 것은 어리석다고 믿는다. 그들은 일이 어떤 방향으로 계속해서 진행되어오고 있다면 그것은 곧 정반대 방향으로 바뀔 것임을 암시한다고 믿는다." 즉, 동서양인의 사물을 대하는 시각의 차이점을 소개하면서 후속 실험 결과들로 입증하였다.

이러한 동서양의 차이는 고대로부터 이어져 온 문화나 상황들이 마치 유전자 역할을 한 것처럼 대대로 전승해온 듯하다. 이러한 대물림이 고정관념을 형성케 하고 그 고정관념이 정체성을 고착시킨 결과일 것이다. '서양인들은 동양인들에 비하여 합리적일 것이며, 동양인들은 서양인들보다 정에 약하고 관계를 중시할 것이다' 같은 말들은 고정관념이 동서양인의 정체성을 형성하는 데 토대가 된다는 말이다. 나는 이 책에서 동서양인의 정체성을 얘기하려는 것은 아니다. 그와 마찬가지 기제로 형성되는 남성과 여성 간의 정체성, 특히 약자로 인식하고 있는 여성들의 정체성에 대해서 얘기하려는 것이다.

정체성
비상사태

우연히 클로드 M. 스틸(Claude M. Steele)의 《고정관념은 세상을 어떻게 위협하는가: 정체성 비상사태》라는 책을 읽었다. 이 책에서는 두 가지 용어를 소개하는데, 첫 번째는 저자가 만들어낸 개념인 '고정관념 위협(stereotype threat)'이다. 고정관념 위협은 자신이 속한 그룹에 대한 부정적 고정관념을 확증할 가능성이 있는 상황에서 불안이나 걱정을 느끼는 것이라고 한다. 아프리카계 미국인 남성이 편안한 차림으로 시카고 하이드 공원 주변 거리를 걷고 있을 때, 흑인 젊은 남성이 다가오는 것을 보고 연인들이 움츠러들거나, 대화를 나누던 중 갑자기 말을 멈추거나 하는 모습들을 보고 흑인에 대한 부정적인 고정관념을 알아차리고 흑인인 자신의 사회적 정체성을 느껐다는 말이다. 여기에서 흑인에 대한 부정적인 고정관념은 폭력적 성향을 지녔으리라는 것이다. 미국 사회에서는 인종 간의 고정관념이 갈등을 초래할 여지가 있다면, 내가 살고 있는 한국에서는 정치적 신념이 그럴 것이다. 그중에서도 지역적 특색을 기반으로 하는 고정관념이다. 우리는 동서로 정확히 나뉘어 한 나라에 두 개의 국가가 있는 것처럼 사람들의 머릿속에서도 각각의 고정관념이 자리잡고 있다. 두 지역의 사람들이 한자리에 있을 때에는 겉으로 정치적 색깔을 표출하지 않는다. 다만 심리적으로 껄끄러울 것이다. 경상도 지역에서 전라도 사람이 혈혈단신 생활하게 된다면 고정관념 위협 속에서 사는 것이다. 그 반대의 상황도 마찬가지일 것이다. 예로 든 인종, 정치는 물론 종교 역시 마찬가지이며 미국과 한국 아니, 전 세계적으로 공통된 고정관념 위협의 요소는 바로 남성과 여성의 관계다.

책에서 소개한 또 하나의 용어는 '정체성 비상사태'라는 것이다. 이는 다른 사람들이 그 대상을 어떻게 생각할지를 이미 알고 있는 상태, 즉 고정관념이 무엇인지를 알고 있는 상태에서 부정적 고정관념을 불식시키기 위하여 뭔가를 해야 하는 상황에 처해 있을 때를 말한다. 고정관념 위협에서 예로 든 아프리카계 미국인 남성은 길거리에서 마치 자기가 가해자 같은 느낌을 받는 어색한 상황을 모면하려고 휘파람을 불었다고 한다. 마침 휘파람 실력이 좋아 그 소리를 들은 사람들의 몸에서 긴장감이 빠져나가는 것을 느꼈고, 심지어 몇몇은 다가와 미소를 건네기도 하였다고 한다. 이 일화에서 아프리카계 미국인 남성이 휘파람을 분 행위가 바로 정체성 비상사태에서 빠져 나오려고 한 수단인 것이다.

고정관념 위협은 정체성 비상사태의 전 단계라고 할 수 있다. 고정관념 위협은 자신의 정체성이 사회적으로 어떠한 입지에 놓여 있는지 깨닫기 시작한 단계이며, 정체성 비상사태는 그러한 사회적 정체성에서 벗어나지 않으려는 심리적 부담감을 가리킨다.

우리나라에서 재미있는 용어가 하나 있다. 바로 '김여사'라는 단어다. 이 단어를 검색사이트에서 조회하면 '사장의 부인이 자가용을 끌고 다닌다'는 뜻에서 유래했다고 나온다. 운전규칙을 어기거나 난폭한 운전을 해도 상사의 부인이 운전하기 때문에 간섭할 수 없기 때문이란다. 처음에는 유머처럼 사용되던 이 단어는 시간이 흘러 운전을 못하는 여성을 광범위하게 지칭하는 단어로 발전했다. 도로에서 쩔쩔매거나 황당한 사고를 냈을 때 '김여사'라는 호칭을 쓰기도 한다. 김여사라는 단어에는 '여성은 운전을 못한다'라는 고정관념이 내재되어 있는 것이다. 심지어 여성 자신들도 이러한 단어를 접하면서 남성들이 여성 운전자에 대해서 어떤 고정관념을 갖고 있는지 알게 된다. 여성들의 이러한 인식하에서 여성 자신들이 도로에서 차를 운전하게 된다면 고정관념 위협을 받게 되고, 운전을 하면서 곤경에 처했을 때 정체성 비상사태를 경험하게 될 수 있다.

정체성 비상사태의 또 다른 예를 들어보고자 한다. 일간지에 실린 한 기사인데 대학 이름과 학과를 표시한 단체복 과잠(학과 점퍼)과 관련된 것이다. 다음은 신문 기사를 발췌한 것이다.

10여 년 전 몇몇 명문대 학생들 사이에서 유행하기 시작한 과잠 패션은 전국으로 확산되면서 점차 학교 간판, 즉 학벌을 드러내고 과시하는 수단으로 변해갔다. 언제부턴가 다른 학교 과잠과 마주치면 한쪽은 우월감을 다른 한쪽은 열등감을 느끼는 일도 자연스럽다. 같은 학교 내에서도 잘나가는 학과와 변두리 학과는 과잠에서 풍기는 분위기부터가 다르다. 창피해서든 비교당하기 싫어서든 학교 이름을 지워버린 회색 과잠은 학벌 지상주의와 맞닥뜨린 청춘의 자화상을 닮았다. 또한 이른바 '서열 패션'에 대한 소심한 부정이자 반항이기도 하다.

– '이름없는 과잠 = 학벌주의 그림자', 한국일보(2015.7.1.)

자기 자신이 다니는 대학 이름은 곧 중·고등학교 학창 시절의 성실 지표인 자기 자신의 정체성을 그대로 드러낸다. 고정관념을 바탕으로 하는 정체성은 명문대생에게는 우월감, 이름 없는 학교에 다니는 학생에게는 열등감을 일으키게 한다. 이 열등감은 평생 위협으로 다가온다. 소개팅 시장에서도, 취업 시장에서도, 직장 내에서도 이 주홍글씨는 지워버릴 수 없다. 이러한 정체성 비상사태에서 벗어나기 위하여 지방에서 대학을 다니는 학생들은 학벌로 차별하지 않는 공무원 시험에 많이 응시하게 된다. 실제 통계 수치를 알아보지는 않았지만, 지방 대학 출신 공무원이 훨씬 많으리라 추정해본다. 왜냐하면 정체성 비상사태의 상황이란, 중·고등학교에서는 경험하지 못한 실제 현실이기 때문이다.

고정관념 위협과 정체성 비상사태는 우리가 일상생활을 영위하면서 늘 우리 주변에서 맴도는 상황에 도사리고 있다.

정체성과
인정투쟁

사마천의 《사기》에 '사위지기자사, 여위열기자용(士爲知己者死, 女爲悅己者容)'이라는 말이 있다. 선비는 자신을 알아주는 사람을 위해서 죽고, 여인은 자신을 사랑하는 남자를 위해 화장한다는 뜻이다. 남자든 여자든 인간은 모두 인정받고자 하는 욕망을 지니고 있음을 의미하는 듯하다. 박정자의 《시선은 권력이다》에서 우연히 인정투쟁(認定鬪爭)이라는 개념을 접했다. 헤겔에 의하면 인간의 욕망이란 다른 사람들에게 인정받고자 하는 욕망과 같다. '만인에 대한 만인의 투쟁'은 단순히 생명을 위한 투쟁이 아니고 서로가 서로에게 인정받기 위한 투쟁이다. 다시 말하면 자신이 자율적인 자기의식임을 타자에게 증명받고 또 자기 자신에게도 증명하기 위한 투쟁이라는 것이다. 그러므로 인간과 인간의 만남은 상호 인정을 받기 위한 자기 의식들 간의 투쟁이다.

책에 있는 내용을 더 소개하자면, 헤겔은 우리의 의식을 대상에 대한 의식과 자기에 대한 의식으로 나눈다. 대상 의식은 아직 자기를 의식하지 못하고 감성에 사로잡혀 오로지 대상만을 지향하고 있는 의식이다. 이것은 자기의식에 비해 좀더 단순하고 저급한 단계의 의식이다. 대상 쪽으로 향했다가 다시 자기 쪽으로 되돌아와 자기를 바라보고 있는 의식이 자기의식이다. 세상의 물건들에만 관심을 가졌던 어린아이가 차츰 자기 정체성을 확립해가는 단계에 이르면 그의 의식은 자기의식이 되는 것이다.

여기에서 언급된 자기의식이 이른바 자기 정체성을 인식함을 말하는 것이다. 인정투쟁의 개념을 끄집어낸 이유는 여성들이 사회적으로 약자라는 자기 정체성에 점점 눈을 떠가면서 행하는 각종 사회운동과 페미니즘 같은 여권 신장 캠페인들이 일종의 인정투쟁과 다름이 없다는 생각 때문이다. 여성들에게 자기의식이라는 정체성 형성이 없었다면 여성들은 변함없이 자기를 사랑해주는 남자만을 위하여 화장하였을 것이다.

이제 여성들은 자기를 사랑해주는 남자만을 위하여 화장하지 않는다. 본인 스스로가 특정 남성을 사랑하는 감정이 있어야 화장을 한다. 인정투쟁이라는 정체성 속에서 자기 주도적 삶을 자각하게 된 것이다.

자기를 사랑해주는 남자만을 위하여 화장하던 시절은, 한병철의 《피로사회》에서 말하는 규율사회(disziplinargesellschaft)였다. 정확한 비유는 아니더라도 규율사회는 복종의 사회, 금지의 시대였다. 복종이나 금지라는 명령에 따라야 했던 주체는 남성보다는 여성의 영역이 대부분이었을 것이다. 규율사회에서 성과사회(leistungsgesellschaft)로 전환된 현시대는, 남성과 여성을 불문하고 낙오자가 되지 않기 위해 생산성을 높여 성과를 내놔야 한다. 이러한 시대적 요구로 인하여 여성의 인정투쟁 역시 더더욱 빠르게 속도를 내면서 성과를 낸 것인지도 모른다.

> 성과 주체는 노동을 강요하거나 심지어 착취하는 외적인 지배기구에서 자유롭다. 그는 자기 자신의 주인이자 주권자이다. 그는 자기 외에 그 누구에게도 예속되어 있지 않은 것이다. 그 점에서 성과 주체는 복종적 주체와 구별된다. 그러나 지배기구의 소멸은 자유로 이어지지 않는다. 소멸의 결과는 자유와 강제가 일치하는 상태이다. 그리하여 성과 주체는 성과의 극대화를 위해 강제하는 자유 또는 자유로운 강제에 몸을 맡긴다.
>
> – 한병철, 《피로사회》

한병철은 '피로사회'를 자기착취의 사회라고 하였다. 예속당한 굴레에서 벗어남으로써 지배에서 벗어났다. 이러한 전환 과정에서 여

성들 또한 인정받아 자유를 얻었다. 얻은 자유만큼 여성 스스로가
자기 주체적 삶의 주인이 되었다. 그 삶의 주인이 되기 위하여 여성
들은 사회 각 분야에서 인정투쟁을 해야만 하는 것이다.

여성에게
인정투쟁이란

'인정투쟁'이라는 개념은 청년 시절의 헤겔이 미완성으로 남겨놓은 것을 악셀 호네트(Axel Honneth)가 완성한 것이다. 그가 《인정투쟁: 사회적 갈등의 도덕적 혁신론》에서 말하기를, 헤겔은 투쟁을 마키아벨리나 홉스 또는 마르크스처럼 사회적 투쟁에 한정하지 않았다고 한다. 헤겔은 인간들 사이에서 발생하는 투쟁을 자기보존을 위한 것이라고 해석하지 않고 인간의 도덕적 충동에서 비롯되는 것으로 보았다. 그리고 헤겔은 투쟁 행위가 사회적 인정관계의 장애나 손상 때문에 일어난다고 해석함으로써 투쟁을 인간 정신의 인륜적 발전 과정의 중심 매체로 인식할 수 있었던 것이다. 예를 들어, 여성 입장에서 단순히 개별적으로 루저(loser)의 위치에 있는 여자가 일으키는 투쟁으로 한정하여 인정을 논한다면 여성에게서 인정투쟁은 한 개인의 개별적 문제로 국한될 것이다. 그러나 헤겔은 인륜성이라는, 즉 인류의 도덕성이라는 개념으로 그 범주를 확대한다.

사회심리학자인 조지 허버트 미드(George Herbert Mead)의 '주격 나(I)'와 '목적격 나(me)'의 개념은 헤겔의 사회적 인정투쟁을 이해하는 데 도움을 준다. 악셀 호네트는 《인정투쟁》에서 미드의 '주격 나'와 '목적격 나'의 상호관계를 설명하면서 인정투쟁의 근원 동력을 설명하려고 한다. '주격 나'는 타인이 바라보는 '목적격 나'의 주인이다. 타인이 바라고 기대하는 이미지인 나의 '목적격 나'와 '목적격 나'를 인식한 '주격 나'가 상호 일체성을 형성한다면 정체성에 혼란은 없게 된다. 그러나 (악셀 호네트의 책 내용을 그대로 인용한다면) '주격 나'의 창조적인 반작용 능력이 '목적격 나'의 심리적 대립쌍으로 파악된다면, 자기 정체성의 형성이 단순히 '일반화된 타자'의 관점이 내면화되는 것으로 끝나지 않는다. 오히려 주체는 항상 자신 속에서 상호주관적으로 인정된 사회적 환경의 규범과는 일치할 수 없는 요구의 충동을 감지하게 된다. 따라서 주체는 자신의 '목적격 나'를 의심할 수밖에 없다. 미드는 이러한 '주격 나'와 '목적격 나' 사이의 내적 마찰을 개인과 사회의 도덕적 발전을 설명할 수 있는 기본적인 갈등 형태로 보았다.

여성의 '주격 나'는 어떻게 변화했나 _____

나는 미드의 '주격 나'와 '목적격 나'라는 사회화 개념에서 여성이 행하는 인정투쟁의 원동력을 찾을 수 있었다. 정체성을 미드의 관점으로 다시 강조한다면, 행위 주체의 자기의식은 타인이 자신의 행동을 어떻게 이해하고 있는지를 알게 되면서 시작된다. 악셀 호네트의 제자인 문성훈은 《인정의 시대》라는 책에서 여성의 정체성 변화를 소개하면서 인정투쟁의 한 영역을 한 챕터에 할애하였다.

근대 자본주의 체제에서 여성의 정체성은 가정에서 정서적 지원 역할을 담당하면서 사회적 지불 노동에서 배제되었고 경제적으로 자립할 수 있는 능력을 상실하게 됨으로써 결국 자신의 생계조차 유지할 수 없는 무력하고 무가치한 존재였다. 남편인 남성은 자율적 존재이자 가부장으로서 가부장적 권력을 행사하게 되지만 출산, 양육, 정서적 보살핌을 담당하는 수단적 지위로 전락한 부인은 남성의 통제 대상에 불과하였다.

그러나 남녀 평등 의식의 확대, 피임약과 의학적 낙태술의 발전 등으로 여성의 노동 참여가 확대된 이후로 여성의 노동 참여가 증가하면서 여성 정체성에 변화가 일어났다. 지금까지 여성의 '주격 나'는 가부장적인 사회 규범에 사회화가 바람직한 '목적격 나'로만 알게 되었지만, '주격 나'는 '목적격 나'에 의심을 갖게 된다. 이제 여성 정체성은 주체인 '주격 나'로 하여금 남성들이 바람직하게 여기고 있는 이미지인 '목적격 나'의 이미지에서 눈치를 보지 않게 된 것이다. '주격 나'는 '목적격 나'를 남성들이 짜놓은 가부장적 프레임에서 빠져 나오게 한 것이다. 이로부터 여성들이 사회에 대한, 남성에 대한, 가 부장적 문화에 대한 인정투쟁의 근원으로 보게 된 것이다.

인정투쟁의
흔적들

2010년 한국 여성정책연구원에서 미혼 여성 750명을 조사해봤더니 고졸은 미혼 비율이 33.6%에 그쳤으나 대졸(전문대 포함)은 58%, 대학원 졸업자는 67.39%가 미혼이었다. 많이 배우고 사회에서 인정받으려고 하는 여성들의 경향이 강해지면서 여성의 결혼이 늦어지고 출산율 저하로 이어진다는 의미가 담겨 있다. 사회에서 인정받으려고 하는 여성들의 경향이 강해졌다는 말은 여성들이 기존에 차지하고 있던 사회적 정체성을 부정하고 새로운 정체성을 세우기 위한 고군분투의 결과라고 할 수 있다.

안전행정부가 공개한 '2012 공무원 인사통계'를 보면 국가·지방 공무원을 통틀어 99만 4,291명 중 여성은 42.7%인 42만 4,757명이다.

2008년에 비해 1.9%p 증가했다. 국가공무원 중 여성 비율은 2008년 46.1%에서 2010년 47.2%, 2012년 48.1%로 늘어났다.

대학 진학률은 2009년부터 여성이 남성을 추월하였다. 2013년 통계로 보는 여성의 삶 조사에 따르면 여학생의 대학 진학률은 74.3%, 남학생은 68.6%였다. 여성의 교육 수준이 높아지면서 의사, 판검사수도 눈에 띄게 늘어나고 있다. 2004년도에는 사법시험 등 8개 국가고시 수석을 여성이 싹쓸이했다.

〈이코노미스트〉는 2015년 5월 30일 자 '열악한 성(The weaker sex)'이라는 제목의 기사에서 불과 수십 년 전만 해도 여성이 학교 성적에서 남학생에 뒤졌으나 곧 역전 현상이 일어날 것이라고 진단했다. 64개국을 대상으로 한 이 조사 결과는 여학생이 전체적으로 남학생보다 성적이 약 1년 앞선 것으로 평가받았으며, 남학생은 여학생보다 과락할 가능성이 50% 더 높은 것이라고 〈이코노미스트〉는 분석했다. 이는 여학생이 남학생보다 1시간 더 많은 주당 5시간 60분을 공부하지만 남학생은 비디오 게임과 인터넷 서핑에 여학생보다 더 많은 시간을 보내기 때문인 것으로 풀이된다. 독서 비율 역시 여학생은 4분의 3에 달하는 반면, 남학생은 절반도 채 안 됐다. 특히 이 주간지는 변호사, 의사, 금융인, 정치인 등 남성 점유 직종은 사회적 성취를 갈망하는 고등 교육을 받은 여성들에게 돌아갈 것이라고 예상했다. 사회적 성취를 갈망한다는 말은 곧 여성의 인정 욕구이며 그러한 인정 욕구를 해소할 수 있는 수단이 바로 교육인 것이다.

여성들은 남자아이와 여자아이 간에 차별이 없었던 아동기를 지나 나이를 먹으면서 점차 남자와 여자 간에 차이를 넘어 차별이 있음을 직접 학습하기도 하고, 어머니이기 이전에 같은 동성인 앞 세대의 스승(어머니)을 통하여 사회에서 여성의 입지인 정체성을 알게 된다. 은연중에 남자인 아버지는 적이 되고 어머니는 여성 최고의 정보원이 되는 것이다. 여성 최고의 정보원이라는 말은 어머니가 딸의 멘토가 되어 어머니 세대처럼 결혼의 굴레에 섣불리 들어오지 말고 어머니가 해보지 못한 공부를 맘껏 해보라는 인생의 선배 역할을 해왔다는 의미다. 어머니의 가르침을 순수하게 잘 따라간 여성들은 인정의 장(場)으로 뛰어들어 사회적으로 인정을 받게 되는 한편으로, 어머니 세대처럼 적령기의 결혼은 꿈도 꾸지 못하게 된다. 결국 멘토였던 어머니들은 자기 딸들이 사회적 인정은 받게 했지만, 딸을 태어나게 했던 결혼이라는 성스러운 교육은 제대로 하지 못하게 된 것이다.

정리하자면, 굳이 페미니스트들이 활동을 하지 않아도 동등한 교육 기회라는 문화의 힘이 존재하는 환경에서는 여성이 자신들의 정체성을 극복해가려는 길을 자연스럽게 터득하게 된다. 이렇게 여성들의 인정투쟁은 사회 곳곳에 그 흔적들을 남기게 되는 것이다.

정체성과
ABCD 이론

연애와 결혼에서 ABCD 이론이라는 것이 있다. 이 이론은 왜 학력과 직업이 괜찮은 골드미스가 짝을 찾지 못하는지를 분석하기 위해 나온 이론이다. ABCD 이론의 공식은 먼저 남녀를 외모와 경제력, 집안, 학벌 등을 종합적으로 고려해 A, B, C, D 등급으로 나눈다.

남성은 보통 자신보다 학력, 집안, 재산 등의 조건이 조금 낮은 여성과 결혼하고 싶어 하고 여성은 자신이 존경, 의존할 수 있는 남자를 선호하는 기존의 결혼관 때문이다. 많이 배웠고, 연봉도 남부럽지 않은 여성이 본인보다 낮은 스펙을 소유한 남성을 선택하기란 쉽지 않을 것이다. A급 남성은 B급 여성과, B급 남성은 C급 여성과 C급 남성은 D급 여성과 결혼 성사 확률이 높다. 따라서 남성 D급과 여성 A급은 결혼 시장의 비인기등급에 속해 결혼 시장에는 결과적으로 A급 여성과 D급 남성이 많이 남는다. ABCD 이론을 좀더 부연하자면, 신장이 평균보다 큰 여성들은 선택지가 좁은 상황에 처하게 된다. 남성은 여성보다 학력, 집안, 재산 등이 나아야 한다는 결혼관처럼 남성이 여성보다는 키가 더 커 보이는 커플이 왠지 안정적으로 보이고 그러한 인식이 확고하게 자리 잡고 있기 때문이다. 남성 입장에서도 자기보다 키가 큰 여성은 거부감이 들 것이고, 여성 역시 자신보다 키가 커 의지하고 기댈 수 있는 남성을 찾아야 하기 때문이다. 이러한 이유로 키가 큰 여성은 태생적으로 짝을 찾기에 작은 확률을 갖고 태어난 셈이다. D급 남성은 외국인 등 결혼 상대도 수용 가능 범위에 둘 수 있지만 A급 여성은 범위 이탈이 어려워 깍두기로 남는다. A급 여성에 속하는 골드미스는 골드미스터와 결혼하고 싶어 하는데, 골드미스터는 돈이 있으니 집에서 얌전히 살림하는 여자를 찾지 사회적으로 활동을 많이 하는 잘난 여자를 원하지 않는다. 또한 A급 여성은 혹시라도 백마를 타고 올지 모를 남성을 기다리기 때문에 D급 남성과의 인연을 거부한다.

사회적으로 인정받고 돈 잘 버는 노처녀, 이른바 골드미스들이 결혼 시장에서 잉여로 떠돌아다니는 현상을 알기 쉽게 풀어낸 ABCD 이론의 대안 내지는 전통적인 패턴에서 벗어난 현상 중의 하나가 바로 연상연하 커플이다. 물론 이러한 커플은 우리 부모 세대에도 있었다. 부모 세대에서의 연상연하 커플은 아마도 당시에는 튀는 행보였을 것이고 너무도 예외적인 아웃라이어로 여겨졌을 것이다. 지금 이 글을 쓰는 시점에는 연상연하 커플의 결혼이 너무나 당연시되었으며 하나의 트렌드로 자리매김할 정도다.

연상연하 커플 말고 다른 현상 중의 하나가 국제결혼의 증가 추세라고 할 수 있다. 인터넷 신문 〈뉴스1〉의 2015년 7월 18일 자, "'스펙 만남 싫어' 늘어나는 국제 연애 속사정은?"이라는 기사에 다음과 같은 내용이 소개되었다. 통계청이 2014년에 발표한 '성·연령 및 교육 수준별 국제결혼에 대한 태도'를 살펴보면 2010년 국제결혼에 동의한다는 의견이 60.3%였던 것에 비해 2013년에는 63.2%로 늘어났다. 연령별로는 20·30대 중 70% 이상이 국제결혼에 동의했다. 교육 수준별로는 대졸 이상 학력을 가진 사람 중 약 70%가 국제결혼에 동의한다고 답했다.

신문 기사에서 소개한 사례의 주인공 3명은 외국인과의 만남이 서로를 인정해주는 면에서 편하다고 입을 모았다. 앞으로 연상연하 커플 현상만큼 국제연애나 국제결혼이 보편적인 결혼문화 현상으로 확산될지는 두고 봐야 하겠지만 골드미스들의 눈높이를 다른 데로 돌릴 여지는 지구 밖 다른 행성이 아닌 이상 한국이 아닌 다른 나라일 수밖에 없을 것이다.

이러한 국제연애 현상에도 다분히 ABCD 이론이 적용되는 것 같다. 한국 남성들의 외국 여성 대상국은 한국보다 경제적으로 발전이 덜 된, 달리 말하면 외국 여성들이 아직 순박하고 착하다고 인식되는 동남아를 선호하는 듯하다. 그에 비해 한국 여성들이 바라는 외국 남성 출신국은 주로 문화가 발달하고 간섭과 참견을 덜 하고 덜 가부장적인 가치관을 지니고 있는 서구 문화 선진국을 선호하는 것 같다. 이러한 패턴은 ABCD 이론에서 저성장 국가 출신이지만 착한 외국인 여자 B는 남자 C가 찾고, 골드미스 여자 C는 덜 가부장적인 문화 선진국 태생인 남자 D를 찾아가는 현상을 그려볼 수 있겠다.

나이 들수록 배우자 선택이
어려운 이유

평소 알고 지내던 한 남성이 있다. 나이는 42세로 노총각이다. 어느 날 직장 동료분이 여성을 소개해주겠다고 했단다. 그 여성의 나이는 38세였다. 여대를 졸업하고 미국에 있는 대학에서 공부를 마친 후 국내 대기업에서 좋은 연봉을 받고 있는 골드미스였다. 처음에 소개를 받을 때 공기업에 다니는 안정된 직장인이었으면 한다고 들었단다. 그다음에는 재산이 어느 정도 있고 키가 어느 정도냐는 등 신상에 대한 조건을 물어오는 빈도가 점점 늘어났다고 한다. 마지막으로 학벌에 대한 질문에 인지도 없는 지방대라는 답변을 끝으로 그 만남은 성사되지 않았다고 한다.

이 이야기를 들었을 때 선택에 대한 몇 가지 실험을 한 결과가 생각났다. 쉬나 아이엔가(Sheena Iyengar)의《쉬나의 선택 실험실: 선택에 대한 통념을 뒤엎는 100가지 심리 실험》에서 저자는 대형 슈퍼마켓에서 직접 선택 실험을 감행했다. 매장 입구에서 24가지의 잼을 제공하는 시식코너와 6가지만을 제공하는 시식코너를 교대로 손님들에게 보여주었다. 또한 많은 종류의 잼을 보러 온 손님들과 적은 종류의 잼에 관심을 보이는 손님들에게 잼 한 병을 사면 1달러를 깎아주는 쿠폰을 지급하였다. 우선, 24가지의 많은 종류를 제공하는 시식코너에 찾아온 손님은 60% 정도였고, 6개의 잼으로 구성된 적은 종류의 잼을 제공하는 시식코너에는 40%의 손님이 관심을 보였다. 그러나 1달러짜리 쿠폰을 받아 가 실제로 구입한 손님들의 결과는 반전을 보여주었다. 적은 종류의 잼을 본 사람 중에서 30%가 잼을 사겠다고 결정하였지만, 많은 종류를 본 사람 중에서는 겨우 3%만 구매한 것이다. 선택지가 많을수록 사람들은 선택에 대한 스트레스를 받기 때문에 오히려 선택지가 적은 가짓수를 경험한 손님들이 비교적 잼의 종류에 대한 고민 없이 구매를 할 수 있었던 것이다.

또 하나의 실험은 댄 애리얼리가 자신의 책《상식 밖의 경제학》에 소개한 것이다. 실험 참가자들은 컴퓨터 스크린에 빨강, 파랑, 초록 등 3개의 색깔 문을 클릭하여 안으로 들어가 임의적인 액수의 돈을 잃거나 딸 수 있는 게임을 하였다. 그런데 어떤 참가자에게는 열려 있는 문을 12번 클릭한 후에는 안 열린 문이 서서히 줄어들어 완전히 사라지게 해두었다. 예를 들어 처음에 파란문을 선택해서 돈을 얻기 위해 클릭하기 시작하면 빨강과 초록문이 동시에 크기가 줄어들기 시작한다. 참가자들은 사라지는 문 중 하나, 가령 빨간문으로 바꿔서 클릭을 할 수도 있다. 그러면 빨간문은 다시 본래 크기로 돌아온다. 하지만 일단 바꾸고 나면 이전에 열었던 파란문과 열리지 않았던 초록문이 줄어들기 시작한다. 이들 참가자는 문이 사라질 위험이 없는 조건에 있던 사람들에 비해 2배나 많은 클릭 수를 문을 바꾸는 데 썼다. 안타깝게도 모든 문을 보이게 하려고 서둘러 클릭하고 다니다가 전체 수입이 상당히 줄어들었다. 이 실험의 반전은 문을 바꾸는 것은 금전적으로 전혀 유익하지 않다는 사실을 미리 들려주었을 때조차도 마찬가지였다는 것이다. 즉, 문이 사라지는 조건에 처한 사람들은 문을 바꾸면 결국 금전적으로 손해 보는 것을 알고 있으면서도 문을 바꾸기 위해 클릭 수를 사용했다.

앞서 이야기한 여성이 38세가 아니고 20대 중반의 비교적 젊은 여성이었다면 앞서 소개한 잼 실험의 결과에 빗대어 설명할 수 있을 것이다. 20대 중반의 젊은 여성은 주어진 선택지의 범위에서 남성을 선택할 여지가 커 보인다. 왜냐하면 20대라는 시점은 여성 당사자가 미래의 좋은 조건을 갖춘 멋진 배우자를 얻기 위하여 현재를 유보하겠다는 분명한 의지를 품고 있는 단계에 이르지 못한 지점이기 때문이다. 그러나 38세의 올드미스에게는, 여대를 졸업하고 해외에서 다시 교육을 받고 끊임없이 노력하여 대기업에 다니는 입장에서는 다르다. 열려 있는 파란문을 클릭하였지만, 닫혀 있는 빨간문과 초록문 또한 클릭하고 싶어 할 정도로 현재를 유보하면서 자신을 업그레이드해왔기 때문에 모든 문이 눈에 들어온 것이다. 결국 다른 문들(조건들, 선택지)이 사라지지 않게 하려면 돈을 얻기 위해 사용할 수 있는 클릭 수(38세 올드미스에게는 결혼 적령기)를 잃을 것이고, 문이 사라지게 그냥 둔다면 지금 클릭하고 있는 문보다 돈을 더 많이 얻을지도 모르는 문(학벌도 포함하여 더 좋은 조건, 선택지)을 잃어버릴 위험을 감수해야 하는 딜레마에 빠지는 것이다.

이러한 딜레마에서 빠져나오기란 어려워 보인다. 여성 입장에서 남성으로 하여금 40대에도 첫눈에 반하게 할 수 있을 정도의 미모를 소유하고 있다면 버텨볼 만도 하겠지만, 그때까지 남아 있는 남성들 또한 마찬가지이기 때문이다. 그들은 평행선을 달리는 노쇠한 기차와도 같다.

여성은
사회적 약자인가

1999년 군 가산점제도의 폐지를 계기로 생겨난 시민단체가 있다. 바로 성재기 대표가 이끌었던 남성연대가 그것이다. 여성의 절대적 양성 평등 주장으로 남성의 지위나 역할에서 오히려 역차별을 받는다는 취지에서 만들어진 단체로 보인다.

성재기 대표는 2012년 1월 종편에 출연하여 하나의 흥미로운 조사 결과를 언급하였다. 남성연대가 2011년 5월에 전국의 건설인력 사무소에서 일자리를 찾고 있는 일용직 근로자 124명에게 설문조사를 하였다고 한다. 설문의 내용은 '여성에 비해서 남성이 약자일 수 있는가'라는 질문에 117명은 여성이 남성에 비해서 강자일 수 없다, 즉 남성이 여자보다 여전히 강자라는 답변을 하였다는 것이다. 7명만이 남성이 여성에 비하여 약자일 수 있다는 답변을 하였다. 성재기 대표는 여성의 사회적 지위가 예전에 비하여 월등하게 높아져 있는 현시대에도 하루 벌어 하루 먹기도 벅찬 일용직 종사자들, 즉 사회적·경제적 지위가 밑바닥에 있는 사람들조차도 여전히 여성들은 남성들보다는 지위가 약하다는 고정관념에 사로잡혀 있다는 얘기를 들려주었다.

성재기 대표는 약자와 강자라는 어휘를 사용하였는데 그 앞에 경제적이나 사회적 같은 수식어를 언급하지는 않아서 어떠한 지위를 가리키는지는 알 수 없지만, 과거에 비하여 향상된 현재 여성들의 전반적인 지위에 대하여 지적하고 싶었을 것이다. 설문조사라는 것이 질문을 어떻게 하느냐에 따라 결과가 달라지기 쉽기 때문에 좀더 조심스러운 접근이 필요할 수는 있지만, 성재기 대표의 설문조사에 대한 결과가 그리 단순한 내용이 아님을 말하고 싶다. 경제적으로나 사회적으로 가장 약자의 위치에 있는 건설 일용직 근로자들이 남성이라는 이유만으로 여자들은 남자들보다 약자라고 하였다면, 가부장적인 사고에 젖어 있는 결과일 수도 있을 것이다. 또한 단순히 생물학적으로 남성이 여성보다 육체적으로 근력이 세다는 의미일 수도 있다. 특히 남성이 여성보다 강자라는 말은 남성이 과거는 물론 현재까지도 여전히 경제적·사회적으로 우월한 위치에 있다고 생각하는 사람도 있을 것이다.

나는 이러한 여러 가지 의미가 내포될 수도 있는 결과에 대해서 공통된 요소가 숨어 있으리라고 얘기하고 싶다. 바로 '남성은 여성보다 여러 가지 면에서 강하다'라는 성 정체성의 고정관념이 내포되어 있다는 것이다. 형성된 고정관념은 정체성을 생성한다. 그 정체성은 대대로 학습되어 사회화된 심리적·정신적 결과물이 된다.

남성연대가 실시한 앞서의 설문조사를 전국의 남성들에게 똑같이 실시한다면 다양한 답변이 나오겠지만 남성이 여성보다 사회적 강자라는 답변을 하는 사람이 더 많을 것이다. 왜냐하면 남자는 태어나서 결혼하면 처자식을 부양해야 한다는 사회적 성 정체성에 대한 사회화라는 학습 과정을 겪기 때문이다. 이렇게 형성된 성 정체성이라는 구조를 깨기란 쉽지 않다. 더욱이 남성은 연약한 여성을 보호해야 한다는 흑기사 정신은 약자는 여성, 강자는 남성이라는 구조를 흔들기에는 논리적 명분이 약할 수밖에 없다. 설사 남성연대의 성재기 대표가 무릇 수많은 남성의 속에 있는 말을 대신하여 행동을 취한다 할지라도 약자는 여성, 강자는 남성이라는 정체성의 구조하에서는 메아리 없는 넋두리일 뿐이다.

2009년부터 KBS에서 방송된 개그 프로그램의 한 꼭지였던 '남성인권보장위원회'라는 것이 있었다. 연인들의 연애 과정에서 남성이 상대가 여자라서 차마 말을 못 했던 사연들을 해학과 풍자로 하소연하는 프로그램이었다. 예컨대 '여자들끼리 모이면 쫄면 먹으면서, 남자인 나를 만나면 파스타 먹냐', '커피값은 내가 내고 쿠폰 두 장 네가 찍냐' 등 소소한 연애사를 마치 남성의 인권 향상을 위한 투쟁

모드처럼 전개한다. 아마도 예전에 이런 프로그램이 생겼더라면 시청자들의 호응이 없었을 것이다. 오히려 남자가 제 역할도 못 하는 찌질이처럼 비친다고 비난이 일었을 것이다. 이러한 개그가 관심을 끄는 데 성공한 이유는 그만큼 여성들의 사회적 지위가 올랐음을 방증하는 것이다. 또한 남성의 속내를 진지하게 털어놓는 것이 아니라 이러한 개그 프로그램에서 희화화하여 가볍게 다루어서 좋은 반응을 유도해낼 수 있었을 것이다.

여성의 사회적 지위와 언더도그마 현상

마이클 프렐(Michael Prell)은 《언더도그마: 강자가 말하는 약자의 본심》이라는 책에서 다음과 같은 러시아의 옛날이야기를 소개한다.

우연히 마술 램프를 발견한 농부가 등장한다. 농부가 램프를 문지르자 요정이 나타나 소원을 말하라고 한다.

농부가 말했다.

"이웃집에 젖소 한 마리가 생겼는데 가족이 다 먹고도 남을 만큼 우유를 얻었고 결국 부자가 됐어."

그러자 요정이 말했다.

"그럼 이웃집처럼 젖소를 한 마리 구해드릴까요? 아니면 두 마리라도?"

농부가 대답했다.

"아니, 이웃집 소를 죽여주면 좋겠어."

이 이야기는 젖소를 가진 이웃집에 대한 질투의 감정을 드러내고 있다. 질투의 감정을 넘어 젖소가 없다는 이유로 당연히 도덕적 우위에 있게 되고, 젖소를 가진 농부는 단지 젖소를 소유하고 있다는 이유만으로 비난받는 것이 바로 언더도그마라고 마이클 프렐은 설명한다. 언더도그마란 약자가 힘이 약하다는 이유로 강자보다 도덕적 우위에 있고, 힘이 세다는 이유만으로 비난받아 마땅하다고 여기는 믿음이다.

이해를 돕기 위해 책에 나오는 실험을 하나 더 소개하겠다. 실험 대상자들에게 여러 해 동안 갈등을 빚고 있는 두 국가에 대한 가상의 이야기를 읽게 하였다. 여기에는 크고 힘센 국가와 작고 힘이 약한 국가가 저지른 사건(군대 퍼레이드 중 폭탄이 터져 군인 17명이 사망하는 내용 등)이 포함되어 있다. 이 실험을 통해 저자는 기본적으로 네 가지 중요한 결론을 요약하였다.

첫째, 힘이 약한 조직이 폭력 행위를 저지르면 도덕적으로 정당하게 보였다. 둘째, 힘센 조직이 같은 일을 저지를 때에 비해 테러로 볼 가능성이 적었다. 셋째 실험 대상자들은 힘이 약한 조직이 저지른 폭력에 관한 글을 읽을 때 호의적인 태도를 보였다. 넷째, 힘센 조직이 저지른 폭력에 관한 글을 읽을 때는 사회 지배층 사람들에 대한 신뢰가 감소했다. 다시 말해 실험 대상자들이 힘센 조직이 정당하고 합법적이라고 생각할 가능성이 적었다.

언더도그마는 인간의 본성 중에 공평성과 평등을 추구하려는 성향과 관련이 있다. 언더도그마 효과는, 강자와 약자라는 구도가 프레임으로 형성되면 강자는 강자라는 이유만으로 공격받을 여지가 큰 것을 말한다.

앞에서 언급한 시민단체 고 성재기의 남성연대는 강자인 남성이 약자인 여성을 공격한다는 인식을 주었기 때문에 설득력을 갖지 못했고 관심도 받지 못하였다. 물론 아무런 영향력을 발휘하지 않았다는 말은 아니다. 남성연대가 사회적으로 관심을 받지 못하였다는 것은, 그만큼 여성이 사회적 약자라는 사회적 정체성이 여전히 존재함을 알 수 있는 대목이다.

김치녀, 된장녀 등 각종 'ㅇㅇ녀'의 등장과 여성 혐오 현상은 여성이 이제 더는 사회적 약자라고 여기지 않고 있다는 사회적 현상일 수 있다. 보이시하고 말괄량이 같은 기질의 여성을 소재로 한 〈엽기적인 그녀〉의 흥행은 약자인 여자가 아무리 남자 친구를 강압적으로 휘어잡는다 해도 남성들은 여전히 여성보다 강함을 인식하면서 엽기적 행동을 남자의 관대함으로 받아들일 수 있는 수준이었다. 언더도그마 관점에서는, 엽기적인 그녀는 약자인 여성이기 때문에 강자인 남자 친구에게 각종 돌발적인 행동을 해도 받아들여야 함을 강요했고 받아들이리라는 것도 알고 있는 셈이다. 〈엽기적인 그녀〉와 같은 영화는 가부장적인 문화가 성행하는 곳에서 흥행할 수 있는 영화라고 볼 수 있다. 하지만 이제 여성은 도덕적 우위를 계속 점하고 있을 만큼 약하지도 않고 약해지려고 하지도 않는다.

동굴을 찾는
늙은 화성인들

존 그레이의 《화성에서 온 남자 금성에서 온 여자》라는 책이 서점 가에 돌풍을 일으킨 적이 있다. 그 책이 불티나게 읽히던 시절에는 정작 읽어볼 생각을 못 했다. 왠지 너무나 익숙한 주제가 아닌가 싶기도 하였고, 여자와 남자는 당연히 다를 것이라는 막연한 생각이 들었기 때문이다. 얼마 전에 분당에 있는 중고서점에 가서 그 책의 맨 앞부분에 나와 있는 초판 인쇄 일자를 확인하였는데, 2004년이었다. 그러니까 지금으로부터 10년도 넘은 시절에 독자들에게 남녀의 차이에 대해서 학습이 이루어졌던 셈이다.

정독은 아니더라도 목차를 보면서 대략 훑어본 후, 이 책이 왜 그리 인기를 끌었을까 하고 나름대로 원인을 생각해보았다. 그 결과,

책에서 다루는 내용 자체가 독자들에게 익숙한 분야이기 때문이라는 생각이 들었다. 익숙하게 느껴지지만, 정답이 없는 주제인 것이다. 낯이 익어 처음에는 마음 편히 접근하였다가 속으로 들어갈수록 하나의 길만 있는 것이 아니라는 것을 깨닫는 순간 자기 자신에게 송구한 마음을 갖게 된다. 이러한 주제 중의 하나가 남녀 문제다. 《화성에서 온 남자 금성에서 온 여자》의 글 내용이 참신하고 독창적이어서 흥행을 일으켰다기보다는 남자와 여자라는 두 종족이 만들어내는 조합의 결과가 읽는 이들로 하여금 기시감을 일으키거나 불확실한 선택의 길에서 방향을 설정하는 역할을 해주었다는 얘기다.

실제로 마치 경험을 한 것처럼 생각되고, 시점에 대해서 불확실할 때 찾아가는 곳이 점을 봐주는 곳이다. 점을 봐주는 사람이 하는 말은 꼭 나를 두고 하는 말 같아 대부분 고개를 끄덕이게 된다. 사람들은 대부분이 보편적으로 가지고 있는 성격이나 심리적 특징을 자신만의 특성으로 여기는 심리적 경향을 갖게 되는데 이것이 앞서 말한 '바넘 효과'다. 《화성에서 온 남자 금성에서 온 여자》에서는 남녀 간 조합이 무한대의 경우의 수가 나올 정도로 다양한데, 그 다양함 속에서 자신을 보게 함으로써 공감을 일으킨 것이다. 그렇다고 유명한 책의 내용을 깎아내리려는 것은 아니다. 최근 한 신문 기사를 보고 그 책의 일부 내용을 인용하고자 한다.

〈서울신문〉의 2015년 10월 5일 자 "'못 참아, 여보 이혼해' 뿔난 황혼 남편들"이라는 다소 자극적으로 보이는 기사를 접하게 되었다.

기사에는 다음과 같은 그림 데이터가 함께 실려 있었다.

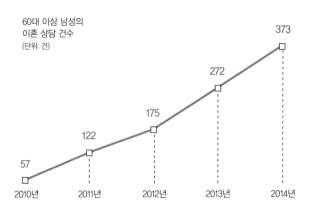

60대 이상 남성의
이혼 상담 건수
(단위: 건)

57	122	175	272	373
2010년	2011년	2012년	2013년	2014년

자료: 한국가정법률상담소

　황혼이혼 하면 주로 여자 쪽에서 남편인 남자에게 이혼을 청구하는 경우만 생각했는데 기사에서 그림으로 보여준 수치를 보면 이혼 상담을 먼저 제기한 주체는 여성이 아닌 정년 퇴직을 앞둔 남성이라는 것이다. 여자의 수명과 함께 남자의 수명도 함께 길어져 나타난 현상이기도 할 것이다. 왜냐하면 남자 수명이 여자에 비해 길지 않았던 시절에는 아무래도 여자의 보살핌을 염두에 두었을 것이다. 그래서 여자의 끈질긴 바가지 긁는 소리도 참을 수 있는 명분이 있었을 것이다. 그러나 이제는 남녀 모두 정년을 지나고서도 짧게는 20년 이상을 더 살아가야 한다. 60세 이후의 삶에서 남자든 여자든 20년의 시간은 결코 짧지 않은 세월이다. '이제 여생은 혼자 자유로이 살고 싶다' 하여 멋진 이혼을 꿈꾸는 이가 평생 남편을 위해 뒷바라지하던 황혼의 아내들만의 특권인 줄 알았는데, 정년 퇴직과 모든 자식의 출가를 앞두고 있는 황혼의 남자들이 이혼을 생각하고 있는 것이다.

존 그레이는《화성에서 온 남자 금성에서 온 여자》에서 남자와 여자가 스트레스에 대응하는 방식이 매우 다르다고 하였다. 남자는 머리를 식히고 마음의 평정을 되찾기 위한 시간이 필요하다. 그러한 시간을 갖기 위해 '공간'과 '거리'가 필요하다고 하는데, 그곳을 동굴로 비유하였다. 아직 결혼을 못 한 노총각인 필자로서는, 중년을 훨씬 넘어선 남자들이 회식이나 출장으로 귀가를 늦게 하게 되었을 때 은근히 기분 좋아하는 모습을 이제야 이해할 수 있게 되었다. 남자이기 때문에 동굴로 들어가고 싶어도 섣불리 찾지 못하고, 남자로서의 구실을 사회적으로 인정받을 수 있는 시점까지 참아낸 것이다. 결혼 속의 부부관계를 포함하여 남녀 문제는 여자가 손해를 보았다는 손실감에서 원상회복하려 하는 현상의 목소리가 커지고 높아질수록 남자의 그 욕구도 함께 커지는 것 같다.

여자,
현대판 다윗인가

약자가 강자를 이긴 싸움 중에 가장 잘 알려진 이야기가 다윗과 골리앗이다. 그러나 말콤 글래드웰은 《다윗과 골리앗》이라는 책에서 도저히 이길 수 없는 싸움에서 약자가 강자를 녹다운시킨 기적 같은 싸움이었다는 식의 해석은 모두 틀렸다고 말한다. 그는 다윗이 오늘날 같으면 45구경 자동 권총을 지니고 골리앗과 맞장을 뜬 것이라고 한다. 고대의 군대는 세 종류의 전사가 있었다. 첫 번째는 기병으로 말 또는 전차를 탄 무장 군인이었고, 두 번째는 골리앗과 같은 보병으로 갑옷을 입고 칼과 방패를 든 군인이었다. 마지막이 다윗에 해당하는 발사병으로 오늘날 개념으로는 포병에 해당한다. 이들은 물매 안에 돌 또는 납구슬을 넣고 이걸 휘둘러서 점점 크고 빠른 원을 그렸다. 그리고 밧줄의 한쪽 끝을 놓으면 돌이 앞으로 날아갔다. 숙련된 투석병은 거의 200미터 거리에 있는 목표를 죽이거나 중상을 입힐 수 있었다고 한다. 다윗은 투석에 능한 양치기였다. 양치기 다윗의 가죽 주머니에 있는 돌은 골리앗에게는 권총과도 같은 무기였다. 칼을 든 자와 권총을 가진 자가 싸우면 그 결과는 당연한 것 아닐까.

남학생은 따로 휴게실이 필요 없다고? _____

《여성 혐오가 어쨌다구?》에서 공저자 중 한 명인 시우는 2013년 연세대학교에서 벌어진 일명 '논지당 사건'을 통하여 남성 피해자론 및 역차별 주장을 분석하였다. 논지당은 연세대 캠퍼스 내의 성평등센터, 세미나실, 수유실, 여학생 휴게실이 있는 단층 건물의 이름이다. 2013년 5월 1일, '상대새아'라는 아이디를 사용하는 연세대 경제학과 학생이 총학생회 홈페이지에 '우리 학교 교직원 수준이 이 정도인가요?'라는 글을 올렸다. 시우가 논지당 사건을 복기한 내용을 그대로 인용해보면 다음과 같다.

1. 몇몇 학생이 졸업 사진을 찍기 위해 본관 앞에서 대기하던 중, 비가 내리자 근처 논지당 처마 밑으로 이동해서 비를 피했다.
2. 성평등센터 교직원이 나와서 '여학생 휴게실 쪽에 남학생들이 서 있으면 여학생들이 마음 놓고 휴식을 취하지 못하니 반대편으로

가 있으라'고 말했다.

3. 그중 한 남학생이 교직원에게 '그럼 남학생 휴게실도 만들어달라'
   고 주장했다.

4. 교직원은 '여학생 휴게실을 제외한 모든 공간이 남학생 휴게실 아
   니냐. 남학생들은 그냥 아무 곳에서나 쉬면 되지 않느냐'고 대답
   했다.

5. 상대새아는 남학생을 잠재적 성범죄자로 보고 남학생들은 아무 곳
   에서나 앉거나 누워서 쉴 수 있다고 생각하는 해당 교직원에 대해
   총학생회가 문제를 제기할 것을 요구하는 글을 썼다.

시우는 남학생이 피해자이고 오히려 여학생에 비하여 역차별을 당
하고 있다는 주장들이, 이러한 발언의 효과가 기존의 남성 우위적
질서를 더욱 공고히 하고 남성이 인정하지 않으면 여성의 권익도 인
정될 수 없다는 구조를 재확인한 사건에 지나지 않는 것으로 분석한
듯하다.

이러한 논리는 여전히 여학생은 약자이고 남학생은 강자 구도의
분석으로 보인다. 교직원은 '여학생 휴게실을 제외한 모든 공간이
남학생 휴게실 아니냐. 남학생들은 그냥 아무 곳에서나 쉬면 되지
않느냐'라고 답한 내용에는 남자가 왜 좀스럽게 구느냐는 의미가 내
포되어 있다. 남학생들을 논지당 건물에서 멀리 떨어지라고 한 교직
원은 여성이다. 가령 남학생들을 논지당 건물에서 멀리 쫓아낸 교

직원이 남성이었다면 어땠을까. 논지당을 놓고 남학생과 여학생 사이에 남자 교직원이 존재했다면? 남자 교직원이었다면 '여자=약자, 남자=강자' 구도가 느슨해져 보일 수 있었을 것이다.

여성 스스로도 여전히 남성은 무조건 강하고, 강하니까 여성을 위하여 배려를 해야 함이 당연한 가치관이라고 여긴다. 그러나 여성(여학생)의 지위는 생각보다 낮지 않다.

시우는 '남성이 진짜 피해자다' 혹은 '남성도 여성과 마찬가지로 피해자다'와 같은 주장은 '남학생 일동'이 스스로를 고통받는 피해자로 위치시키고 여성과의 전선을 형성하면서 남성 동성 사회성을 작동시킨다고 분석하였다. 내 생각에 이는 남학생들 스스로가 여성보다 이미 약자라고 인식하고 있다는 말이다.

무게가 45킬로그램이나 나가는 갑옷을 입어 움직임이 둔하고 말단비대증(많은 의학 전문가는 골리앗이 뇌하수체의 악성종양이 원인인 말단비대증을 앓고 있는 사람과 유사하다고 한다)에 걸린 골리앗은 더는 다윗과 싸워서 패배를 당하지 않으려 한다. 초식남 같은 골리앗은 애초부터 싸우려 하지 않는다. 현재의 골리앗들은 강자라고 해서 으쓱해하지도 않고 다윗의 노련함을 늘 의식하게 되었다. '다윗=약자=여성 vs. 골리앗=강자=남성'의 구도는 일그러지고 있다.

여성의 생물학적 지위와 사회적 지위를 구별할 필요가 있다. 우리가 생각한 다윗이 약자가 아닐 수 있듯이 여성의 지위는 생각보다 저 밑에 있지 않을 수 있다. 연세대 성평등센터 논란이 발생한 본질은 간단한 문제일 수 있다. 남학생들이 진심으로 피해자라고 생각되어 도움을 요청한 것일 수도 있다. 예전 같았으면 남학생들이 운이 나빠 한소리 들었다 하고 말았을 것이다. 그러나 현재는 상황이 많이 변한 듯하다.

생리대와 피임약 그리고 모텔 _____

문성훈의 《인정의 시대》 일부를 인용하자면, 한국 여성의 경제활동 참가율이 1960년 26.8%였던 것이 2012년에는 55%에 이른다고 한다. 이렇게 여성의 노동 참여가 확대된 데 대해 그는 무엇보다 세 가지 요인을 제시한다. 첫째가 물질적 요인으로서 가부장적 일인 생계 구조 위기이며, 둘째는 관념적 요인으로서 남녀 평등 의식 확대다. 셋째는 기술적 요인으로서 피임약과 의학적 낙태술의 발전이다.

물질적 요인의 가부장적 일인 생계 유지형의 와해는 여성들이 먼저 가부장적인 문화를 배척하고자 생계 현장에 자발적으로 뛰어들었다기보다는 대공황 시절을 겪는 과정에서 남성 한쪽이 가족을 부양하기에는 물질적 위기감이 커져 어쩔 수 없이 맞벌이 문화가 늘어났다는 분석도 있다. 이후 여성들이 경제적 부양을 하면서 의식적인 성장이 이루어졌을 것이다. 양성 평등 의식에 속도를 내게 한 촉진제가 기술적 성과물인 피임약일 것이다. 피임약 이전에 또 한 가지 여성을 자유롭게 한 기술적 결과물이 생리대라고 할 수 있다. 생리대를 처음 광고할 당시에는 '생리대=후리덤(freedom)'이라는 등식이 생길 정도로 여성들이 자유를 누리게 도와주었다. 특정 생리대 상품 명인 고유명사가 보통명사화될 정도였다.

〈한겨레신문〉 정혁준 기자의 블로그를 참조하면, 국내에서 일회용 생리대가 처음으로 세상에 나온 건 1971년이라고 한다. 유한킴벌리 는 '누가 여성을 해방시켜주는가'란 광고문구와 함께 '코텍스'를 선보 이며 국내에 종이 생리대 시대를 열었다. 하지만 당시만 해도 여성 들에게 생리대는 수치스러운 생필품이었다.

정확한 시점은 기억나지 않지만 케이블 TV 광고에서 젊은 남녀 한 쌍이 데이트를 즐기는 장면을 시작으로, 나중에는 서로 깊은 포옹을 하는 장면으로 마무리되는 광고가 있었다. '머시론'이라는 피임약이 었다. 첫 피임 광고를 시청한 시청자의 한 사람으로 약간은 놀라웠 다. 한편으로는 광고가 선도적으로 문화를 주도해가는 부분도 있지 만, 피임약은 현재의 성 문화를 제대로 반영했을 거라는 생각을 하 게 되었다.

시사 주간지 〈주간한국〉에 따르면, 엠파스가 2006년 피임약과 피 임기구 방송광고 허용에 대한 사람들의 생각을 묻는 설문조사를 했 을 때, 전체 설문 참여자 3,000명 중 75%가 '방송 허용에 긍정적'이 라고 대답했다고 한다. 이미 성에 대해 개방된 현대 사회에서 굳이 피임에 대해 감출 것도 없고, 차라리 피임에 대한 정보를 널리 알려 만약의 사태를 미리 방지해야 한다는 것이 찬성하는 사람들의 의견 이었다.

생리대를 거쳐 피임약 광고는 여성들의 성에 대한 개방의 정도를 가늠할 수 있게 해준다. 개방 정도의 수준을 넘어 적극적이라는 생각이 들 정도로 개방의 속도가 빠른 것 같다.

생리대를 거쳐 피임약이 전부는 아니다. 장소인 모텔의 광고다. 모텔은 집에서 멀리 떨어져 나온 사람들이 일시적으로 머무르는 숙박시설이기 때문에 원거리 출장 업무를 보는 사람이나 여행객이 주요 소비자층에 속할 것이다. 그러나 연애를 하고 있는 남녀 커플들로도 모텔은 불야성을 이루는 곳이다. 최근 남녀 한 쌍이 모델로 나오는 모텔 광고는 여성이 성 문화와 남성에 대해서 어떻게 생각하고 있는지 가늠할 수 있는 대목이다.

지금 현재의 여성은 생리대나 피임약 때문에 수치스러워하지 않는다. 마치 매일 양치질하는 행위나 마찬가지로 일상사가 되어버린 것같이 사회적으로도 거부감이 없어진 듯하다. 또한 모텔 광고에서처럼 이제 여성은 성생활의 중심에서 남성을 컨트롤할 수 있을 정도로 성 평등 의식이 높아졌다. 모텔 광고에서 남자는 찌질함의 대명사 유병재로, 그 이미지는 여성이 먼저 다가오지 않으면 여성의 털 끝 하나도 절대로 건드리지 못할 정도로 심약한 남성이다. 찌질함의 대명사 유병재가 인기남으로 등극한 요인 중의 하나는 남성을 통제하고 싶어 하는 여성들의 욕구가 반영된 것일 수도 있다. 모텔 광고 속 유병재의 상대녀는 치어리더 박기량인데 왠지 내가 보기에도 기가 센 여자로 보인다. 더 정확하게 말하자면, 시원치 않은 보통 남자는 함부로 다가갈 수 없을 정도로 세련된 여성으로 보인다.

성 문화가 개방될수록 여성의 성 의식은 적극적으로 변할 여지가
크다. 여성의 적극성은 그저 평범한 남성성을 가진 이들에게는 성의
환상과 함께 상대적 박탈감만 느끼게 할 여지도 크다. 성의 개방성
이 옳다 그르다 선을 그어 말할 수 있는 성질의 것은 아니지만, 개방
의 속도가 너무 빠르고 그 연령대도 점점 낮아지는 추세는 염려스럽
기도 하다.

결혼 권하는 매체,
이혼 권하는 현실

　연상 효과라는 것이 있다. 프라이밍 효과(priming effect)라고도 한다. 먼저 처리한 정보에 의해 떠오른 특정 개념이 뒤에 이어지는 정보의 해석에 영향을 미치는 현상이라고 할 수 있다. 그러나 이러한 정보 해석에 영향을 미치는 동안 당사자는 전혀 의식을 못 한다는 것이다.

　전우영은 《프라이밍: 나를 움직이는 무의식》에서 영화 〈인셉션〉에서 이야기하는 '인셉션'과 '프라이밍'의 두 개념을 비교하면서 설명한다. 인셉션과 프라이밍은 우리의 마음과 행동이 우리가 의식적으로 자각하지 못하는 것들로부터 영향받을 수 있다고 가정한다는 점에서 서로 닮았지만, 몇 가지 차이점이 있다. 우선 인셉션이 새로운 생각을 무의식에 심는 것이라면, 프라이밍은 이미 기억이라는 창고에 저장되어 있던 생각을 무의식적으로 불러일으키는 것이다. 즉 기억에 저장되어 있었지만 사용되지 않고 있던 생각을 당사자가 알아채지 못하게 불러오는 것이 프라이밍이다. 둘째, 인셉션은 우리가 잠들어 있는 동안에 일어나지만, 프라이밍은 깨어 있는 동안에 일어난다. 셋째, 인셉션은 현재의 과학으로는 실현 불가능한 일이지만, 프라이밍은 실현 가능한 것이다. 마지막으로 영화 〈인셉션〉의 주인공은 영화배우 레오나르도 디카프리오지만, 책 《프라이밍》의 주인공은 바로 우리 자신이다.

전우영은 또한 프라이밍이라는 무의식적인 활동을 일본인 소설가 무라카미 하루키(村上春樹)의 에세이에 실린 에피소드를 소개하면서 쉽게 설명한다.

도쿄에 눈이 제법 많이 내려 거리가 새하얘진 적이 있다. (…) 나는 수영장에나 가자 싶어 차를 몰고 집을 나섰다. 그런데 어찌 된 셈인지 이날 나는 세 번이나 우측 차선으로 들어가고 말았다. 다행히 도로가 비어 있어서 금방 왼쪽으로 돌아와 아무 탈은 없었지만 매번 식은땀을 흘렸다.

나는 몇 년 동안이나 일본을 떠나 있었고, 그동안 줄곧 (영국이나 자메이카에서 단기간 체재한 것을 제외하면) 차는 우측통행이었다. 그러니 머리가 우측통행에 완전히 길들어 있을 수밖에. 일본에 돌아온 것이 작년 여름, 그때는 나 역시 바짝 긴장하여 핸들을 잡을 때마다 '알았지, 왼쪽, 왼쪽이야'라고 중얼거리면서 네거리를 돌 때면 그때마다 손가락 신호를 사용하여 거의 실수가 없었다. (…)

'벌써 일본으로 돌아온 지 꽤 되었고, 좌측통행에도 익숙해 있었는데, 왜 갑자기 실수한 것일까?' 하고들 의문을 품을 것이다. 사고의 원인이 도쿄 거리에 오랜만에 내린 눈 탓이라고는 아무도 생각하지 못할 것이다. 나 자신조차도 그렇다는 것을 깨닫기까지 긴 시간이 걸렸으므로.

— 무라카미 하루키,《오블라디 오블라다, 인생은 브래지어 위를 흐른다》

하루키가 차선 변경에 대한 실수의 원인이 오랜만에 내린 눈 탓이라는 걸 깨달은 이유는, 여러 해 동안 미국 보스턴에 머무를 때의 환경이었다. 보스턴의 겨울에 눈 쌓인 도로를 우측 차선으로 주행했던 기억이 도쿄 거리에 오랜만에 내린 눈이라는 자극제에 의해 연상되었던 것이다.

환상을 심는 매체, 혐오를 심는 매체 _____

젊은 세대에게 결혼에 대한 환상을 심게 하는 자극제가 있다. MBC에서 2012년부터 지금까지 시즌 4를 이어가고 있는 〈우리 결혼했어요〉라는 프로그램이다. 젊은 선남선녀 스타 연예인 한 쌍이 가상 부부 연출을 하는 것이다. 처음부터 끝까지 달달한 로맨스로 철저하게 꾸며져 있다. 누구라도 결혼이라는 것을 안 하고는 못 배길 정도로 신부는 애교를, 신랑은 달콤하고 자상한 캐릭터로 중무장하고 나온다. 가상부부인 것처럼 가상현실을 실제처럼 덮어쓰기 한 것이라고 할 수 있다.

〈우리 결혼했어요〉보다 조금 일찍 방영된 또 하나의 방송 프로그램이 있다. EBS의 〈달라졌어요〉다. 초기 달콤한 로맨스를 거쳐 부부로 생활하면서 현실적인 애환을 겪느라 관계가 틀어진 자화상을 돌이켜보고 전문가들의 도움을 받아 위기를 극복해간다는 설정이다. 〈우리 결혼했어요〉가 환상을 보게 한다면, 〈달라졌어요〉는 결혼생활에서 부부간의 환멸을 느끼게 할 정도로 현실적인 내용이다.

〈우리 결혼했어요〉는 젊은 미혼 남녀 세대로 하여금 결혼생활의 환상을 갖게 한다. 결혼을 하여 부부싸움을 하게 되었을 때 환상이 현실을 회피하게 할 수 있다. 갈등을 상호작용을 통하여 해결할 수 없게 할 수도 있다. 또한 〈달라졌어요〉는 결혼을 지레 겁먹게 할 수 있고, 결혼이라는 제도 속으로 들어가기 전 지나치게 신중하게 할 수도 있다. 매체가 결혼에 대한 환상과 혐오를 동시에 연상케 하는 프라이밍 효과의 매개체 역할을 하고 있는 셈이다. 이러한 환상과 환멸의 프라이밍 덫에 걸리지 않기 위해서는 경험 없이 매체에 노출되는 것보다는 늘 고민하면서 의식 수준을 높이려는 마음가짐이 중요할 것이다.

미모의 플러스 알파,
여성의 애교

여성 걸그룹 멤버 중 한 명이 애교 하나로 인지도가 급상승하는 일
이 벌어졌다. 리얼 예능 프로그램 〈진짜 사나이〉의 여군 특집에서
걸스데이 혜리의 애교가 엄청난 인기를 구가하였다. 군기로만 죽고
사는 군부대에서 헤어지는 마지막 인사에서 분대장에게 여자만이
할 수 있는 필살기 애교가 먹힌 것이다.

여성의 애교는 아무나 부릴 수 있는 끼가 아니다. 특히 성인이 된
여성에게는 하는 사람이나 대하는 사람이나 부담스러운 행위일 수
있다. 원래 애교는 남에게 귀엽게 보이는 태도라고 하는데, 보통 아
이가 부모한테 뭔가를 얻어내려고 할 때 귀엽게 보여 점수를 따는
행위로 여긴다. 이 구도 역시 약자인 아이가 강자인(목적을 달성하게

해줄 능력을 갖춘) 부모에게 잘 보이는 전술인 것이다. 이러한 상황은 약자나 강자 양측 모두 서로의 속마음을 잘 알고 있는 상태다. 즉, 약자인 본인 스스로가 약자인 처지를 잘 알고 대응하는 상황 대처법인 것이다.

성인인 여성이 애교를 부리려면 몇 가지 제약이 있다. 우선 최소한 외모가 귀여워야 한다. 즉, 여성 본인의 미모를 자기 스스로가 잘 알고 있는 사람이 하게 마련이다. 또한 스스로 평소 약자라는 인식을 갖고 있어야 한다. 본인 스스로가 사회적으로 인정받고 남성에 비하여 뛰어난 승부사로 인식하고 있는 여성이라면 애교를 부릴 수도 없겠거니와 부린다고 해도 효과가 발생하지 않을 것이다.

여성이 남성에 비하여 사회적으로 결코 뒤처지지 않고 연일 여성혐오에 가까운 사건 사고가 발생하면서 남성들이 오히려 여성에 비하여 역차별을 받고 있다고 생각하는 요즘, 여성의 애교를 단순히 암컷이 수컷에게 성적 매력을 발산하려는 신호로만 보기에는 사회적으로 여성의 지위는 약자가 아닌 시대다. 그래서 여성의 애교는 그 진정성이 빛이 바래고 있는 걸지도 모른다. 그러나 여성의 애교는 여전히 미모의 플러스 알파 기능을 수행하기에 적절한 애교에 넘어가지 않는 남성은 드물 것이다.

생물학적 본성을 잊은 여자 _____

사회적 가치 형성이 획일화되면서 현대인의 결혼관이나 인생관이 달라졌다. 흔히 주변에서 기혼자들은 결혼을 할 마음이 있다면 되도록 가장 늦게 하라는 둥, 요즘 세상은 그냥 혼자 살아도 가치 있게 삶을 영위할 수 있으니까 굳이 결혼을 하지 않아도 괜찮다는 둥 훈수 아닌 훈수를 한다. 결혼을 하게 되면 가정을 꾸려 새로운 삶에 대한 기대와 진정한 어른이 되어간다는 사회적 소속감이 있었다. 또한 2세가 태어나면 부모의 대를 이어줄 수 있는 또 다른 자아가 생기기에 나름의 뿌듯함이 있었다. 그러나 현대의 결혼 적령기에 있는 사람들이나 이미 적령기를 훌쩍 넘어가 있는 사람들 모두 이러한 가치는 머릿속에서 사라진 지 오래인 듯하다. 이러한 가치를 머릿속에서 사라지게 한 요인 중 하나가 기혼자들로부터, 매체로부터 너무나 많은 정보를 직간접적으로 습득하게 되어 미혼자들 스스로의 미래를 지레짐작하게 해버린 것이다.

대니얼 길버트(Daniel Gilbert)의 《행복에 걸려 비틀거리다》라는 책이 있다. 그는 인간의 전두엽이 손상되어도 일상생활을 하는 데 지장이 없지만, 앞으로 일어날 일에 대한 계획력이 상실된다고 말했다. 전두엽이 앞날에 대해서 기대나 예측을 하는 기능을 수행한다는 것이다. 그래서 우리는 무언가 나쁜 일이 일어날 것이라고 예상하면 불안을 느끼며, 시간이 지남에 따라 불안에 어떻게 반응해야 할지를 계획한다는 것이다. 인간의 전두엽은 이성을 담당하기 때문이다. 이 이성은 앞날에 대한 예측을 통하여 행동이나 감정을 절제할 수 있게 하는 기능을 한다. 미혼자들은 기혼자들로부터, 노출된 매체로부터 결혼관과 관련한 인생관을 간접 체험함으로써 미래에 대하여 지레 짐작을 하게 된다. 가보지 않은 길에 대해서 마치 가본 것처럼 지나친 예측을 하게 되는 것이다. 결혼이라는 길을 포함하여 앞으로 일어나게 될 나의 길은 사전에 예상하여 경로 보기를 할 때와 직접 한 걸음 한 걸음 내걸으면서 겪게 되는 체험의 세부적 측면 간에 엄청난 차이가 있다. 그런데도 과잉 예측과 그 예측으로 인한 불안은 미혼자들을 자꾸 늙게 한다.

무경험자의 행복 _____

대니얼 길버트의 책에 나오는 행복과 관련된 재미있는 예화를 소개해볼까 한다. 바로 행복과 경험의 관계를 설명한 부분이다. 한정된 경험을 가진 로리와 레바가 어린 장애우라고 가정해보자. 그래서 일반 아이들보다 보통 수준 이하의 일상적인 경험이 있다. 예를 들어 놀이공원 가기, 수영장에서의 놀이, 부모님과의 가족 여행 등 즐거운 경험을 해보지 못한 것이다. 다음 그림에서처럼 로미와 레바에게 생일 케이크는 행복 척도의 최고점인 8점에 해당하는 최고의 선물이다. 그러나 일반 아이들, 특히 여러 경험을 이미 겪은 아이들에게 생일 케이크란 중간 정도 수준의 행복일 수 있다는 것이다. 즉, 자신에게 부족한 경험이 무엇인지 모르는 사람이 그 경험을 해본 사람보다 반드시 덜 행복한 것은 아니라는 것이다.

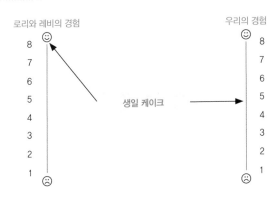

자료: 대니얼 길버트의 《행복에 걸려 비틀거리다》 중

대니얼 길버트는 담배 맛을 몰랐을 때에는 휴가지의 황금빛 석양을 바라보는 것만으로도 행복했지만, 담배 맛을 알게 된 후 똑같은 상황에서 시가가 없다면 완벽한 행복감은 느끼지 못할 것이라고도 했다. 즉 일단 경험을 하고 나면 그 후로는 그 경험을 하기 전처럼 세상을 또는 감정을 느끼고 바라볼 수 없다. 결혼의 유경험자가 무경험자를 바라볼 때, 마치 결혼에 대해서 모든 것을 알고 있는 것처럼 미혼자들한테 경험의 오만함을 과시하는 이유는, 일반 아이들이 생일 케이크만으로 정말 행복해하는 장애우들을 보고 비웃는 것과도 같은 이치일 것이다. 무경험자가 유경험자한테 직간접적으로 유용한 지식을 습득하는 것은 좋은 것이지만, 지나치게 동화되어 미래의 행복까지 담보당할 정도로 감정이입할 필요는 없어 보인다. 결혼은 바로 자기 자신의 지상 최대 경험이 될 수 있기 때문이다.

출산율이
정말 문제라면

　신문 기사나 호기심을 자극하는 인터넷 가십거리의 소재 중 하나
는 결혼과 관련된 주제일 것이다. 연애·결혼·출산을 포기한 삼포 세
대, 결혼이 인생의 필수적인 요소인가, 늘어만 가는 독신 남녀 등.

　그런데 이들 주제의 결말은 비슷한 점이 있다. 결혼 적령기를 어
쩔 수 없이 넘길 수밖에 없는 이유를 경제적인 여유가 없다는 데서
찾는다. 즉 '기-승-전-돈'이다. 나 역시 마찬가지였다. 취업을 하
면 결혼해야지 하고 마음먹었고, '뽀대 나는' 차 한 대는 있어야지 하
는 새로운 계획을 하게 된다. 차가 생기면, 그래도 남자니까 집은 있
어야지 하면서 계속 결혼을 유보하게 된다. 나중에 깨달은 것이지만
이러한 고민은 나만의 것이 아니었다. 경제적 여력의 부족으로 결혼

을 기피한다는 신문이나 인터넷 기사에서의 공통된 결론은 어딘가 모르게 심증적으로 의심이 가게 한다. 우리 이전 세대 부모들은 돈이 없어도 결혼을 기피하지는 않았다. 다만, 신혼을 없는(가난한) 상태에서 출발한 것뿐이다. 그러나 지금은 처음부터 완성된 상태에서 출발하려고 한다. 가난하고 찌질하여 소비를 마음대로 하지 못하는 촌스러운 부부가 되기는 싫기 때문이다.

〈이코노미스트〉는 한국의 결혼문화를 소개한 내용에서 출산율을 늘리는 방법은 아이를 낳을 때마다 출산장려금을 지급하는 수준을 넘어 국비로 보육비를 지원해주는 것이 가장 효과적인 방법이라며, 이를 적극 도입한 북유럽 국가들과 프랑스가 출산율 2명에 근접했다는 통계를 제시하였다. 그러면서 한국의 경우엔 남성들이 1960년대식 현모양처의 여성관에서 탈피하는 게 더 시급해 보인다고 꼬집었다. 한국의 남성들이 여전히 가부장적인 세계관에 갇혀 있다는 의미로 보이지만, 이미 젊은 세대에겐 여성에게 현모양처를 바란다는 것은 그저 희망사항으로 보인다.

실제로 통계청의 '2014년 사회 조사' 결과에 따르면 13세 이상 남녀 가운데 결혼에 대해 '해도 좋고 하지 않아도 좋다'라고 생각하는 비율이 38.9%로 2012년 조사 때보다 5.3% 증가했다고 한다. 결혼에 대해 '하지 않는 것이 좋다', '하지 말아야 한다'라고 답한 비율은 2.0%로 이 비율을 더하면 국민 41%가 결혼을 필수라고 여기지 않는 것으로 응답한 셈이다. 성별로는 남성이 34.4%, 여성은 43.2%로 여성의 비율이 높았다. 이 응답률 속에는 여전히 백마 탄 왕자를 손꼽아 기다리고 있는 올드미스들과 연애 자체를 거부하는 초식남들이 들어 있다고 짐작해본다. 〈이코노미스트〉의 분석처럼 한국의 남성들이 여전히 가부장적인 세계관에서 벗어나지 못해서 나온 숫자인 것만이 아니고, 여성과 남성 측 모두에서 결혼은 필수가 아니라는 인식이 자리 잡혀가고 있는 것이다.

다음은 〈경향신문〉 '박상미의 공감 스토리텔링'에서 어느 골드미스가 여자 후배들에게 해주고 싶은 말을 발췌한 내용이다.

> "받는 것을 너무 당연하게 여기는 여자들도 있어요. 남녀 평등을 주장하다가도 받을 때는 남자가 더 큰 걸 해줘야 한다고 생각하는 여자들, 당연히 남자가 사야 한다고 생각하는 여자들, 함께 즐거워하며 축하해야 할 날에 축하와 선물 받을 궁리만을 하는 여자들이 있죠. 비싼 가방을 선물해달라고 해서 사줬더니 돌아오는 건 십자수 선물이더라는 남자들의 이야기가 단지 농담만은 아닐 거예요. 물론 마음의 가치는 계산하기 어렵지만, '오빠'라는 말을 무기로 너무 많은 것을 쉽고 당연하게 얻으려고 하는 여자는 되지 않았으면 해요."

이 말을 한 골드미스는 여자 입장에서 일부 여자들의 행태를 꼬집어주었다. 일부 여자들의 전략적(?) 행동이 남자들로 하여금 이성에게 관심을 적게 갖게 하고, 결혼에 자신감을 상실케 함으로써 초식

남을 양성하게 된다.

조금은 덜 갖춰진 미완의 상태에서 세련됨만을 추구하는 결혼관은 너무 문명에 익숙해졌다는 의미일 것이다. 촌스러움을 껴안을 줄 알아야 현재를 유보하는 삶을 살지 않아도 될 것이다.

결혼을 해도
장미의 전쟁은 계속된다

1989년에 개봉한 대니 드비토(Danny DeVito) 감독의 〈장미의 전쟁〉이라는 미국 영화가 있다. 주연은 마이클 더글러스와 캐서린 터너였는데, 이들은 영화에서 부부로 등장한다. 여느 부부처럼 첫눈에 반하여 달콤한 로맨스를 거쳐 행복한 결혼생활을 시작한다. 낳은 자식들이 다 잘되어 최고의 학교에 입학하고 부부 둘만 남게 되자 두 주인공은 급격히 사이가 나빠진다. 결혼생활에 무료함을 느낀 부인이 남편에게 이혼을 요구하고, 이혼에 따른 집의 소유권을 놓고 전쟁 같은 부부싸움이 시작된다.

〈장미의 전쟁〉에서의 장미 전쟁의 원인, 즉 부부싸움의 원인은 결혼생활의 경제적·물질적 안정이다. 결혼이라는 아이러니를 보여주려고 한 감독의 의도였을지도 모른다. 서로 좋아하는 사람이 부부가 되었고, 그 사이에 아들, 딸 하나씩을 낳아 자식들 모두 하버드에 입학하였다. 부인의 사업도 잘되어 그야말로 결혼생활을 더 유지해야 하는 명분이 사라진 것이다. 인생의 명분이 사라지면 무료해진다. 특히 여성은 지루함을 참지 못한다.

　최근에 또 한 편의 영화가 주목을 받았다. 바로 데이비드 핀처(David Fincher)의 〈나를 찾아줘〉라는 스릴러물이다. 스릴러 영화이지만 이 영화를 보고 〈장미의 전쟁〉 업그레이드 버전이라는 생각이 들었다. 이 영화 역시 부부싸움의 연장선인데, 여성인 아내를 서늘한 정신병자 사이코패스 역으로 등장시켜 스릴러라는 양념으로 맛을 더 잘 나게 버무린 영화라고 해석하고 싶다. 이 영화 역시 달콤한 결혼 초기를 지나 아내 스스로가 결혼생활로 인하여 존재감이 사라져 버림을 느끼고 결혼생활을 포기하면서부터 긴장감이 더해진다. 부부싸움이 아니라 아내 스스로가 셀프 실종이라는 자작극을 꾸며 결혼으로 인한 자신의 존재에 대한 상실감의 책임을 남편에게 돌려 복수를 한다는 얘기다.

　영화에서 여자는 자신보다 수준이 낮은 남성을 배우자로 선택한다. 순전히 본인의 능동적 선택이었다. 자신의 최고 학벌과 어린 시절부터 유명세를 탄 인지도에 걸맞게 남편을 지혜롭게 조력한다. 이러한 과정에서 남편은 열등의식을 갖게 되어 시간이 흐를수록 둘 사이의 감정은 멀어지게 된다. 남자와 여자가 합쳐 일군 가정이 잘되어 더는 이룰 것이 없을 정도로 무난해도, 수준 차이가 나는 남녀의 결합을 통하여 이루고자 하는 명분들이 많아도 남녀의 노력과 관심 정도는 결혼 전과 다름없다. 남녀의 갈등은 어쩌면 결혼 후에 비로소 시작되는 것일 수도 있다. 또한 남녀의 갈등관리는 앞으로 개인 가정사의 탓으로만 돌릴 수도 없을 것이다.

결혼은 사랑하는 사람과 하지 말라? _____

이 대목에서 궁금증이 생긴다. 중매의 연으로 만난 커플들이 더 행복하게 오래 잘 살 것인가, 아니면 순전히 연애를 하여 커플을 이룬 인연이 더 행복하게 오래 살 것인가 하는 것이다. 이에 대해서는 신문 기사를 읽고 어느 정도 해답을 얻을 수 있었다. 기사 내용 중 어느 문화 평론가는 "사랑하는 사람과 결혼하지 말라"고 조언하더라. 두 사람 사이에 위기가 닥쳤을 때 연애결혼을 한 부부는 "우리 사이에 로맨스는 끝났다"고 판단해 쉽게 이혼을 선택하지만, 중매로 결혼한 부부는 "우리는 신의로 맺어진 사이"라고 생각하기 때문에 결혼생활에 더욱 헌신적이라는 것이다. 신문 기사는 구체적인 증거자료를 제시하는데, 실제 재혼 전문 사이트에서 재혼을 희망하는 전국의 이혼 남녀 496명을 대상으로 '초혼 시 좀더 신중하게 고려했어야 할 불길한 징조'란 설문조사를 한 결과 남자 42.7%, 여자 41.9%가 '주변 지인들의 결혼 만류'를 꼽았다. 사랑하는 사람과 만났더라도 주변 지인들이 말리면 그 결혼은 안 하는 게 낫다는 것이다.

또 영국 〈데일리 메일〉은 하버드대 로버트 엡스타인(Robert Epstein) 박사가 조사한 결과를 인용해 '결혼 후 5년이 지나면 중매결혼 부부의 애정이 연애결혼을 능가하고, 10년이 지나면 애정 강도가 연애결혼 부부보다 2배로 커진다'고 보도했다. 엡스타인 박사 역시 중매결혼 풍습이 있는 인도 파키스탄 유대인 부부와 연애결혼을 한 서양 부부를 100쌍 넘게 골라 8년 동안 관찰한 결과 연애결혼을 한 커플은 18개월마다 애정 정도가 이전에 비해 절반씩 감소했다고 설명했다.

시작이 로맨스였다고 끝도 달콤하리란 보장이 없는 것이다. 결혼 후 가정을 유지해야 할 명분이 사라졌을 만큼 안정적인 커플도, 결혼 후 개선해야 할 명분이 늘어날 만큼 불안정한 커플도 남녀의 갈등관리는 늘 신경써야 하는 삶의 일부분인 것이다.

의도된 고독 vs.
사회적 고립

2013년 10월과 2015년 4월에 출간된 두 권의 책을 접했다. 하나는 사회학자 노명우의 《혼자 산다는 것에 대하여》이고, 다른 하나는 정신과 의사 오카다 다카시(岡田尊司)의 《나는 왜 혼자가 편할까?》라는 책이다.

《혼자 산다는 것에 대하여》의 저자 역시 나처럼 40대의 노총각이다. 그래서 내가 보기에 전반적인 책 내용은 혼자 산다는 것, 1인 독립가구의 가장이라는 것이 사회통념처럼 중심에서 벗어난 아웃사이더가 아니라는 것이다. 즉 혼자 있는 것을 두려워하지 않고 의도된 고독의 길은 또 하나의 능력일 수 있다는 것이다. 책에서는 의도된 세상과의 단절을 선언한 프랑스 철학자, 38살의 몽테뉴 사례를 소개한다.

몽테뉴는 모든 공직에서 물러나 아버지라는 역할까지 일시 정지시키고 절대적인 자신만의 공간, 자신의 질문에만 몰두할 수 있는 거처를 마련했다. 그리고 그 공간을 괴테에게 영향을 받아 치타델레(Zitadelle)라 불렀다. 치타델레는 몽테뉴가 괴테의 자아 개념을 따서 탑에 붙인 이름으로 요새 안에 독립된 별채 성(城)을 뜻한다. 1인 독립 시대는 사회적 병폐 현상이 아니라 또 하나의 새로운 사회적 전환을 의미한다. 《혼자 산다는 것에 대하여》는 정상적인 관계 지향적 인간이 자기 발전을 위하여 의도된 고독도 감수할 수 있고, 이러한 고독은 스스로가 의식적인 선택에 의하여 이루어진다는 것이다.

반면에, 《나는 왜 혼자가 편할까?》는 사람과의 관계를 기피하고 단지 혼자 있는 것 자체에 편안함을 느끼는 회피형 인간이 늘어나는 이유에 대해서 진단한다. 책 초반부에 회피형 인간을 설명하기 위하여 한 가지 실험을 소개한다. 네덜란드 판 데르 베임 등의 연구진은 생후 6개월 된 신생아들 중에서 신경질적이고 잘 울어서 손이 많이 가는 100명을 골라, 절반씩 두 그룹으로 나누어 3개월 동안 심리 실험을 했다. 한 그룹의 아기들에게는 별다른 변화 없이 평범하게 응해주었고, 다른 한 그룹의 아기들에게는 반응에 적극적으로 응해주었다. 그리고 나서 생후 한 살이 되는 시점에 아기들의 애착 유형을 조사했다. 결과는 놀라웠다. 평범한 대응만 해준 그룹의 아기들은 대부분이 회피형 애착 성향을 보인 반면 적극적으로 대응해준 그룹의 아기들은 대부분이 안정형 애착 성향을 보였던 것이다.

애착 성향에 이상을 가져오는 것 중의 하나가 부모가 아이를 오랫동안 방치하면 부모와의 관계 회복에 노력을 기울이지 않게 된다는 것이다. 예를 들어 울고 보채는데도 부모가 계속 아무런 반응을 보이지 않으면 아이는 마침내 그런 행동을 멈춘다. 모든 동기부여나 행동은 기분 좋은 응답, 즉 보상이 주어짐으로써 비로소 강화되고 지속되기 때문이다. 방치의 정반대인 과도한 관심 또한 회피형 인간을 만드는 데 큰 원인이라고 소개한다. 결국 인간은 상처를 받지 않기 위해 상처받을 만한 상황을 피함으로써 자신을 보호하고 살아남기를 희망한다는 것이다. 그래서 인간 사이의 관계를 피하게 된다. 여자한테 거절당할까 봐 이성 교제를 꺼리고 남에게 간섭하게 될까 봐 피하는 한편, 상대방이 나의 일상에 끼어들고자 하면 방어하게 된다. 이 책에서는 고독, 혼자 있는 것을 자기 발전을 위한 의도된 고독이 아니라 병적인 증상의 하나인 사회적 고립으로 본다.

전자의 긍정적 고독, 의도된 고독을 추구하는 인간 유형이나 오타쿠(おたく), 히키코모리(引き籠もり) 같은 회피형 인간들이나 결과는 개인 영역을 확보하려는 성향이 강한 사람들이라는 것이다.

혼자의 고독이 자유롭고 멋스럽다고 생각하는 남녀들에게 이성을 사귀는 문제는 그리 쉬운 일이 아닐 것이다. 남녀 상호 간의 관계가 존재할 때 인연이 생기고 연인으로 될 여지가 생기는 것이다. 개인 지향적 삶이 편한 사람들이 늘어날수록 독립형 인간이나 회피형 인간은 더더욱 늘어날 것이다.

혼자의 삶은 성찰적 기질이 많은 사람에게 어울린다. 고독이 몸에 맞는 사람이다. 나는 일주일에 한 번 정도는 나를 알아보지 못하는 아무도 없는 곳으로 숨고 싶어진다. 찾는 곳이 산이다. 둘이 가고 싶지도 않다. 혼자 오르면서 오만 가지 잡생각을 한다. 이러한 기질이 다분한 사람이 결혼을 할 수 있을까? 철학자를 닮아가는 김제동은 말끝마다 외롭다며 결혼을 운운하지만, 성찰적 기질을 타고난 사람들은 인생의 동반자를 선택할 때 신중하기 마련이다. 눈이 높아서가 아니라 천성인 것이다.

혼자의 삶은 자기 주도적인 삶이기도 하기 때문에 모든 결정의 책임이 자신에게 귀속된다. 환경을 탓하면 무능하게 비친다. 연애도, 결혼도, 이혼 결정도 마찬가지다. 자기 주도적 결정이나 삶의 확산은 이전 세대의 삶을 우습게 보는 경향을 낳았다. 부모의 내리사랑역시 가치 있게 여기지 않고 순전히 자기 혼자, 스스로 세상에 뚝 떨어져 나온 줄 알게 한다.

결혼과 저출산의 문제를 단순히 경제적 빈곤에서 찾는 경향이 있다. 결혼은 사람과 사람 사이의 관계를 전제하는 제도이기 때문에 혼자가 편한 것으로 사람의 기질 유전자가 바뀐다면 비결혼과 저출산의 문제는 앞으로 계속될 것이다.

신종 노이즈 마케팅, 꿀벅지

요새 '꿀벅지'라는 말이 자주 쓰인다. 일반적으로 '꿀'과 '허벅지'의 합성어로 본다. '핥으면 꿀맛 날 것 같은 허벅지', '꿀처럼 달콤한 허벅지', '꿀을 바른 듯 매끄러운 허벅지' 등 다양한 해석이 제기되고 있으나, 일반적으로 통용되는 뜻은 '가늘고 마른 허벅지가 아닌 탄탄하고 건강미가 있는 허벅지'를 지칭한다. 위키백과에서 정의한 내용이다.

이 신조어가 논란이 된 이유는 2009년 충남 천안시의 한 여고생이 '꿀벅지라는 단어가 성적 수치심을 유발한다'며 '언론에서라도 사용하지 않게 해달라'는 제안을 여성부 홈페이지에 올렸기 때문이다. 이러한 논란으로 인하여 한때 꿀벅지라는 신조어가 오히려 유행을 타기도 하였다. 당연히 꿀벅지처럼 보이는 신체를 노출하는 연예인들은 인지도가 높아졌다.

노이즈 마케팅(noise marketing)이라는 것이 있다. 상품의 품질과는 상관없이 오로지 상품을 판매할 목적으로 각종 이슈를 요란스럽게 치장해 구설에 오르도록 하거나 화젯거리로 소비자들을 현혹하여 판매를 늘리는 마케팅 기법이다. 내가 보기엔 눈에 띄는 재화보다는 비가시적인 서비스 항목에서 노이즈 마케팅을 주로 활용하는 것 같다. 새로운 방송 프로그램이나 영화를 비정상적인 상황이나 스토리와 결부시켜 목표로 하는 대상에게 주의를 환기하는 것이다.

특히 꿀벅지로 대표되는 어린 여자들로 구성된 걸그룹 스타들의 성적 노출을 노이즈 마케팅화하여 그 수위를 느끼지 못하게 한다는 점이 그렇다. 연령이 낮은 여성 걸그룹들이 TV 화면에 등장하기 전에는 연령층에 맞게 이성을 선호하였다. 20대 남자들은 20대 여성을, 30대 남자들은 30대 여성을, 학생들은 학생들끼리 로맨스를 꿈꿔왔다. 최소한 어른들이 어린 학생들의 각선미를 보고 군침을 흘리는 일은 꺼렸다. 그러나 어린 연예인들의 무분별한 노출이 경쟁하듯이 매체에 등장하면서부터 상대에 대한 로맨스의 연령 제한은 없어진 듯하다.

검색 사이트에서 '노출', '쩍벌'이라는 단어를 입력하여 검색해보면 웬만한 걸그룹 멤버들의 노출 사진을 쉽게 볼 수 있다. 국민 모두를 관음증에 노출시키는 것이다. 노출에 대한 민망함이나 수치스러움을 찾아볼 수 없을 정도다.

한쪽에서는 여성들이 자신들을 공개적·대대적으로 성 상품화하고, 다른 한쪽에서는 여성들이 양성 평등과 성폭력 예방에 노력을 기울이고 있다. 문제를 만드는 사람도 개선하려고 하는 사람도 여성인, 악순환의 상황인 것이다.

성폭력 상담소에서 실시하는 성 인식 및 성폭력 예방 실태 조사에서는 '성폭력이 없어지려면 남녀 간 평등이 이루어져야 한다'라는 문항에 어느 정도 동의하는지를 묻는다. 지금과 같은 여성 연예인들의 노출에 무방비 상태로 있는 측은 오히려 남성들인 것 같다. 슬프면 눈물이 나고 통증을 느끼면 소리를 지르는 것처럼 자극적인 여성 노출에 노출된 남성들은 그저 속수무책으로 본능을 억눌러야 하는 고통이 따르는지도 모르는 일이다. 이 또한 남성들에게는 스트레스인 것이다. 남녀갈등의 가장 원초적인 지점이다.

쉽게 하는 결혼,
쉽게 하려는 이혼

　언론매체에 쉽게 노출되는 주제 중의 하나는 이혼이었는데, 이혼이 너무 흔한 광경이다 보니 이제는 매체에서도 잘 다루지 않는다. 한참 전 신문 기사에서 우연히 읽은 것을 재인용해보아도 이혼 사례는 줄지 않은 듯하다. 2014년 기준 우리나라의 이혼율은 OECD 국가 중 아시아에서 1위라고 한다. 100쌍이 결혼하면 37쌍이 이미 이혼을 예약해놓은 커플들이다. 이혼 사유는 성격 차이, 경제적 문제, 배우자의 부정 순이라고 한다. 부부간 성격 차이의 문제는 일방의 문제일 수도 있지만, 이것이 쌍방의 문제로 확대되어 더는 결혼생활을 유지할 수 없다면 당사자 간의 합의에 의해 이혼이 쉽게 이루어질 수 있을 것이다.

경제적 문제에서는 특히, 남편이 경제적으로 무능력하여 결혼생활을 유지할 수 없게 만든 원인 제공자라면 당연히 여자 쪽에서 이혼 청구를 하게 될 것이다. 문제는 부정을 저질러 상대방에게 실망감을 안겨준 당사자가 이혼을 청구하면 이를 받아들여 주어야 하는가다.

이혼 사유에는 유책주의와 파탄주의가 있다고 한다. 유책주의는 부부 가운데 어느 한쪽에 이혼의 책임이 있는 경우에 다른 한쪽만이 이혼을 청구할 수 있고 이혼의 책임을 제공한, 잘못을 저지른 쪽에서는 이혼을 청구하지 못하는 것이다. 파탄주의는 혼인관계 파탄의 책임이 어느 쪽에 있든 결과적으로 혼인관계가 실질적으로 유지될 수 없는 지경에 있는 경우 양쪽에 모두 이혼 청구를 인정한다는 것이다.

2015년 6월 26일 오후 2시에 대법원 대법정에서 이혼법정 공개변론이 있었다. 바람을 피운 쪽이 이혼을 청구한 사건이다. 즉, 혼인관계 유지에서 잘못을 저지른 자가 오히려 이혼을 청구한 사건인데, 청구인의 요구가 받아들여진다면 우리나라도 앞으론 이혼 사유로 파탄주의 쪽으로 급격히 방향전환을 한다는 말이다. 대법원 전원합의체는 이 사건에 대해 2015년 9월 15일 유책 배우자는 이혼 소송을 제기할 수 없다는 기존 판례를 재확인하였다.

어머니와 딸 세대에서 가정의 의미 ____

여성의 사회 진출로 인하여 여성의 경제적 자립도가 충실해지고, 이혼에 대한 사회적 정서가 어느 정도 순화되면서 파탄주의 명분이 어느 정도 설득력이 있어 보인다. 그러나 파탄주의는 혼인을 하는 순간 한 사람만을 따르고 순종해야 한다는 지고지순함을 바라지 않더라도, 결혼을 인생에서 가장 가치 있고 성스러운 행위로 생각했던 우리 부모 세대에 비하면 뭔가 많이 아쉽다는 생각이 든다. 우리의 이전 세대에서는 가정이 아내, 어머니라는 여성의 희생을 토대로 유지되었다고 해도 과언이 아니다.

그러한 세대를 바라본 이후 세대 딸들의 반작용은 혼인이라는 제도 속으로 쉽사리 들어가려고 하지 않는 것이다. 또한 결혼이라는 의사결정을 하더라도 반드시 당사자가 흡족할 수 있는 조건의 남자여야 한다. 그러한 의사결정은 거의 전적으로 자기 주도의 결정이다. 마찬가지로 이혼의 경우에도 반드시 자기 자신이 책임을 져야만 한다는 생각으로 이어진다. 개인 대 개인의 결합은 가족과 가족의 결합을 하는 경우보다 홀가분한 결정을 내릴 수 있다. 헤어지는 경우에도 관계의 끊음은 개인끼리의 절교가 훨씬 더 수월해 보인다. 파탄주의를 찬성하는 측에서는 유책주의에서 파생되는 부작용을 든다. 이혼 소송에서 이기려면 상대방의 잘못을 철저하게 입증해야 하기 때문에 법정에서 진흙탕 싸움이 계속되어 결과적으로 가정을 파탄으로 이어지게 한다는 것이다.

이혼과 경제적 자유 _____

여성의 사회적·경제적 지위가 높아졌다는 관점에서 본다면 파탄주의는 유책 사유가 없는 여성 입장에서는 상당히 반가운 것일 수도 있다. 실제로 파탄주의를 찬성하는 쪽은 여성이 더는 일방적으로 피해자나 약자의 지위에 머물러 있지만은 않다는 점, 사회 진출이 활발하다는 점 등을 고려할 때 파탄주의로 전환할 수 있는 여건이 성숙되었다고 본다. 실제로 우리 주변에는 사회적으로 안정된 직장에 다니고 있는 여성들이 오히려 이혼을 한 경우를 종종 볼 수 있다. 헤어지는 방식도 이제는 경제적 여건에 따라 달라지고 있다는 얘기다. 사회적·경제적 여건이 어느 정도 안정적인 위치에 있는 여성 입장에서는, 더는 꼴 보기 싫은 남편을 안 보게 된다는 사실 자체에 파탄주의를 선호할 것이다. 반면에 형식적인 부부관계를 유지하고 있더라도 혼인관계의 유지 자체만으로 자녀의 양육 문제라든가 여성 자신의 사회적 처지에 영향이 없는 여성이라면 유책주의로 계속 유지되길 바랄 것이다.

경제적으로 자유로워진다는 말은 사회적으로 개인주의화된다는 말과 같은 뜻이다. 자녀 둘이 있는 4인 가족이 해체되기는 자녀가 없는 2인 가족에 비하여 쉽지 않을 것이다. 유책주의는 보이지 않게 그러한 순기능을 해왔다고 본다. 사회적 약자에서 강자로 부상하고 있는 여성 개인 입장에서는 파탄주의가 더 합리적으로 보일 수 있지만, 가끔은 비합리적으로 보일 수 있는 옛것의 제도들 중에 개인 한 사람의 결정을 신중하게 하도록 견제하는 역할을 하는 것들도 있는 것이다. 여성의 사회적 지위의 변화가 헤어짐의 방식에도 변화를 일으키는 셈이다.

끼리끼리 문화와
부익부 빈익빈

OECD 회원국 중 10년째 자살률 1위를 고수하고 있는 나라가 한국이란다. 성인이나 청소년 자살률 모두 OECD 회원국 중 1위인 것이다. 자살률이 높다는 것이 대외적으로 불명예스럽다는 면도 있지만, 한 나라의 체질이 그다지 좋지 않다는 점에서 우려스러운 것이다. '따뜻한 말 한마디론 막을 수 없다'라는 일간지 기사에서, 마포대교 난간 자살방지 예방 목적으로 설치됐던 '생명의 다리'가 중단될 예정이라는 걸 알려주었다. '생명의 다리'는 서울시와 삼성생명의 협력 사업으로 2012년에 설치되었다. 다리 난간에 동작인식 센서를 장착해 난간에 불이 들어오면 '밥 먹었어?'와 같은 문구가 뜬다. 비용은 삼성생명이 전액 부담했는데, 비용에 대한 부담 때문에 사업을 중단하는 것이 아니라 자살 예방 효과가 없어서라고 한다.

2012년 한 해 15명이었던 마포대교 자살 시도자 수는 생명의 다리 설치 이후 2013년 93명으로 6배, 2014년에는 184명으로 12배가 늘었다. 전문가들은 마포대교에서 자살 시도가 늘어나고 있는 것에 대해 '명소화 효과'를 들었다. 자살 하면 한강 다리가 연상될 만큼 오히려 자살을 부추기는 꼴이 된 것이다. 마치 자살하고 싶은 사람의 손에 총을 쥐여주는 꼴이나 마찬가지인 셈이다. 나는 매체에서 자살률이 높다는 내용을 접할 때마다 부익부 빈익빈 현상이 더욱더 고착화되리라는 우려감이 자꾸 생긴다. 지극히 부유한 층과 절박하게 빈곤한 층의 비중이 극히 얇은 반면에 중산층의 두께는 거대한 빙산의 벽처럼 두꺼워야 체질이 좋은 사회라고 할 수 있다. 그러나 현재 한국은 극상과 극하의 두께가 점점 두꺼워지고 그 중간은 점점 얇아져 가는 것 같다.

배우자를 고르는 결혼 시장에서도 같은 현상이 벌어지고 있다. 솔직히 이러한 현상은 비단 어제오늘의 문제는 아니다. 실제로 이미 기혼 남녀들도 경험해봤을 터이지만, 소개를 하거나 소개를 받을 때에도 상대방의 눈높이에 맞을 것 같은 상대방을 소개해주는 것이 상식적이다. 용기 있게 이성에게 다가가서 데이트를 신청하거나 드라마에서 나오는 것처럼 드라마틱한 인연을 계기로 만나 연애하다 결혼한 커플들을 제외하면 말이다. 문제는 이러한 끼리끼리의 결혼문화가 점점 노골화되며 더욱더 확산되는 것처럼 알려지는 것이 심리적으로 더 위화감을 조장한다는 것이다.

실제로 〈세계일보〉에서는 "교사끼리… 약사끼리… 울타리치고 시작하는 소셜 연애"라는 제목의 기사를 내보냈다. 공무원, 교사, 약사, 변리사, 회계사 등 전문직 종사자들끼리 커뮤니티에서 셀프 소개팅을 하는 연애 문화가 이미 성행하고 있다는 것이다. 아마도 먹고살기 힘든 현실을 고려하여 경제 상황이라는 불확실한 환경에 영향을 덜 받는 직업군끼리 만나면 시너지 효과를 높일 수 있으리라는 생각, 지극히 경제적 합리성을 바탕으로 연애를 하려는 것 같다. 이러한 직업군 안에서 만나 연애하여 결혼에 골인하면 그 계층 내에 합류하게 되어 안정적인 선순환의 혜택을 얻게 된다. 반면에 그렇지 못한 하위 계층 내 사랑은 악순환의 연속일 수 있다. 가난은 세습된다는 말이 이러한 현상을 반영한다.

자살률의 원인과 요즘 세대 결혼 문화의 원인이 어딘가 모르게 닮은 듯하여 마음 한구석이 씁쓸하다.

남남북녀 _____

남남북녀라는 말이 있다. 우리나라의 남자는 남부지방의 남자가 잘났고, 여자는 북부지방의 여자가 잘났다는 것을 표현한 속설이다. 한 종편 프로그램 중에 같은 제목으로 남한 총각과 북한 꽃미녀의 리얼한 결혼생활을 통해 앞으로 다가올 통일의 모습을 그린 것이 있다. 방송이라 그런지 북한 출신의 출연 여성들은 하나같이 미인들이다. 방송을 지켜보면서 느낀 점은 북한 출신 여성은 한 명 한 명 모두 개성 있는 미인들인데 정작 본인들은 미인인 줄 모르는 듯하다는 것이다. 자기 자신을 잘 알아야 자기를 알맞게 사랑할 수 있을 것이다. 그런데 한국의 여성들은 자기 자신을 너무도 잘 알고 있는 듯하다. 잘난 여자들은 자기 자신이 잘났다는 점을 자각하고 있어 그만큼의 대접을 받아야 한다고 생각하는 분들이 너무나 많고, 못난 여자들 역시 너무나 잘 알고 있어 잘난 여자들 사이에서는 주눅 들어 있는 모습을 느낄 때가 있다. 마치 코리안 드림을 안고 가난한 나라에서 한국으로 들어와 일을 하는 외국인 여성 근로자들에게서 느끼는 감정과 유사하다고 할까. 잘 사는 것과 인성은 같이 가는 것 같지 않다.

개 vs. 고양이 _____

개와 고양이는 사람으로 말하면 그 기질적 성향이 다르다. 고양이는 남의 눈치나 분위기를 고려하지 않는다. 혼자 있기를 좋아해 오히려 주인이 외출하기를 바란다. 한마디로 도도하다. 사회적 관계성이 없다고 봐야 할 것이다. 반면에 개는 사람과의 관계에서는 기생동물이다. 남한테 기생하려면 눈치도 봐야 하고 분위기도 맞출 줄 알아야한다. 도도하다면 관계 맺기가 쉽지 않을 것이다.

연애나 결혼을 잠시 보류하고 안정된 삶의 궤도에 안착했다면, 그 시점에 곧바로 연애가 도래할까? 더욱이 사람 구실을 위한 안정적인 사회 진출을 위하여 부단히 노력하고 난 후에는 자신도 모르게 나 자신이 개에서 고양이로 변해 있음을 깨닫게 된다. 연애가 그다지 쉽지 않음을 알게 되는 순간이기도 하다. 개에서 고양이로 변한 내가 다시 개로 돌아가기에는 시간이 많이 필요하고 많은 노력이 요구될 것이다. 개처럼 위장해서 연애나 결혼에 성공할지라도 시간이 흐를수록 고양이라는 걸 들킬 것이다.

평소 고양이 기질에 익숙했던 사람이 강아지처럼 관계 지향적인 습관이 갑자기 생기기는 어려운 법이다. 이 점이 나이 들어서 연애하기 어려운 이유 중의 하나일 것이다. 반복해서 얘기하지만, 연애나 결혼은 안정된 삶에 안착한 후 시작하면 된다고 미루게 된다. 나역시 그랬다. 그런데 그 안정되었다고 생각되는 시점을 정확하게 정할 수가 없다. 그 시점이 왔다고 하더라도 연애나 결혼은 마음먹은 대로 할 수 없는 것 중 하나다. 혼자 할 수 있는 성질의 것이 아니기 때문이다.

혼자 있고 싶어 하는
사회적 동물

어린 시절 시골 오지에 살 때, 추석이나 설날 같은 명절이 다가오면 마음이 설레곤 했던 기억이 난다. 그 시절 시골은 없이 사는 집들 천지였지만, 특히 우리 집은 어린 마음에 정말 창피할 정도로 궁핍한 처지였다. 도회지에서 전학 온 여학생이 촌구석에 생일 파티 문화를 이식해주어서 생일이 있는 친구 집을 방문하여 어쭙잖은 선물을 주던 기억이 나는데, 유독 우리 집에서는 하지 못하였다.

그런 처지의 집으로 장남에게 시집온 어머니는 한평생을 순종적으로 집안 살림만 해왔다. 나이가 마흔이 넘도록 장가를 못 가고 있는 나 때문에 그때나 지금이나 항상 일손은 어머니의 손뿐이다. 시모주 아키코(下重曉子)의 《가족이라는 병》에서 가족이라는 명분이 그다지 행복을 보장하지 않는다는 일종의 고정관념을 타파하는 내용의 글을 접하였는데, 우리나라는 명절이라는 전통적 명분하에 어머니의 희생을 바탕으로 명절의 맥을 이어오고 있는 듯하다. 여성의 희생보다는 어머니의 희생이다.

희생이 고귀하게 느껴지는 세대는 우리 어머니 세대에서 끝이 날 것만 같다. 40여 년간 싱글로 살아오면서 부부들의 행태를 직간접적으로 경험한 나는 가족보다는 부부에 대해서 생각해보게 된다. 부부가 동일 공간에서 체류하는 기간은 얼마나 되며 그것에 어떻게 의미부여를 해야 할까…. 명절로 표시되어 있는 달력의 빨간 날 사이에 하루만 휴가를 내면 긴 연휴가 보장되는 황금연휴에도 결혼한 여성분들은 굳이 사무실에 출근을 한다. 겉으론 밀려 있는 업무 때문이라고 하는데, 시댁에서의 제2의 업무나 가정에서의 업무를 합법적으로 직무 유기할 수 있는 절호의 기회로 삼는 걸지도 모른다. 남편인 남자들 역시 잠시 가정에서 벗어날 수 있는 교육이나 출장 같은 업무가 생기면 내심 반가워하는 눈치다.

부부인 남편, 아내 모두 가족에서 잠시 벗어나 혼자 있는 시간을 확보하려는 노력을 소극적으로나마 하고 싶어 한다. 마치 자신들은 고독을 모르는 인간으로서 가정, 사회생활 모두에 성공적인 삶을 살고 있음을 몸소 보여주고 싶은 것처럼 말이다. 단지, 맞벌이라는 핑계로 가정으로부터 도피해 나왔음을 절대 드러내지 않는다. 남편이나 아내 모두 부부로부터, 가족으로부터 때로는 합리적인 명분하에

도피하고 싶은 욕망이 있음을 드러낸다. 인간은 혼자 살 수 없는 동물이라고 하지만, 때로는 혼자이고 싶은 욕망을 욕정만큼이나 갖고 있는 것 같다. 부부간의 욕정과 혼자이고 싶은 욕망 간의 균형이 깨지면, 기혼자들은 노총각한테 결혼하지 말라고 일장 연설을 늘어놓는다. 예전엔 그 연설이 소음으로 들렸는데, 시간이 흐를수록 나도 모르게 공감할 수 있으리라는 자신감이 생기는 이유가 무엇일까….

혼자는 정말 외롭고
불행할까

조직 구조가 피라미드 형태로 되어 있는 관료제 기구 안에 있노라면 당연히 신입 직원을 맞이하게 된다. 요즘 신입들은 해야 할 업무에 비하면 배경 하나하나가 좋아 보인다. 흉내 낼 수도 없는 젊음이 가장 큰 스펙일 것이다. 신입 직원들을 보고 있자니 조직생활을 하면서 잠시 잊고 있던 점을 깨닫게 되었다. 젊은 남자들일수록 혼자 있는 것이 편안해 보이고, 나이 든 올드미스일수록 어울려 생활하기를 꺼릴 수 있다는 점이다. 반드시 혼자 생활하는 것이 나쁘지만은 않다는 생각이 든다.

신문 기사에서 결혼한 사람이 미혼자보다 수명이 길 수 있음을 본 적이 있다. 그 이유가 옆에 있는 사람이 잘못된 생활 습관을 교정해

줄 수 있기 때문이란다.

2015년 초, '목숨을 위협하는 외로움'이라는 취지의 기사가 눈에 띄었다. 특히 공동 연구진이 학술지에 발표한 내용이라서 어느 정도 신뢰가 가는 내용이었다. 내용인즉, 일개미가 혼자 있을 때와 2마리, 10마리가 같이 있는 경우 그리고 일개미 한 마리가 애벌레 서너 마리와 함께 있는 경우를 나누어 행동을 관찰하였는데 일개미가 홀로 있으면 수명이 6일밖에 되지 않았지만 집단을 이루면 최대 66일까지 수명이 늘어나는 것으로 드러났다.

이와 관련하여 가족이나 친구가 위험 상태에 있는지 파악할 방법을 터득하기 위해 과학자들은 두 가지 징후를 제시하였다. 첫째로 미 텍사스대 연구진은 외로운 사람일수록 한자리에서 TV 드라마를 몰아서 보는 경향이 있다고 밝혔다. 둘째는 사람이 아닌 대상에서 사람 얼굴을 보는 것처럼 느낀다는 것이다. 미 다트머스대 연구진은 인형과 사람 얼굴 사진을 다양하게 합성해 대학생들에게 보여주었는데 사람 얼굴과 유사한 정도가 0%인 인형에서 100%인 사람 얼굴까지 이어지는 사진이었다. 학생들은 평균적으로 유사성이 68.9% 이상이어야 사람의 얼굴이라고 판단했다. 그러나 사전 심리검사에서 외로운 상태로 나타난 대학생들은 그보다 인형에 가까운 얼굴도 사람 얼굴로 여기는 것으로 드러났다.

회피형과 접근형의 서로 다른 행복 _____

또 다른 신문에서는 학술지에 실린 최신 연구 내용을 소개하였는데, 싱글도 커플도 모두 비슷한 만족도와 행복감을 느낀다는 것이다. 오클랜드대 연구진은 4,000여 명을 대상으로 수십 년간 추적 조사를 시행하였는데, 사람이 관계를 맺는 정도에 따라 유형을 두 가지로 분류하였다. 의견의 불일치와 충돌을 피하는 것이 사회 목표인 사람을 '회피형', 친밀감을 강화하고 파트너와 함께 성장해 관계를 유지하면서 접근하는 것이 사회 목표인 사람은 '접근형'으로 분류했다. 연구 결과 자신과 맞지 않는 사람과 의견이 불일치해 충돌을 피하는 회피형은 싱글로도, 커플로도 행복하다는 사실이 밝혀졌다. 반면 접근형은 혼자 사는 것보다 커플로 있을 때 행복하다고 느끼는 것으로 나타났다. 유형에 따라 행복에 관한 사고방식이 다르다는 것이다.

앞서 얘기하였듯이, 주로 혼자 있기를 편안해 하는 신입 직원들은 회피형에 가까울 수 있다. 올드미스들도 마찬가지일 것이다. 물론 젊었을 때에는 접근형이었는데 나이를 먹음에 따라 회피형으로 변했을 수도 있다.

프로테스탄트의 세속적 금욕주의, 즉 정신이 자본주의를 융성하게 하든 물적 토대가 자본을 일으키게 하든, 자본주의라는 때가 묻은 사람이라면 개인화에서 행복을 느끼는 것일 수도 있다. 사람이 사람한테 도움을 주지도 받지도 않으며, 사적 영역을 착실하게 구축해나가는 행실이 미덕으로 여겨지고 있다. 그리고 한번 개인화 습성이 형성되면 집단에 동화되기가 어려울 것이다. 물질화되고 문명화될수록 접근형보다는 회피형 인간이 늘어나 '나홀로족'이 증가할 수 있다는 인과관계를 설정해볼 수 있겠다. 회피형 습성이 고착화된 사람은 접근형의 습성을 알지 못하고 이해하지 못한다. 그래서 하나의 상식이 생긴다. 그 상식은 회피형 인간끼리 동일 공간에서 장시간 공동생활을 하라고 하면 얼마 가지 않아서 뛰쳐나와 분산될 것이다. 뛰쳐나와 분산되어야 행복감과 편안함을 느낄 수 있기 때문이다.

만혼화, 저출산, 1인 가족의 증가 원인을 사회 구조적인 문제로 한정하고 있는데, 개인의 심리적 원인에도 관심을 가져야 할 것이다.

4장

경제와 소비

예쁘고,
나쁘기까지 한 남자

　한때 예쁜 남자, 스스로 자신을 가꾸는 남자들을 일컫는 그루밍 (grooming)족이 화제였다. 이는 자기 멋을 내는 남자들이 많이 나타나고 자기 투자와 표현이 남자에게도 이제 하나의 스타일로 자리 잡은 것으로 볼 수 있을 것이다. 이러한 그루밍족의 탄생은 남성들의 처세 방법 중 하나일 수 있다. 그리고 그것은 여성의 선택이 더 능동적인 사회가 되었기 때문이 아닐까. 그룸(groom)은 신랑을 의미하지만 몸단장을 잘한다는 뜻도 있다. 또한 고어에 말의 털을 손질한다는 용례를 갖고 있기도 하다. 이 같은 맥락에서 그루밍족은 남자 가운데에서도 피부관리, 몸단장에 관심이 많은 이들을 가리킨다. 외모 치장에 대한 관심이 이제 여성들에서 남성들로 이동했다는 사실을 이 단어를 통해 알 수가 있다.

이 단어는 몇 년 전부터 회자되었는데 쉽게 가라앉지 않고 있다. 일시적인 유행만은 아니었던 모양이다. 그래서 이 현상에는 단순히 남자도 예뻐지는 것에 관심이 있다는 식으로 치부할 수만은 없는 구조적 변화가 있어 보인다.

이런 현상을 가리켜 트랜스 섹슈얼(trans-sexual)이라는 단어가 사용되기도 한다. 트랜스 섹슈얼은 기존의 성적인 영역이 변동하는 것을 말한다. 여기서는 예쁜 남성을 가리키는 것이다. 이 단어는 거꾸로 여성은 예쁜 존재라는 편견에 치우친 단어임을 알 수 있다. 이는 예쁜 남자는 마치 계집애 같다는 말을 내포한다. 화장을 하거나 피부관리에 신경을 쓴다면 비정상적인 남성으로 간주하기도 했다. 다만, 언제나 이런 것은 아니었다.

조류 가운데 암컷보다 수컷이 치장을 더 하는 예가 많은데 이는 수컷의 능력을 드러내 주는 것이기도 하다. 인류 역사에서 남성들도 항상 패션에 신경을 써야 했다. 하지만 여성적 패션과는 다른 점이 있었다. 물론 문화권에 따라 남성이 여성보다 아름답게 치장을 하기도 한다. 전통과 사회·문화적 맥락에 따라 남성의 치장은 그 정도와 범위가 달랐을 뿐이다.

우리나라에서는 남성이 여성을 선택하는 상황에서는 여성이 용모를 더 치장해야 했다. 이는 남성에게 경제력 등 물적 토대가 쏠려 있을수록 그러했다. 상대적으로 빈곤의 사회이면서 여성의 사회 진출이 제한되어 성별 분업 논리에 따라 주로 가정에 묶여 있는 경우 여성은 능력보다 외모에 따라 평가되었다. 그러나 물적 토대가 없는 경우에는 다를 수 있었다.

하지만 남성이 외모 관리와 거리가 멀다는 것은 여성에 대한 편견이자 남성에 대한 편견이다. 가부장제와 산업 시대 성별 분업 논리의 잔존물이다.

사실 트랜스 섹슈얼은 어제오늘의 이야기는 아니다. 대체로 1990년대 후반부터 본격화되었다. 그렇다면 남성들이 외모 관리에 관심이 많아졌기 때문일까? 기호와 품격이 높아지면서 이런 외모 가꾸기에 신경을 쓴 것인가 생각해볼 수 있다. 많은 매체에서는 이러한 결론에 이르고는 한다. 남성과 여성의 이분법적 판단 잣대가 무너졌다고 보는 것이다.

트랜스 섹슈얼의 부각 시점은 1990년대 말인데, 이때는 외환위기 등 경제적인 불황에 남성들의 평생직장 개념이 무너지고 고용 유연화가 가속화되었다. 따라서 한곳에만 머무는 것이 아니라서 끊임없이 자기 변신과 관리가 필요해졌다. 또한 여성에게 외모가 큰 자산이자 자본이듯이 남성에게도 큰 자본이 되었다.

무엇보다 여성들의 경제력이 상승하면서 이제 여성들은 남성들의 선택을 기다리는 존재가 아니었다. 여성들도 자신의 물적 토대를 바탕으로 예쁜 남성을 선택할 수 있게 되었다. 성적 개방성과 자유연애의 활발함은 상대적으로 남성의 외모가 중요한 기준이 되게 했는데, 이는 문화적 품격과 그 개인의 배경을 판단하는 잣대가 되기도 했다. 외모 관리는 상당한 공력과 지식, 감각을 필요로 하면서 결정적으로 경제적 상태도 가늠하게 해주기 때문이다. 이제는 단순히 경제적 여유만이 아니라 문화적 결까지도 판단하기에 이르렀다. 외모에 관심이 덜한 남성들에 비해 상당한 이점을 가지고 있는 것이 그루밍족이라고 할 수 있다. 다윈이 현신한다면 그루밍족이 진화에서 적자 생존한다고 말할지도 모른다.

이러한 꾸미는 남자, 즉 그루밍족의 등장은 남녀 이분법적인 인식 구조를 없애고 변화되는 여성의 지위를 말해주지만, 나아가 남성들이 더 공력을 들여야 하는 중요한 부담이 되기도 한다. 그것이 자기 외모자산이나 자본으로 연결되지 못할 때는 강제적인 노동 의무의 새로운 부가에 머물 뿐이기 때문이다. 갈수록 격화되는 노동구조, 비즈니스 상황을 그루밍족의 번성이 말해주고 있다. 어느새 그루밍족이 안 되면 도태된다는 불안과 강박심리가 작용하고 있다.

남자의 미모는 생존의 문제 _____

영화 〈늑대소년〉과 드라마 〈착한 남자〉를 통해 2012년 하반기 최고의 관심배우가 된 송중기는 남자답기보다는 예쁜 남자였다. 판타지를 자극할 만한 예쁜 남자인데 이런 예쁜 남자의 시대적 징후는 어느 날 갑자기 등장한 것이 아니다. 영화 〈왕의 남자〉에서 공길을 통해 이미 징후적으로 예고되었다. 2000년대 들어서 본격화된 부드러운 남자가 주인공으로 등장하는 드라마는 2010년대로 접어들면서 꽃미남들의 군집으로 나타났다. 〈꽃보다 남자〉나 〈성균관 스캔들〉, 〈선덕여왕〉을 통해 예쁜 남자들이 대거 등장했다. 이는 아이돌 그룹 멤버들이 집단으로 군집한 것과 맥을 같이한다. 선택자인 여성들의 파워가 강해진 것과 무관하지 않다.

예쁜 남자 현상은 트랜스 섹슈얼리티나 꽃미남으로 불렸지만, 그 안에는 경제적 요인이 담겨 있다. 사회·문화적 현상 안에 경제적 요인이 숨어 있다는 것은 진화론의 설명으로 가능한데 이는 송중기의 인기가 경제와 진화론 차원에서 분석될 수 있음을 의미한다.

생존 경쟁은 자원 경쟁에 바탕을 둔다. 약육강식의 물리적 법칙이 강할수록 이런 전쟁에서 유리한 것은 남성이다. 물리적으로 우월한 자들은 자원을 독식하고 지배했다. 젠더, 즉 사회적 성의 관점에서 보았을 때 남성이 더 유리했다. 적어도 자원 경쟁에서 여자가 남자에게 의존하는 상황이라면 여성은 남성에게 복종하는 자세를 유지해야 했다.

하지만 경제적으로 독립이 가능한 현대 자본주의 국가에서 여성은 남성의 복종 요구에 더는 순응하지 않아도 되었다. 민주주의와 자본주의가 결합했을 때 가부장제나 약육강식의 사회 시스템 운영이 줄어들기 때문에 여성들은 상대적으로 자신을 독립시키고 방어할 여력이 부가된다. 더는 외부 위협에서 자신을 방어하거나 식량 조달 문제 때문에 남성에게 종속된 가정생활을 유지할 필요가 없어졌다.

독립적 상황의 증가에서 결혼과 임신의 결정은 전적으로 여성에게 있다. 이러한 여성들과 결혼하는 남성의 자산은 두 가지다. 자원 동원 능력 아니면 여성을 사로잡을 외모다. 진화생물학의 관점에서 동물들은 수컷이 아름다운 경우가 많다. 수컷들은 자신의 외모를 통해 암컷을 끌어들인다. 외모는 생물학적인 건강함을 내포하면서 한편으로 가용자원을 의미할 수도 있다. 치장을 하려면 여유가 있어야 하기 때문이다. 인간의 관점에서 볼 때 이는 경제력을 상징하며 때로는 시간의 지배성을 의미한다. 수입이 좋다고 해도 자기 시간의 통제권이 없다면 건강이나 가족을 지킬 수 없다. 가난한 사람들이 비만인 이유는 운동할 시간적 여력이 없기 때문이다. 열심히 일하지만 자신의 몸을 관리하는 시간적 통제권을 발휘하지 못한다.

　예쁜 남자의 지배는 이제 남성들이 여성들에게 잘 보여야 하는 시대를 의미한다. 단순히 외적인 매력을 포함하는 것만이 아니라 생활 전반의 우월함을 내포한다. 예쁘지 않은 수컷이 암컷을 차지하는 방법은 사냥감을 많이 물어오는 능력이다. 그렇지 않다면 외모로써 현혹하여야 한다.

　예쁜 남자들의 외모는 생존을 위한 방편이다. '예쁜 남자'에는 바로 생존을 위한 남성들의 외모 경쟁이 함의되어 있다. 서비스직이나 대인관계와 관련 있는 직종에 종사할수록 더욱 그러하다. 감정노동자는 말할 것도 없다. 외모는 자산이라는 관점에서 필사적으로 지푸라기라도 잡기를 바라는 심리에서다. 경제공황기 미국에서는 남성의 성형 열풍이 있었다. 한국에서 남성용 화장품이 크게 부상한 것은 1997년 외환관리체제를 겪으면서부터다. 한국에는 지금 그루밍족이라는 일련의 남성 집단이 성형시술도 불사하고 있다. 이는 경제, 조직만이 아니라 짝짓기 차원에서도 마찬가지다. 최근의 꽃중년은 중년이 되어서도 여전히 관리를 해야 살아남을 수 있다는 생존 본능을 자극한다. 〈LA타임스〉는 세계 화장품 회사가 망설이는 사이 한국의 기업들은 남자 화장품 생산으로 큰 재미를 보고 있다고 했다.

착한 남자 vs. 나쁜 남자 _____

그러나 이러한 외모가 전부는 아니라는 점을 송중기를 통해 알 수 있다. 남성은 이제 착한 남자가 아니면 안 된다. 얼굴이 잘생겼다고 해도 차도남처럼 된다면 송중기의 인기도를 따라갈 수 없다. 착한 사람이라는 점은 〈늑대소년〉에서 극대화된다. 착함을 넘어 순수 그 자체다. 평생을 한 여자만 바라보고 그 여자가 원하는 것, 오직 그녀의 말만 따르는 남자여야 한다. 여자가 위기에 처하거나 위협을 당한다면 괴력이나 지력을 발휘해 그녀를 절대적으로 보호해야 한다. 다른 이들에게는 위협적이어도 그녀에게는 수호전사(守護戰士)여야 한다. 자신이 죽을 위험에 처해도 말이다. 그런 상황에서 그녀의 도덕적·윤리적 긍휼함이 나올 것이다.

하지만 너무나 순수하고 착하기 때문에 평생 반려자로는 곁에 둘 수 없는 운명이다. 아름다운 로맨스가 아니라 멜로의 비극 속에 있어야 한다. 평생의 반려자가 되려면 〈성균관 스캔들〉의 구용하처럼 있는 집 자식이면 더 좋을 것이다. 또한 주원, 즉 현빈이 차도남이어도 여전히 더 송중기 위에 있는 이유다. 여전히 많은 여성은 경제적으로 독립하기 쉽지 않은 구조이니 말이다. 가용자원이 많기는 하지만 물론 바람둥이는 아니어야 한다.

무엇보다 아무리 경제 상황이나 고용구조 때문에 외모에 대한 투자가 이루어진다고 해도 외모로 모든 것을 판단하는 것은 사회의 병폐가 될 수 있다.

그렇다면 나쁜 남자는 어떨까? 나쁜 남자는 생존 경쟁력의 이미지다. '나쁜 남자'가 매력적인 이유는 '생존'의 표현이기 때문이다. 인간은 털이 하나도 없다. 엄혹한 자연환경에서 털이 하나도 없는 인간이 어떻게 생존에 성공할 수 있었을까? 진화생물학자들은 털이 없는 것이 인간 생존과 진화의 중요한 기제가 되었다고 주장한다. 털이 적은 매끈한 피부는 진드기나 기생충 등이 없는 청결 상태를 드러내 주는 상징이라고 한다.

다만 특정한 부위에 존재하는 털은 남성과 여성에 따라 다른 의미를 갖기도 한다. 여성은 되도록 털이 없는 측면을 드러내는데, 그만큼 청결한 번식과 육아가 가능한 상태임을 드러낸다. 반면 최소한으로 남성의 수염이나 가슴의 털은 야성성이나 성적인 매력을 뜻하기도 했다. 남성성을 상징하는 데 아직도 사용되는 것에서 알 수가 있다. 특히 대중문화 콘텐츠에서 나쁜 남자들은 수염을 기르고 나타나고는 한다. 물론 할리 데이비슨 족과 같이 마초주의의 극치는 아니어도 말이다.

나쁜 남자를 상징하는 흔적으로 얼굴의 상처를 들 수 있다. 영화 〈놈놈놈〉에서 이병헌은 얼굴에 상처를 긋고 출연했다. 한 실험에 따르면 여성들은 얼굴에 난 상처는 역경을 겪어낸 강한 성격을 드러낸 것으로 이해한다고 했다. 이는 진화적으로 남성성의 매력으로 해석된다. 한편으로는 그러한 상처로 인한 고통을 감싸주고 싶은 모성성을 끌어낸다는 분석도 있다. 하지만 질병으로 만들어진 얼굴의 흔적은 오히려 매력을 반감시킨다고 한다.

김기덕 감독은 영화 〈나쁜 남자〉의 남자 주인공 캐릭터를 형상화한 작품 때문에 초기 앵커링(닻) 효과에 단단히 걸려버린 일이 있었다. 여성 관객은 그의 작품을 외면하기 시작했다. 문화계에서 여성 관객의 외면을 받는 것은 치명적인 일이 아닐 수 없다. 그러한 낙인 효과가 일어난 것은 김기덕 감독이 '정말 나쁜 남자'를 그렸기 때문이다. 정말 나쁜 남자들은 이후에도 지속적으로 등장하는데, 단순히 등장하는 것이 아니라 여성들이 그 남자들을 사랑하는 형태가 반복된다. 이에 대한 거부감 역시 그들이 진짜 나쁜 남자들이기 때문이다.

사실 대중문화 콘텐츠에서 나쁜 남자들은 진짜 나쁜 남자들이 아니다. 나쁜 남자 코드는 겉으로는 거칠고 무례하고 막 대하면서 여성에게 짓궂지만, 안으로는 그렇지 않은 점이 있어야 한다.

드라마 〈나쁜 남자〉에서는 나쁜 남자 코드를 전면에 내세웠다. 하지만 제목은 나쁜 남자인데 주인공이 진짜 나쁜 남자는 아니다. 드라마 〈베토벤 바이러스〉의 강마에 정도가 되어야 나쁜 남자의 반열에 오를 수가 있을 것이다. 나쁜 남자라는 이름을 전면에 내세웠지만, 정작 김남길은 나쁜 남자라는 지독스러운 점은 보이지 않는다. 물론 겉으로는 거친 행동에 수염까지 달았으니 이미지를 갖추기는 했다. 사실은 출생의 비밀을 간직하고 있는 상처 입은 캐릭터라는 점도 생각할 수 있겠다.

나쁜 남자가 가지고 있는 철학은 '생존'의 문제에서 비롯하는 것이다. 진화심리학이나 진화생물학이라는 영역을 꺼내어 나쁜 남자의 이성적 매력을 언급한 것은 이 때문이다. 〈하얀거탑〉의 장준혁이나 〈베토벤 바이러스〉의 강마에가 그렇다. 하지만 드라마 나쁜 남자에는 생존이 아니라 관념적 실존의 문제가 더 필사적이다. 김기덕의 〈나쁜 남자〉는 생존이 아니라 이성에 대한 가학적 자기만족에 치우쳤기 때문에 수모를 겪어야 했다.

늘어나는
은둔형 외톨이

한국에 힐링 열풍이 부는 가운데 일본에서는 사토리(さとり, 득도) 세대가 등장하고 있다. 이는 한국의 사회·문화가 어디로 흐를지 미래 예측 측면에서 함의를 주고 있다. 특히 한국의 힐링 열풍은 여성들 사이에서 크게 각광받았고, 그것은 한국 사회의 이상과 현실에서 발생한 괴리 때문이다. 과거 여성해방 이론이 대중화되면서 당당한 여성으로서 자신의 노력으로 성취를 이루어야 하고, 이룰 수 있도록 해야 한다고 가르쳤다. 이를 내재적으로 수용한 아빠들은 딸들에게 진취적이고 도전적인 태도와 자세를 격려했고, 이러한 지지를 받은 30~40대 여성들은 많은 분야에서 여초 현상을 일으켰다.

하지만 현실은 만만치 않았고, 그 가운데 상처를 받고 고통스러워

했다. 이를 어루만져주길 바라고 위안받으려는 욕구는 힐링 트렌드와 맞아떨어졌고, 급기야 '언니의 독설'을 내세운 김미경 현상을 불러일으켰다.

힐링 열풍은 아직도 성장 지상주의 담론에서 벗어나지 못한 문화적 유습에서 기인한다. 2015년 한국과 일본은 성장률이 2%대였다. 이미 한국은 저성장 기조에 들어섰고 이는 내외의 많은 연구원과 전문가들이 말하는 바다. 다만 정치가와 정책 담당자들이 이를 확장시키지 않을 뿐이다.

고성장 시대에는 도시로 많은 이들이 몰려들었고, 그 가운데 성공을 꿈꾸었다. 일자리와 고용이 많고, 기업의 성장도 크기 때문에 높은 사회적 지위에 오를 가능성도 컸다. 하지만 저성장 시대에는 일자리와 고용이 정체되고, 기업 조직은 확장하지 못하기 때문에 새롭게 생기는 고위직은 늘어나지 않는다. 이는 과거의 자수성가나 성공형 모델이 드물어진다는 것을 말한다. 저성장 시대에는 밑바닥에서 단번에 상위로 이동하는 사례가 줄어들 수밖에 없다. 그럴듯한 일자리는 더욱 줄어들고 경쟁은 치열해진다.

히키코모리에서 사토리 세대로 _____

일본이 히키코모리에서 사토리 세대로 이동하는 것은 문화적 현상으로 보이지만 엄밀하게 말하면 경제적 측면, 즉 저성장 때문에 일어난 것이다. 이런 현상이 한국에서도 나타날 것임은 주지의 사실이다. 히키코모리는 은둔형 외톨이 현상을 말하는데 사회·문화·심리 관점에서 개인들의 기대치와 현실의 성취 결과 사이에서 발생하는 괴리가 무기력을 발생시키기 때문에 벌어지기도 한다. 개인적으로 성취할 수 있는 사회적 결과물은 적은데 여전히 개인이나 개인 주변의 기대감이 클 때 사회적인 활동을 하지 않고 집에 은둔하는 현상이기 때문이다.

이러한 점이 개선되지 않을수록 학습된 무기력 현상은 강화된다. 더구나 개인들의 생계를 가족이 끝까지 책임져주는 문화에서는 가정 내에서 기숙하는 은둔형 외톨이 현상이 방조될 수 있다. 이러한 단계는 아직 사회적으로 일자리와 고용, 사회적 지위가 어느 정도 있으리라는 생각이 존재하기에 가능하다. 아직 고도 성장기의 문화적 유습이 남아 있거나 현재의 불황은 일시적이고 좀더 있으면 호경기가 찾아올 것이라는 과거 경험에 의존하는 수동적인 행태가 지배한다.

검소하고 실속을 차린다는 일본의 사토리 세대는 도쿄에 가지 않고 지역의 대학에 진학하며, 지역에서 자리를 잡을 생각을 한다. 자동차는 사지 않고 돈도 필요 이상으로 벌지 않으려고 한다. 긍정적인 점은 허영 의식이 없다는 점이다.

도쿄에 있는 와세다와 게이오대학교 등의 경쟁률이 갈수록 떨어지고 있다. 와세다와 게이오 같은 도쿄에 있는 대학을 다니면 선망을 받던 시대는 지나간 것이다. 다시 말해, 도쿄에서 대학을 다녀도 결국 투자한 것에 비해 돌아오는 사회적 성취물이 적다는 뜻이다. 실속을 차리는 것이 나을 뿐이다. 이러한 점을 깨달은 세대인지 모른다.

이를 비판하는 사람들도 있다. 지역이나 가족에 안주할 뿐 적극적이고 능동적이면서 모험적인 개척정신이 없기 때문이다. 오히려 지금 일본에게 필요한 것은 불가능도 가능으로 만드는 도전과 성취인데 이러한 사토리 세대는 너무 나약하다는 것이다. 주위 국가들이 추격하는 가운데 이미 일본은 저성장에 불황을 겪고 있으며, 산업 경쟁력도 추월당하고 있기 때문이다. 한편으로 도시 지역에서 젊은 이들이 일자리를 찾아 지역으로 하방하고 있는 셈이다. 도시에 존재하던 청년 실업이 지역으로 넘치거나 번지고 있는 것이다.

이런 상황에서 생존하는 방식은 있는 역량을 강화하는 것이다. 이른바 경영학에서 말하는 역량 강화 이론이다. 가족과 지역사회가 주는 이점을 최대한 살려 자신의 생존력을 기르는 것 자체는 개인들의 자구책이다. 덕분에 지방도 발전할 수 있을 것이다. 한국에서도 점차 귀농 인구가 늘어나고 있는데, 일본처럼 지역 도시로 내려오는 단계가 많아야 한다.

그런데 저성장 불황경제에서 정말 득도한 세대만이 존재하는 것일까? 독도나 반한류 감정 표출들이 우리를 깜짝깜짝 놀라게 하는 데서도 알 수 있듯이 위기에 빠진 일본 안에 극우의 목소리가 더욱 강해지고 있다. 저성장은 두 가지 행동 패턴을 추동한다. 현실을 인정하고, 그 안에서 생존을 모색하는 움직임과 위기의 상황 속에서 극단적인 행동을 저지르는 것이다. 일본은 사토리 세대와 같이 깨달음을 갖는 젊은이들만이 아니라 전쟁도 불사하려는 극단적인 자기 중심주의 세대를 배태하고 있다. 한국도 이에 적극 대비하는 자세와 준비가 필요하다.

　무엇보다 한국도 저성장 시대로 들어서 있기는 마찬가지다. 아직 한국은 은둔형 외톨이와 본격적인 싸움을 벌이지도 않았다. 아직도 그럴듯한 직장을 잡아야 하고, 그것이 가능하다고 믿는다. 그럴수록 자살률은 높아지고, 은둔형 외톨이 탓에 기러기 아빠들의 고통은 더 심해질 것이다. 한국에서도 사토리 세대는 어쨌든 저성장 시대에 확산되어야 할 이상적인 모델이라고 규정될 것이다. 힐링 열풍은 그전에 끝날 것이고, 끝나야 한다.

제조업이
지는 산업이라구?

영웅은 자신을 가리는 마스크를 쓴다. 조로, 각시탈, 스파이더맨, 배트맨이 대표적이다. 가면은 자신의 정체성을 숨기는 것이기도 하지만 그 가면을 쓰는 동시에 평소에 없던 능력이 배가된다. 이러한 능력의 배가라는 점에서 아이언맨은 최강을 자랑한다. 사실상 그냥 가면이 아니라 하나의 로봇을 입고 있기 때문이다. 바로 웨어러블 로봇, 슈트다.

만약 이러한 아이언맨 슈트가 없다면 처음부터 영화는 물론 캐릭터 자체도 성립할 수 없었을 것이다. 그 로봇은 물리적인 금속성의 아날로그 감성과 디지털의 첨단적 특성을 동시에 포함하고 있다. 진화하는 슈트는 매번 개봉하는 영화에서 관객의 기대감을 증폭시킨다. 2013년에 개봉한 〈아이언맨 3〉에서는 웨어러블 슈트 수십 개가 등장했는데 무려 47벌이나 된다. 〈아이언맨〉, 〈아이언맨 2〉, 〈어벤져스〉에 걸쳐 7벌이 등장하는 것에 비하면 47벌은 팬들을 열광시키기에 충분하다.

이러한 슈트를 만든 공간은 그의 주거공간 지하의 작업장이다. 무엇보다 주목할 것은 그가 모든 걸 혼자 만들었다는 점이다. 물론 자신이 고안한 공작 기계들이 만들었지만, 다른 인간은 하나도 없다. 47벌의 슈트를 혼자 만들었다면 상당한 생산성, 나아가 효율성을 가진 것이다. 그것이 가능한 것은 그가 천재라는 전제가 있기 때문이다.

아이언맨의 최첨단 슈트와 제조업 _____

그런데 그가 슈트를 만든 것은 단순히 혼자 로봇을 설계, 결합하는 수준에서 해결되지는 않는다. 이는 영화 속에서 충분히 짐작할 수 있는 내용이다. 〈아이언맨 3〉에서 새롭게 등장한 '마크 42' 슈트는 나노기술을 활용하여 손·발·머리 등 부분 착용과 조립이 가능하고, 토니 스타크의 중추신경계와 연결되어 있어 착용하지 않은 상태에서도 원격 조정을 통해 조절하고 제어할 수 있다. 여기에서 중추신경계는 결국 뇌를 말하는 것이다. 또한 슈트는 토니 스타크여야만 움직이므로 생체 DNA가 맞아야 한다.

이 영화에는 사실 토니 스타크보다 더 뛰어난 전문가들이 등장한다. 생체 DNA를 연구하는 과학자 마야 한센, 나노기술을 활용해 바이러스를 제조하는 과학자이며 AIM의 리더인 앨드리치 킬리언이 그들이다. 영화에서는 주로 로봇을 혼자 설계하고 기계부품을 조립하여 그것이 제대로 작동하는지 안 하는지와 관련한 비행 등이 볼거리로 등장한다. 사실 첨단 산업은 제조업과 디지털 IT 산업 그리고 뇌 연구 등에 초점이 맞추어져 있다.

미국에서는 임금이 낮은 지역으로 제조업 이전 러시를 이루었던 오프쇼어링(offshoring)에서, 이제는 다시 자국으로 돌아오는 리쇼어링(reshoring) 현상이 일어나고 있다. 독일이 유럽의 금융위기에도 살아남은 이유로 제조업 강국을 원인으로 든다. 그것도 초정밀 기계 산업에서 타의 추종을 불허한다.

IT가 창조경제를 이끌어가는 가운데 여전히 제조업은 산업의 중요한 허리를 유지하고 있다. 일본은 여전히 정밀부품과 기계 산업의 강국이며, 이를 바탕으로 로봇 개발에 총력을 기울이고 있다. 디지털이 개입되어 있고 뇌과학과 생체 DNA도 접목하려 한다.

〈아이언맨 3〉를 보면 창조경제가 가야 할 길이 조금은 명확해 보인다. 물론 슈퍼 글로벌 무기 기업의 수장 천재만이 그러한 창조경제의 주체가 되는 것이 아니라는 점이 현실과 다르다.

커피 전문점이 많이 생기고 하우스 맥줏집이 생기는 것도 같은 맥락에서 볼 수 있다. 커피 전문점이 생길수록 커피 로스팅 기계가 필요해진다. 그렇다면 로스팅 기계를 만드는 업체들이 돈을 벌 것이다. 우리나라에서는 로스팅 기계가 발달하지 않았으니 수입을 할 수밖에 없다. 맥주기계 역시 우리나라에서 발달하지 않았으니 해외에서, 특히 독일과 같은 나라에서 수입을 해야 한다.

핸드폰을 예로 들어보자. 핸드폰이 정보통신 산업의 꽃으로 불리기는 하지만 그 핸드폰 자체는 제조업 기계 시스템을 통해 만들어진다. 우리가 알고 있는 IT기술이라는 것이 이와 같다. 결국 물리적인 실체를 만드는 것은 디지털 시대에도 여전할 수밖에 없다. 다만 그 수준이 정밀해져야만 한다. 심지어 인간을 닮은 로봇을 만드는 기술에서도 제조업의 전통은 계속 이어질 수밖에 없다.

수능 수험표 할인,
정말 좋은 걸까

　해마다 수능 수험표가 인터넷에서 거래된다는 언론매체의 보도가 있다. 내용은 대학 수학능력시험이 끝나기도 전에 수능 수험표를 거래하는 이들에 대한 비판이다. 이런 거래 행태는 이미 몇 년 전부터 알려졌기 때문에 이번에는 수능 시험 와중에 기사를 출고해야 했던 것으로 보인다. 물론 수험표가 거래되는 것은 그 자체가 돈이 되기 때문은 아니었다. 수능 수험표만 있으면 각종 할인행사에 참여할 수 있기 때문이었다. 이미 수시 등에서 대학에 합격했기에 수능을 볼 필요가 없는 학생도 이 수험표 할인 때문에 응시하는 사례가 있다는 사실은 익히 알려져 있다. 그만큼 수험표만 있으면 응시 전형료보다 더 많은 혜택을 받기 때문이다. 과자부터 놀이공원, 극장, 의료, 패션, 금융, 성형수술에 이르기까지 이루 헤아릴 수 없을 정도로 많은 영역에서 공짜 증정 혹은 할인행사를 벌이고 있는 점은 어제오늘의 이야기가 아니라서 새로울 것도 없다.

그래서인지 일부의 이야기일 수 있지만, 이런 수능 할인행사에 교사들이 참여하기도 한다. 학생들과 같이 그들의 그간 노고를 위로하고, 이런 트렌드를 공유하면서 그들의 고통을 씻어주고자 한다면 한편으로 의식 있는 사람으로 간주될지도 모르겠다. 구체적인 할인 정보도 공유한다면 더욱더 학생들과 친밀해질 듯싶다. 하지만 이런 행태들은 수능 할인 장사를 당연시하는 우리의 둔감함을 그대로 보여준다.

수험표 할인의 나팔수 _____

수많은 언론매체는 수능 수험표를 통해 할인받을 수 있는 행사들을 그대로 생중계하기에 여념이 없다. 마치 재테크를 잘할 수 있는 소중한 정보를 제공하는 것과 같다. 그 장사 정보가 고생하는 수능생들에 대한 보답이라도 되는 듯싶다.

언론에서 기껏 문제 삼는 것이 있다면, 인터넷에서 이뤄지는 수험표 거래다. 그러나 그 수험표 거래도 당사자들 일부를 질타하는 소극적인 내용에 불과하다. 다른 사람의 수험표를 사용할 수 있다는 것 자체에 대한 의심을 하지 않는다. 만약 해당 기업들이 정확하게 확인한다면 이러한 거래는 있을 수 없다. 깊이 생각할 것도 없이 해당 기업들은 사람들을 매장에 많이 모으면 그만이므로, 그 수험표를 소유한 당사자가 본인이 맞는지는 부차적이다. 수능생을 위한 무료·할인행사들은 결국 해방감을 맛보기 위해 쏟아지는 수십만의 수험생을 모으는 호객 행위다.

언론은 아주 간혹 약속한 할인 상품이나 서비스가 제공되지 않는 기업들의 행태를 꼬집기도 한다. 또한 수능 수험표의 사회적 문제에 대해 가장 많이 비판하는 것 가운데 하나가 바로 성형수술이다. 의료법에서는 의료기관이 호객 행위를 할 수 없게 하고 있다. 따라서 성형시술 병원이 수능 수험표를 지참한 학생에게 할인 가격의 성형수술을 유도하는 것은 금지되어 있다. 사실상 성형수술의 물주는 학부모다. 그래서 병원들은 수능 선물로 학부모, 특히 어머니와 패키지 상품으로 묶어 성형수술 상품을 마련해 할인행사를 벌인다. 이런 성형시술은 평균적이고 일괄적인 시술로 개인적인 특성을 반영하지 않아 부작용이 나타날 수 있다. 성형수술 자체가 외모 지상주의와 물신주의 상징이자 실체라는 인식은 수능 수험생 할인이라는 딱지에 쉽게 허물어진다.

그런데 여기에서 중요한 것은 성형수술이나 수능 이후에 그들에게 관대해지는 사회심리가 있다는 점이다. 이는 인내의 고통을 쾌락적으로 보상받으려는 사회심리적 경향과 맞물려 있다. 수능 할인은 교육의 이름으로 이뤄지는 전국적인 보상 세일즈다. 이 때문에 돈이 없으면 입장 불가다.

수능 카니발리즘의 이면 _____

일단 수능생들이 받는 할인은 모두 돈이 전제되어야 한다. 즉 돈이 먼저이고 할인은 그다음이다. 우리 사회가 수능생들에게 하는 일은 바로 금전을 통한 소비 욕구 충족이다. 위로의 크기는 할인 몇 퍼센트라는 수치와 비례한다. 마치 그 숫자들의 크기가 위로하는 마음의 크기가 되는 듯하다. 수험표 인증을 통해 포인트 점수를 쌓을수록 나라 전체에서 부과된 평생의 필수적 통과의례를 치르고 난 듯한 뿌듯함을 느낀다.

그러나 세상에는 공짜가 없으며 무료나 할인, 포인트 적립은 누군가에게 전가되기 마련이다. 이미 그 안에 가격으로 포함된다. 이른바 사회에 첫발을 내딛는 그들에게 자기중심적 소비 행태를 체화시킨다. 해당 상품이나 서비스가 양질인가는 부차적이다. 어차피 그 상품이나 서비스의 제공은 잔반처리와 같으니 애써 언급할 일이 아니다.

각종 할인행사는 그들에 대한 노고를 위로하고, 고생에 대한 응어리를 풀어주려는 심리적 기제에 기생한다. 수능이 국가적인 행사인지라 이를 위해 사회 전체가 올 스톱되는 상황은 금기의 정지와 욕망의 만끽을 주술적으로 불러낸다. 예컨대 평소에는 성형수술이 금기시되어도 수능만 보고 난 뒤라면 너무도 쉽게 용인되어버린다. 또한 수능은 학벌과 입시 교육의 합리화 제도인데도 수능만 끝나면 사회 전체에 걸쳐 돈으로 가능한 일탈이나 방종이 용인된다. 이는 '회

포풀이' 문화, '접대' 문화와 연결되어 있다. 뭔가 극단적인 고생을 한 이들에게는 그에 상응하는 무엇인가가 제공되어야 하며, 그것은 타인에게 해로운 행동이어도 종종 용인된다.

군대 휴가 문화를 생각하면, 병사들의 성적 일탈도 용인되었다. 그 가운데는 성매매가 문제시되지 않던 시절도 있었다. 우리는 이러한 카니발리즘(cannibalism)에 익숙하다. '성공하는 그날까지 모든 것을 인내하라. 그리고 그 이후에 네 마음껏 즐겨라. 모든 것이 정당화, 합리화되리라.' 이는 우리 사회에서 성공한 지위를 가진 이들의 심리적 고질병이기도 하다. 그러한 고질병은 그들의 자녀 세대에게 입시 교육제도, 즉 수능과 같은 제도를 통해 재생산된다. 각종 고시는 이러한 연장선상에 있다.

우리 사회에는 가학과 그로 인한 고통을 장려하며 결과를 우선시하는 경향이 있다. 수능은 바로 그러한 가학과 고통의 정점이다. 그 정점을 지닌 이들에게는 해방을 잠시 맛보게 한다. 그 해방의 카니발리즘은 이제 돈을 가져야만 가능해졌다. 그리고 다시 내년, 내후년의 수능생들에게 암묵적으로 '그날을 위해 고통을 감내하라'는 명령 통제, 그리고 이에 복종하는 수용기제로 작동한다.

그러나 수능을 보기 전이나 수능을 보고 난 뒤에 변한 것은 아무것도 없다. 현실과 그 현실을 마주하는 존재는 그대로다. 성년의 날이 어른과 아이로 구분해주지 않는 것과 같다. 환영 일변도의 이벤트와 몽환적인 신기루에 불과하다. 무엇인가 대단한 일을 치러냈다는 뿌듯함과 함께 수험표의 위력 아닌 위력은 좀더 풍요로운 우리의 삶과 반대로 곤두박질치는 교육 현실을 은폐할 뿐이다. 제도적 병폐의 틈바구니에서 어차피 할인 안 되어도 그만인 상품을 통해 마치 엄청난 횡재라도 한 듯 혼동하는 도파민이 피폐해진 뇌의 한구석을 잠시 적실 뿐이다. 그것은 마약이나 알코올의 기운처럼 잠시 우리를 마비시킬 뿐 현실은 달라진 게 없다. 수험생과 학부모들을 그 허위의 소비 늪에서 벗어나지 못하게 하는 악순환에 빠뜨린다.

낙서도
차별합니까?

2013년 한국에서 기획전이 열린 장 미셸 바스키아(Jean Michel Basquiat)는 낙서화가로 앤디 워홀(Andy Warhol) 에 버금가며, '검은 피카소'로도 불린다. 그의 그림이 높게 평가받는 것은 단지 낙서에 불과한 그림을 예술의 경지에 올려놓았기 때문이다. 프랑스의 경매분석업체에 따르면 2011년 7월에서 2012년 6월까지 낙찰액이 1,340억 원에 달했고, 그의 낙찰총액은 현대 작가 중에 1위였다. 2013년 2월 14일 그의 작품 〈무제〉(1982)는 164억 원에 낙찰되었다. 그가 뒷골목에 그리던 낙서들은 매우 높은 가격에 크게 대접받고 있다. 이른바 세계에서 가장 비싼 낙서다. 건물 벽, 광고판, 광장, 지하철 등에 그리는 그라피티(graffiti) 예술의 정점이다.

호주에서는 50만 달러 상당의 뱅크시(Banksy, 본명 Robert Banks)의 낙서가 건물주의 실수로 무너지기도 했다. 건물주가 건물에 새 파이프를 설치하려다가 구멍을 뚫어버려 낙하산을 타고 내려오는 쥐 그림이 손상되었다. 2012년 3월, 낡은 1972년형 닷지 밴 자동차가 경매에서 1억 원에 낙찰되었다. 그 차가 이렇게 비싸게 팔린 이유는 낙서 때문이었다. 그 낙서를 한 사람은 그룹 너바나의 보컬 겸 기타리스트 커트 코베인(Kurt Cobain)이었다. 그가 인기를 얻기 전 동료를 위해 한 것이다.

2012년 3월 27일 냅킨에 어린아이가 낙서한 듯이 그린 그림이 810여만 원에 낙찰되었다. 그 낙서는 수년 전 한 사람이 런던 텔레비전 스튜디오에 잘 데려다준 택시 운전기사에게 고마움의 표시로 사인과 함께 전해준 것이었다. 그 사람은 바로 현대 미술의 아이콘으로 불리는 데미안 허스트(Damien Hirst)였다. 2008년에 그의 작품 140여 점이 2,283억 원에 팔리기도 했다(이전까지 최고액은 피카소로 낙찰가가 1,300억 원이었다). 그런 그가 남긴 유일한 낙서화였다. 미 대통령 버락 오바마는 2007년 상원의원 시절에 자신의 낙서 그림을 섬유신경종증 환자 치료비 마련을 위한 자선 경매에 내놓았고 2,075달러에 낙찰되었다. 본회의장 근처에 앉아 있던 민주당 찰스 슈머, 해리 리드, 다이앤 파인 스타인, 에드워드 케네디 의원을 그렸다.

2009년 4월 한국에서는 아이돌 그룹 SS501의 김현중이 유성매직으로 낙서한 가방이 250만 원에 팔리기도 했다. 그는 화려한 모습 안에 힘듦과 고독이 있음을 충혈된 눈을 통해 표현했다고 말했다. 이중섭은 캔버스를 살 돈이 없어 담뱃갑 은종이에 낙서하듯이 그림을 그렸다. 물론 그의 작품은 지금 엄청난 호가를 기록하고 있다. 박재동 화백은 '찌라시' 홍보지에 그림을 그렸고, 뉴욕 플러싱 코리아 빌리지에서 전시회를 열기도 했다.

가치를 인정받는 낙서와 시설물 훼손 _____

낙서의 대상이 되는 곳은 허용이 되지 않는 경우가 많다. 그래서 오히려 개인적인 쾌감과 사회·문화적, 나아가 경제적 가치를 낳는지 모른다. 다만 그것은 국민경제학의 일부를 양도하는 것일 수도 있다.

이탈리아에서는 도시의 문화재에 쓰인 낙서나 훼손 때문에 1년에 400억 원 정도를 쓴다고 한다. 청소년들이 낙서를 하나의 통과의례처럼 여기고 있다. 싱가포르에서는 이런 낙서 행위를 공공시설물 손괴죄를 적용해 처벌하고 있다. 최대 8대의 태형과 3년 이하의 징역, 2,000싱가포르달러(약 176만 원)의 벌금형에 처하고 있다. 실제로 스위스 태생의 한 남성은 취리히, 아르가우, 슈비츠 등 스위스 동부 지역에서 활동하다가 점차 반경을 넓혀 싱가포르에 진출했다. 이유는 바로 도시 환경과 미관 보호 규정이 가장 엄격한 나라가 싱가포르이기 때문이었다. 이러한 엄격성은 오히려 낙서를 충동하는 요인이 되

는 것이다. 그는 지하철 2대의 객차 벽면에 낙서화를 그리다가 체포
되어 징역 7개월에 태형 3대를 선고받았다.

우리나라에서도 마찬가지다. 2010년 10월 31일 서울 을지로 일대
에 붙어 있던 G20 포스터에 쥐 그림이 낙서화되었다. 포스터 22장
에 사전에 준비한 쥐 그림 도안을 대고 스프레이로 쥐 그림을 그렸
던 것. 박모 씨에게 재판부는 벌금 200만 원을 선고했다. 검찰이 구
형한 징역 10개월에 비하면 양형이 가벼웠다. 헌법상 예술 창작의
자유도 중요하지만 형법상의 금지 행위까지 정당화되는 것은 아니
라고 판시했고, 포스터가 그 재물가치는 적지만 홍보 기능을 훼손
하여 경제적 손실이 발생한 것으로 보았다. 다만 행사를 방해할 목
적이 아니라 의사를 표현한 것이고 해학적 표현으로 해석될 수 있으
며, 행사에 별다른 피해를 주지 않아 벌금형에 처한다고 밝혔다. 후
에 이 쥐 그림 포스터가 경매장에서 어느 정도의 값어치를 갖게 될
지 지켜볼 일이다. 그것은 정치·사회적 분위기에 따라 달라질 수
있다.

낙서는 범법 행위이지만, 이를 긍정의 방향으로 물꼬를 튼 사례도
있다. 포항 항동의 방파제 등대는 낙서 때문에 골머리를 앓았다. 등
대는 국가 주요시설물이기 때문에 낙서로 훼손할 경우 사법처리될
수 있었다. 포항시에서는 여기저기 흩어진 낙서를 모아 관광상품으
로 만들자는 아이디어가 나왔고, 가로 1미터 세로 2미터의 낙서판 8
면을 만들었다. 이 낙서판은 수십만 명이 찾는 지역 명물이 되었다.

욕설이 점철되어 있던 등대는 소망과 사랑, 염원, 그리고 감사가 담긴 낙서로 가득 찼다. 2009년에는 반응에 힘입어 LED 전광판으로 낙서와 사연을 소개했다. 아쉽게도 2011년 정부의 절전운동 때문에 중단되었다.

일부 국가에서는 아예 어린이들에게 스프레이를 팔지 못하도록 했다. 기업은 재빨리 지워지는 스프레이를 선보였다. 지워야 한다고 생각이 들면, 언제든 따뜻한 비눗물로 지울 수 있게 만들었다.

낙서가 경제적 가치를 갖는 것은 스토리와 캐릭터 덕이다. 정작 당사자들은 유명할 수도 있고 평범할 수도 있다. 바스키아 같은 인물은 이민자의 자녀, 인종차별, 고교 중퇴, 주류에 대한 저항, 그리고 유명세 뒤 27세에 요절이라는 극적인 인생 스토리가 낙서를 더 가치 있게 만들었다. 단지 유명인이 낙서를 했기 때문에 가치를 지닌 것이 아니라 우리의 보편적인 삶을 담아내는 스토리가 더 큰 경제적 가치를 만들어낸 것이다. 이는 커트 코베인이나 데미안 허스트의 예에서도 확인할 수 있다. 고흐가 그렇게 엄청난 선호도를 보이는 것은 그의 극적이고 파란만장한 인생 스토리 때문이다. 거간꾼들의 장난질에 휘둘리지 않으면 말이다.

경제적 가치를 위해 수단화하면 오히려 해가 될 수도 있다. 2005년 뉴욕, 로스앤젤레스, 시카고, 마이애미 등 미국 주요 도시에 소니 게임기를 들고 있는 사람 낙서, 즉 그라피티가 등장했다. 여러 도시에 등장한 그 양식이 너무 같아서 의심을 받는데 결국 소니가 거리 예술가를 고용한 것으로 밝혀졌다. 여론의 뭇매를 맞았다. 그보다 몇 년 전인 2001년에 IBM이 그라피티 게릴라 홍보를 했다가 12만 달러에 이르는 벌금과 청소비용을 낸 적이 있다.

깨진 유리창 이론 _____

사소한 낙서를 위대한 가치로 만드는 것은 한 시대의 정서를 대변하는 시대정신일 것이다. 그럼에도 낙서는 현실적으로 천덕꾸러기다. 그 안에 작품의 가치가 없다면 더욱 그럴 것이다.

골목의 한 건물 유리창 한쪽이 깨졌다. 주인은 그 유리창을 보수하지 않고 그대로 두었다. 그러자 다시 유리창 하나가 더 깨졌다. 그리고 곧 유리창은 더 깨졌다. 사람들은 유리창을 깼을 뿐만 아니라 그곳에 낙서를 하고 쓰레기도 버리기 시작했다. 심지어 그곳에 방뇨를 하기 시작했다.

처음에는 유리창 하나만 깨졌지만 점차 그곳은 사회적 일탈 행동을 해도 되는 도시의 공간이 되었다. 1982년 제임스 윌슨(James Q. Wilson)과 조지 켈링(George L. Kelling)이 이러한 현상에 '깨진 유리창(broken windows) 이론'이라는 이름을 붙였다. 이론은 실제 반복적 효과를 이루어내야 성립한다. 그럼, 실제로도 효과가 있을 것인가. 테스트가 필요했다.

1980년대 초반만 해도 뉴욕의 지하철은 범죄의 공간이었다. 아무리 경찰력을 동원하고 통제력을 가해도 뉴욕지하철의 불명예는 씻을 수가 없었다. 뉴욕지하철의 컨설턴트로 고용된 조지 켈링이 뉴욕지하철에 권고한 것은 무엇이었을까. 그것은 놀랍게도 청소였다. 1984년부터 1990년까지 뉴욕지하철은 청소를 열심히 했는데 그 일차적인 대상은 바로 낙서였다. 낙서를 지우고 청결한 환경을 만들자 점차 범죄가 줄어들기 시작했다. 노상방뇨를 하지 않았고 노숙자도 없어지기 시작했으며, 무임승차도 줄어들기 시작했다. 나중에는 강도와 절도, 성범죄도 사라지기 시작했다.

이렇게 효과를 보면서 1990년, 조지 켈링은 뉴욕 시 대중경찰국 윌리엄 브레튼의 자문관이 되어 단순히 지하철이 아니라 뉴욕 시 전체의 대중교통 공간에 이러한 조치를 취하게 된다. 이것이 다시 효과를 보면서 1993년 줄리아니 뉴욕 시장과 뉴욕경찰국의 하워드 사피르는 깨진 유리창 이론을 확장한 제로 관용 정책을 뉴욕 시 전반에 확장시켜 실행했다. 결과적으로 뉴욕 시의 범죄는 10년 동안 계속 하강곡선을 그렸다. 미국의 뉴멕시코 주와 매사추세츠 주뿐만 아니라 네덜란드에서도 비슷한 사례가 있었다.

이런 깨진 유리창을 두고 논란이 많은 것은 사실이다. 《괴짜경제학》의 스티븐 레빗(Steven Levitt)은 뉴욕의 범죄율 감소는 낙태의 허용으로 미혼모 자녀가 줄어들었기 때문이라고 분석하기도 했다. 하지만 초반부에 지하철 공간의 범죄 감소는 분명 깨진 유리창 이론의 설득력을 높여주었고, 이는 아직도 유효하다.

뉴욕지하철로 돌아가서 낙서를 생각해보자. 이 낙서는 단순한 낙서가 아니다. 낙서에는 그라피티라는 그림 예술도 포함되어 있다. 뉴욕에 이렇게 그림낙서가 많은 이유는 바로 미국의 자유주의와 연결되어 있다. 시민이라면 누구에게나 표현의 자유가 있고 나아가 예술 창작의 다양성도 보장해주어야 한다. 낙서는 바로 이러한 차원에서 보장될 수 있을 것이다.

그러나 공공공간에서 이러한 논리들은 전혀 다른 사회과학적 결과를 낳게 되었다. 시민의 표현과 창작의 자유를 매개하는 낙서와 그라피티들이 범죄를 방조하는 환경을 조성하는 데 일조하게 되었던 것이다.

사람은 자신의 행동을 실행할 때 주변을 탐색하고 다른 사람의 행동을 주의 깊게 고려한다. 자신의 내적 규범과 외적 규범을 일치시키려 한다. 이때 사람들은 어떤 실마리 또는 신호(signal)를 찾는다. 예컨대 사람들은 쓰레기가 떨어져 있고, 그것이 치워지지 않는 지저분한 환경이면 일탈 행동을 해도 괜찮다고 여긴다. 창문이 깨어져 있으면 방치된 공간이라고 생각한다. 따라서 사소한 깨진 창문 하나가 사람들의 사회적 일탈을 부추기게 된다. 뉴욕지하철도 마찬가지다. 낙서들을 방치했고, 그랬기에 종국에는 일탈 공간이라는 신호가 되었다. 그러나 지하철은 시민들이 누구나 이용하는 공공의 공간이었다.

이는 물리적 공간에만 해당하는 것이 아니다. 인터넷은 자유의 공간이다. 하지만 자유에는 책임도 따른다. 표현의 자유에는 그에 따른 부작용(side effect)도 생각해야 한다. 각 개인의 의사표현의 자유가 사회과학적 메커니즘과 결합하여 전혀 다른 결과를 낳을 수도 있기 때문이다. 사이버 공간에서도 깨진 유리창 이론은 충분히 적용될 수 있다.

홈피에 나체 사진을 올려도 될까? _____

이러한 경과들을 살펴본 이유는 나체 사진 논란 때문이다. 몇 년 전 방송통신심의위원회의 한 위원이 나체 사진 삭제 결정에 항의해 자신의 홈피에 해당 사진을 올렸다. 이 사안은 법리적 측면과 창작의 자유라는 측면의 프레임에 갇혀 있을 뿐 사회과학적 메커니즘은 도외시한 전형적인 사례다.

나체 사진을 인터넷에 올리는 것이 표현의 자유 혹은 예술의 자유 차원에서 허용되어야 한다고 말할 수는 있다. 이러한 논지를 지지하면 진보적이고 반대하면 보수적이라고도 말한다. 하지만 그 이전에 인터넷은 많은 사람이 함께 사용하는 공공의 공간이라는 점을 생각해야 한다.

얼핏 인터넷 공간에 자신들의 나체 사진을 마음대로 올리는 것은 문제가 될 수 없어 보인다. 더구나 자신의 홈피나 블로그, 페이스북, 트위터에 올리는 것이 뭐 대수란 말인가. 하지만 아무리 자신의 인터넷 공간이라지만 그것은 여러 사람이 쓰는 공론의 공간에 존재한다. 자신의 건물이나 자동차의 유리가 깨어져 있건 낙서를 마구 해놓았건 상관이 없어 보인다. 하지만 현실의 결과는 그렇지 않았다. 자신의 블로그에 나체 사진을 올리는 것이 과연 음란함을 유도하는 것인가는 다른 문제다.

인류 보편적으로 많은 문화권에서는 나체 사진이 사회적 일탈을 상징하는 사회적 시그널이다. 다만 예술적 인정을 통해 그것을 품격 있게 필터링하려 할 뿐이다. 그것은 제도와 권위를 통해 한정된다. 그것을 통과한 것들이 바로 한 논객이 제시한 작품들이다. 또한 시간이 지나면 그러한 작품들은 당연히 예술품 반열에 올라간다.

그 심의위원은 나체가 그려진 회화 작품을 예로 들면서 인터넷 공간의 나체 사진도 허용되어야 한다고 주장했다. 하지만 그 작품들은 이미 유명한 사람들의 작품일 뿐만 아니라 회화적으로도 예술품이라고 평가된 작품들이다. 더구나 그 작품들은 실제 모습을 찍은 사진이 아니다. 만약 지하철 공간에 그러한 나체 회화들을 걸어놓는다면 문제가 생기지 않을 것이다.

문제는 사소한 것들의 방치가 주는 사회 네트워크상의 신호적 의미다. 지하철 공간에 나체 사진을 붙이고 나체 그림을 그려놓는다면 깨진 창문이 된다. 개방된 인터넷 공간은 사적인 공간이 아니다. 자신의 비밀 공간, 특정 사람들의 공유공간에 한정하는 것과는 다른 문제다.

특정 공간이 아니고 공개된 공공의 공간에 자신의 나체 혹은 사람들의 나체를 마음대로 올려놓는다는 것은 전체적으로 볼 때 이후에

탈규범의 방치에 따른 일탈의 공간임을 선포하는 것과 같다. 규범은 실질적인 효과 이전에 상징적인 효과가 크다. 따라서 해당 위원이 제기한, 나체 사진이 성적인 욕망을 일으키느냐 하는 관점은 매우 지엽적이고 단선적인 판단 기준이다.

88만 원이 문제?
언제나 88만 원 받는 게 문제

《역사 속에 사라진 직업들》에서 미하엘라 비저(Michaela Vieser)는 가스등이 발명되기 전에는 극장에서 촛불 관리인이 꼭 필요한 사람이었다고 했다. 촛불을 켜야 배우들의 얼굴을 볼 수 있었기 때문이다. 빈의 궁정극장에는 객석에 300개, 무대에 무려 500개의 촛불을 놓아야 했다. 그러나 이 직업은 일찌감치 사라졌다. 우리나라의 직업사를 다룬 이승원의 《사라진 직업의 역사》를 보면 전화교환수, 변사, 기생, 전기수, 유모, 인력거꾼, 여차장, 물장수, 약장수 등은 한때 최고의 직업이었지만 사라졌다고 적었다.

한국고용정보원이 내놓은 지난 2004년부터 2012년까지 산업별 직업 직무 조사 결과를 보면 브라운관 봉입원과 전자총 조립원, 비디오 조립원 등 30여 개의 직업이 소멸됐다. 첨단 제품으로 대체되거나 자동화·기계화되어서다. 유리 진공병을 대신한 스테인리스 보온병은 보온병 도금원과 진공병 양면 부착원 등을 사라지게 했다. 전화통신망과 인터넷망이 전신타자기를 대체해 전보 송수신원과 전보시설 운용원이 없어졌다. 컴퓨터는 인기 직종이던 타자수를 사라지게 했고, 컴퓨터 조판의 등장으로 활판인쇄기 조작원, 주조기 조작원 등이 설 자리를 잃었다. 가스와 전기는 성냥을 만드는 사람들을 급격하게 줄였다. 이 외에 목관악기 제작원, 교련 교사 등을 볼 수 없게 되었다. 미래에 없어질 직업으로는 교수·교사, 가정부, 인쇄업, 주식 거래 중개인 등이 꼽히기도 한다.

그럼 새롭게 부각되는 직업은 무엇일까. 흔히 새로운 직업 하면 정보화·디지털 분야의 직업을 꼽는다. 관건은 기술이다. 스마트폰 때문에 앱 개발자, 증강현실 엔지니어, 스마트폰 액세서리 개발자 등이 새롭게 등장했다. 신생 에너지와 관련해 태양광 발전 연구원, 전기자동차 충전 시스템 기술자, 탄소배출권 거래 중개인 등도 꼽힌다.

운송장비 제조업에서는 전기자전거 기술자, 전기자전거 정비원, 전기자전거 조립원 등의 직업이 새롭게 등장했다. 모바일 홈네트워크나 로봇 도우미, 사이버 신문·잡지, 전자상거래, 온라인 원격 강의 관련 직업도 유망하게 점쳐지고 있다.

선박 및 보트 건조업에서는 블라스팅 로봇 조작원과 선박용접 로봇 조작원이 새로 생겼다. 그리고 항공기·우주선 및 부품제조업에서는 우주센터 발사 지휘통제원, 발사체 기술연구원, 발사체 추진기관 연구원, 발사체 추진기관 시험원, 터보펌프 시험원 등의 5개 직업이 생겼다.

철도차량 제조업에서는 고속철도차량 설계원, 고속철도차량 대차입원, 고속철도차량 유지보수원, 고속철도차량 성능시험원 등이 등장했다. 활판인쇄에서 디지털인쇄로 바뀌면서 디지털 제판원, 스템퍼 제작원, 광디스크 프레싱원, 광디스크 인쇄원이 등장했다.

평판관리 전문가는 온라인상의 개인평판을 관리하고, 인터넷에 떠도는 나쁜 평판을 복구·관리한다. 세상을 떠난 사람이 디지털 공간에 남긴 흔적들을 정리해주는 사이버언더테이커(cyberundertaker, 디지털 장의사), 이혼에 필요한 각종 일과 법적 절차를 관리·설계하는 이혼플래너도 있다. 냄새 판정사는 냄새로 공장 및 사업소에서 유해 물질 여부 등을 측정하는 일을 한다. 미국에서만 8만 명이 활동하는 수의 테크니션은 수의사의 동물 치료나 수술을 보조한다.

불확실성의 시대를 대비하는 자세 _____

세계 석학들은 지금 아이들이 갖게 될 직업의 60%는 미래에 새로 만들어질 것들이며, 2030년까지 현재 직업의 50%가 없어지리라 예측한다. 많은 직업 관련 기관이나 전문가들이 미래의 유망한 직업을 전망한다. 하지만 각광받는 직업은 물론 유망한 직종은 언제든지 없어질 수 있다. 그만큼 현대 사회는 역동적이고 변화무쌍하다. 불확실성과 변동성이 높으며, 이는 더욱 가속화될 것으로 보인다.

특히 새로운 기술의 등장에 따라 새 직종들이 이전의 직업을 밀어내고 있다. 기술의 발달을 정확하게 예측할 수 없는 상황에서 어떻게 미래를 대비할 수 있을까? 기술이 인간의 일자리를 없애는 것만은 아니다. 고용과 취업을 지향하는 이들은 언제나 기술에 대한 '적응성'을 갖추고 있어야 한다. 새로운 기술이 나타날 때마다 적절히 습득하고 활용할 수 있는 역량을 축적해야 한다.

평균 수명의 증가와 사회의 불확실성으로 한 가지 직종에 종사할 수 없기에 무엇보다 진로 상담이나 설계에 대한 개념과 인식이 전환되어야 한다. 그동안 진로 교육이나 상담은 주로 유망 직업에 초점을 맞추었다. 그래서 진로상담사나 진학 담당 교사는 점쟁이가 되어야 했다. 정확하게 유망한 직업을 예측해야 했기 때문이다. 이런 점 때문에 유망 직종에 대한 예측이 관심을 모았고 해마다 유망 직종이 발표된다. 하지만 그것이 정확하게 맞아떨어져 직접 실현된 적은 별로 없다. 여전히 많은 이들이 공무원이나 의사, 변호사 등에 몰린다.

이제 직업을 중심으로 한 진로 설계보다는 '일'이나 '경험 축적'의 '워킹 매니지먼트'로 바뀌어야 한다. 100세 시대에 공무원이나 의사, 변호사는 그 직종에만 머물러 활동할 수 없게 되었다. 다양한 역량을 지녀야 살아남을 수 있게 되었다. 의사는 의료를 바탕으로 의료장비 선택이나 의료강연, 커뮤니케이션 능력 등 다양한 역량을 갖춰야 한다. 그것은 변호사도 마찬가지다. 안전하게 수입을 보장해주는 시대는 갔기 때문이다.

'분석 역량'의 연구원이 기자를 하며, 이후 교수나 방송인, 컨설턴트, 유명 강연자로 활동할 수 있다. 인터넷의 발달로 방송이 예전만 못하지만 앞으로도 방송의 제작원리에는 큰 변화가 없을 것이다. 방송의 프로세스나 제작원리를 아는 이들은 어느 분야에서도 역량을 발휘할 수 있다. 출판이 사양산업이라 해도 기획·편집 역량이면 앱이나 인터넷 포털 서비스 기획자로 옮길 수 있다. 고정된 직업 하나로 자신을 유지하는 행태는 사라지고, 대신 자신의 경험과 역량을 중심으로 직업이 다양화될 것이다. 중요한 점은 진정 자신이 하고자 하는 일이 무엇인가다.

이에 관한 역량을 기술 매개로 구축한다면 그와 파생된 '일'은 평생 찾아온다. 젊은 시절 한때의 노력으로 평생 잘 먹고 잘 사는 사회는 사라지고 있다. 이는 의사, 변호사, 회계사 등에서 확인할 수 있다. 한의원의 경우 가장 우수한 인재들이 안정된 삶을 꿈꾸었지만, 다른 의료기술의 발달 등으로 역량이 뒤처짐에 따라 고전하고 있다.

불확실성의 시대에 중요한 것은 출신이나 학벌, 학위가 아니라 실무 경력이다. 88만 원을 받는 것이 문제가 아니라 언제나 88만 원을 받는 것이 문제다. '관리된' 경력과 역량으로 점차 프로페셔널로 활동할 수 있는 시스템이 사회적으로 갖추어져야 한다. 1만 시간의 법칙이 지배하는 시대가 도래하고 있다. 이는 10년 정도 하나의 일 또는 역량에 집중할 때, 개인의 입지가 확고해지는 시대다. 누구나 경력을 쌓으면 좋은 자리에 갈 수 있는 무한도전의 사회가 선진국 사회다. 특정인들을 위해 진입장벽을 구축하는 것은 개인이나 조직, 나아가 국가적으로도 손해다.

무엇보다 기술에 대한 적응성과 활용성 지능이 높은 사람만이 불확실성의 다변화 흐름 속에서 유망한 직종을 알아보는 서핑을 할 수 있다. 이는 사업을 하거나 비즈니스를 하는 기업가, 리더들에게 더욱 필요한 자질과 역량이다. 그것은 인간을 더욱 풍요롭게 만드는 엠테크(이모션테크놀로지)나 감성공학을 말하는 것이지 인간을 종속화하거나 소외시키는 기술이 아니다. 이를 분별하는 역량과 감수성이 필요하다.

아이돌 팬클럽의
쌀 화환

　요즘 팬클럽 문화 트렌드 가운데 하나는 쌀 화환이다. 스타들에게 보내던 축하의 꽃을 쌀로 바꿔 보내는 것이다. 이는 단지 연예인들에게만 한정되는 것은 아니고 사회·문화적으로 파급되고 있어 오랜 화환 문화를 대체할 수 있을지 주목되고 있다. 사회·문화적인 인식을 바꾸는 것도 중요하지만, 쌀 화환이 지닌 사회적 가치를 더 실질성 있게 만들 필요성도 부각되고 있다.

　화환이 가진 문제점을 극복하기 위해 만든 쌀 화환은 나름 그 사회적 가치를 가지고 있다. 기존의 쌀 화환은 큰 비용이 들지만, 곧 쓰레기가 된다. 이는 개인적인 낭비이기도 하지만 사회 차원에서도 소모적이다. 꽃을 쌀로 대체하면 그 쌀을 음식으로 사용할 수 있다. 또한 그 쌀을 혼자 먹는 것이 아니라 나눌 수도 있다. 배우 현빈의 전역을 축하하는 팬들의 쌀 화환은 4.5톤에 이르렀고 이를 모두 사회단체에 기부했다. 쌀 4.5톤은 결식아동 3만 6,000명이 먹을 수 있는 양이라는 추정도 있었다.

이런 쌀 화환은 무엇보다 쌀을 생산하는 사람들을 도울 수 있어 사회적 가치를 배가시킨다. 이미 600톤의 쌀이 이런 팬들의 쌀 화환으로 모였다. 중요한 것은 이런 스타나 팬들의 쌀 화환 기부가 일반인들에게도 영향을 주고 있다는 점이다. 기념식이나 결혼식장 등에 쌀화환이 등장하고 있는 것이다.

그런데 이 화환도 하나의 획일화를 낳고 있다. 이른바 소외 계층에게 쌀만 필요한 것은 아니라는 점이다. 또한 농민에게 얼마나 도움이 될지 알 수가 없다. 오히려 농촌을 활용하여 너무 손쉽게 생색을내는 거 아닌가 의구심이 들기도 한다. 개인적으로야 시중에 있는쌀을 구매하는 선에 머물겠지만, 팬클럽 차원이라면 다른 모색이 필요할 수 있다. 지금 쌀은 대개 영농법인 등을 통해 생산된다. 한 개인이 쌀을 생산 판매하는 모델은 이미 깨졌다.

무엇보다 농민이 아니라 농업인들에 더 우선하는 것이다. 2AM의팬들은 계란 화환을 보낸 적이 있다. 계란 농가를 돕는다는 차원이다. 그러나 작은 계란 농가는 없다. 대형 양계 경영인을 도운 것이다. 농촌은 균일하지 않다. 계급적·계층적으로 편차가 있다. 오랫동안 수많은 정부의 정책 자금이 농촌의 상위 몇 퍼센트에게 흘러들어가는 현실도 간과되기 쉽다.

농민에도 빈민, 서민이 있고 부유한 농민, 지주도 있다. 불우한 농민의 생산물을 주목해야 한다. 그냥 돈을 퍼주는 방식의 복지는 한계가 많기 때문에 농업생산물은 의미를 가진다. 농촌 인구는 급속하게 노령화되었고 농촌에서는 재배할 작물이 없어 생계가 막막한 처지의 농민도 많다. 고구마 몇 킬로그램이라도 판다면 농촌의 노령 농민들에겐 도움이 된다. 결국 농산물을 사는 것은 농촌 지역의 불우한 농민들에게 경제복지 차원에서 도움을 주는 것이다.

노동을 연결하는 약간의 가공업은 필요하다. 목화는 이제 농촌에서 거의 사라졌다. 만약 농촌의 목화를 사서 팬클럽의 이름으로 솜옷을 만들어주면 어떨까. 그것은 농산물 자체만이 아니라 가공 제조업의 연결을 의미한다. 특정 지역을 지정하거나 자매결연을 맺을 수도 있다.

쌀 화환 자체에 대한 비난은 적절하지 않을 것이다. 다만 자칫 쌀 화환으로 생색을 내지만 정작 농민이라는 상징 기호만 추구하는 선에 머물고 말 수도 있다는 것이다. 비교우위 관점에서 이미 한국 농업은 세계적인 경쟁력을 갖고 있지 못하다. 하지만 농촌에 살고 있는 노령의 농민들은 먹고살아야 한다. 그들이 생산한 농수산물을 구매하는 것이 도시의 불우한 이들만 생각하는 도시 중심의 사고에서 벗어나는 것이며, 퍼주기나 무료의 복지 개념과 다르다. 이 점을 시작하는 것은 사회기부를 내실 있게 만드는 하나의 방편이다.

대중 스타의 팬클럽이 화환을 대신해서 쌀을 사는 것은 참으로 진일보한 일이다. 그런데 세상에는 옳은 일을 하지만, 그 상징 효과만 취하는 경우가 많다. 사실 귀찮기도 하고 그 안의 자세한 사정을 다 살필 수가 없으니 이를 꼭 뭐라고 비판할 계제는 아닐 것이다. 하지만 적어도 진정으로 자신들이 누군가에게 큰 기여를 하고 있다고 과시하거나 크게 홍보하는 것은 자제할 필요가 있을 것이다. 이미 쌀을 사주는 것은 그 진정성보다는 다른 의도가 더 도드라져 보이는 상황에 이르렀다. 누군가의 행위를 흉내 내는 것에 머물 때 그 진의조차도 오해를 받는 것이 사회적 메커니즘이라는 사실을 간과할 수는 없을 것이다.

택시 승차 거부,
숨겨진 이유 하나

연말이면 직장인들은 택시 잡기 전쟁에 대한 두려움을 갖는다. 연말 늦게 끝난 회식 탓에 다른 교통 수단은 끊기기 쉽고 택시를 이용해야 하는 상황이 빈번하지만, 정작 택시 잡기는 만만치 않다. 흔히 승객은 이를 승차 거부라는 단어로 규정한다.

그렇다면 택시 기사들은 왜 승차 거부를 하는 것일까. 승차 거부는 과태료 부과 대상임에도 좀처럼 근절되지 않는다. 연말이면 '승차 거부'보다는 '승차 기피'가 증가한다. 승차 거부는 특정한 목적지를 댔는데도, 그 행선지에 가지 않는 것을 말하며 승차 기피는 아예 손님 옆으로 차를 대지 않고 지나쳐버리는 것이다. 연말이면 이렇게 손님 자체를 꺼리는 현상이 벌어진다.

이에 대해서 교대시간이 가깝거나 일찍 귀가하는 택시들 때문에 벌어지는 현상이라는 설명이 있다. 하지만 이는 연말에만 그렇게 되는 이유를 설명할 수 없다. 돈을 많이 벌기 위해서 이 같은 행위들을 하는 것으로 생각하기 쉽다. 그래서 '따블'이나 '따따블'을 외치기도 한다. 그럼에도 많은 택시가 그냥 지나친다. 왜 그들은 그냥 지나치는 것일까?

흔히 승차 기피를 판단할 때 택시 기사들의 행태적 이유에 대해서만 분석하는 경향이 있다. 이는 택시 기사들의 관점을 배격한 것이다. 택시 기사보다는 승객이 더 많은 상황에서 각 언론매체는 택시 기사의 관점이 아니라 승객 입장에서 기술하거나 분석한다. 물론 승객의 항변은 맞을 수 있지만 택시 기사들이 바라보는 승객의 모습을 생각하지 않는 경향이 있다.

각 개인이 자기의 이익을 추구하는 것이 시장경제인데 택시 기사도 그렇지만 승객도 마찬가지다. 전부 그렇다고는 볼 수 없지만, 연말 택시를 잡기 힘든 상황은 승객이 초래하기도 한다. 대개 회식은 술집과 같은 유흥가들이 밀집한 지역에서 이루어진다.

회식은 비단 밥만을 먹는 것이 아니라 술을 함께 곁들이게 마련이다. 그래서 회식에 참여한 사람들은 대체로 취객이다. 연말은 한 해를 마무리하기 때문에 술자리는 더욱 짙어진다. 대체로 비슷한 시간에 취객이 한꺼번에 거리로 쏟아져 나온다. 대중교통 수단이 모두 끊기는 시간에 택시를 잡기 때문이다. 여기서 승객을 돌아볼 필요가 있다.

일단 취객은 정상적인 판단을 하지 못한다. 몸 상태가 정상이 아니기 때문에 택시 기사에게 여러 곤혹스러운 상황을 안겨주는 경우가 많다. 술 냄새를 진하게 풍기는 것뿐만 아니라 행선지를 똑바로 대지 못해서 헤매게 한다. 또한 심한 경우에는 토하기도 하고 주정을 부려서 괴롭히기도 한다. 택시에서 잠들어 내리지 않는 경우도 발생한다. 여기에 앞서 택시를 잡지 못한 것에 대해 화풀이를 하는 경우도 있다.

시간을 다투는 영업 행위를 해야 하는 기사 입장에서는 술을 먹지 않은 손님을 태우는 것이 매우 효과적이다. 그렇다고 해서 취객이 그 영업 손실에 대해서 보상을 해주는 것도 아니기 때문에 자구책을 마련해야 한다. 승차 기피는 바로 택시 기사들의 자위책인 셈이다.

오히려 택시 기사들의 시각에서 연말은 취객을 태우지 않기 위한 전쟁이 벌어진다. 대체로 유흥가가 밀집해 있는 지역에서 많은 택시가 취객을 피해서 다닌다. 많은 취객이 모여 있는 경우에는 더욱 기피 대상이 된다. 이는 남녀를 불문한다. 요즘은 여성들도 음주에 대한 금기가 없어졌기 때문이다.

일부 기사들은 취하지 않은 손님을 골라 태우기도 한다. 이런 때 현명한 방법은 유흥가의 대로변에서 택시를 잡지 않는 것이다. 하지만 이미 노련한 택시 기사들은 취객인지 아닌지 간파해낸다. 이렇듯 교통이 편하다는 이유로 번화가에서 회식을 진행하지만, 결국 밤늦은 시각에는 택시 잡기 가장 불편한 곳이 되어버린다.

연말 송년회를 이런 술자리 회식으로 치러낼수록 귀가하는 길이 힘들어질 수밖에 없다. 근원적인 해법은 이런 식의 회식을 줄이는 것이다. 아직도 부어라 마셔라 하는 음주 문화가 한국을 지배하고 있는 게 사실이다. 더구나 회식 장소는 천편일률적이다. 회식 문화는 다양성을 잃었고 좀처럼 회복될 줄 모른다.

요즘에 유행하고 있는 문화 송년회는 이런 근원적인 고민과 불안에서 탈출할 수 있게 해줄 것이다. 공연장이나 연주회, 영화관을 찾는 것은 문화 송년회의 큰 특징이기도 하다. 송년회 장소를 유흥가 인근에 정하는 것도 귀갓길을 어렵게 만드는 요인 중 하나인데, 문화 송년회는 다양한 공간으로 사람들을 분산시킨다. 안전한 귀갓길에 더 접근하기 쉬워진다.

밸런타인데이
초콜릿

　2008년 7월, 멕시코만 베라크루스 지역의 미나티틀란 지역 발굴 현장에서 용기가 하나 발견되었는데 그 안에 초콜릿이 있었다. 이 용기의 탄소연대를 측정했더니 기원전 1750년이었다. 인류가 초콜릿을 사용한 것은 꽤 오래되었다. 초콜릿이 유럽에 전해진 것은 바로 이 멕시코를 점령한 스페인에 의해서였다.

　초콜릿이 선호되는 이유는 300가지의 화학물질 가운데 우선 페닐에틸아민(phenylethylamine)이라는 물질 때문이다. 이 물질은 보통 사랑의 감정을 느낄 때 분비된다. 100그램의 초콜릿 속에 약 50~100밀리그램이 담겨 있다고 한다. 이 물질이 사람의 몸에 들어가면 혈당과 혈압이 상승한다. 체내 환각제인 도파민을 분비시키기도 한다. 사랑하는 감정을 느낄 때 분비되는 마약 성분인 암페타민 (amphetamine)과도 비슷하다. 또한 초콜릿 안에는 카페인(caffeine) 과 테오브로민(theobromine)도 있다. 초콜릿에는 약 100그램당 약 20~100밀리그램의 카페인이 있다. 초콜릿 섭취 시 카페인의 각성 작용 때문에 잠이 달아날 수 있다. 테오브로민은 심장 박동 촉진, 혈관 확장, 이뇨작용, 근육 이완 등을 한다.

고대에는 이 초콜릿이 최음제로 여겨져 여성에게는 금지된 식품이었다. 현대에서는 암 예방이나 심혈관계 질환을 예방하고 기분 전환을 시켜주며 심지어 피부 보호에도 도움이 되는 것으로 알려졌다.

그러나 초콜릿을 먹으면 살찔 염려가 있어 꺼리는 경향도 있다. 한편으로는 초콜릿 안에 식욕 억제제도 들어 있다고 한다. 폴리페놀이 지방 흡수를 막아주고 테오브로민은 뇌의 식욕 억제를 촉진한다는 것이다. 그래서 초콜릿 다이어트를 시도하는 여성들도 있다. 이러한 맥락에서는 모순이 느껴진다. 비만과 다이어트가 공존하고 있으니 말이다.

여기에 허구와 진실이 있다. 시중에 판매되고 있는 일반 초콜릿 제품에서 카카오의 함량은 대개 20%를 넘지 않는다. 나머지는 대부분 설탕과 인공감미료, 인공 유화제 등이 범벅되어 있다. 심한 경우에는 무늬만 초콜릿인 경우도 많다. 사실상 초콜릿 맛 설탕과자인 예가 많은 것이다.

본래 카카오 성분만으로 만든 초콜릿은 비만과는 관련이 없는 셈이다. 이 때문에 공장에서 찍어내듯이 만든 초콜릿이 아니라 직접 만든 수제 초콜릿이 인기를 끌고 있다. 공정무역을 통한 착한 초콜릿도 판매 영역을 넓혀가고 있다. 일반 수제 초콜릿보다 공정무역의 착한 초콜릿이 더 비싼 가격에 팔린다.

초콜릿 전문매장의 경우, 1년 동안의 매출액 가운데 상당량이 밸런타인데이 즈음에 형성된다. 그런데 점차 수제 초콜릿과 같이 비싼 초콜릿을 상대방에게 주어야 한다는 심리적 압박감이 형성되고 있다. 일반 초콜릿은 여러 문제를 안고 있으니 말이다.

친환경 유기농 제품이 그 안의 콘텐츠와 관계없이 식료품 가격의 전반적인 앙등을 불러왔듯이 초콜릿도 그러한 지경에 이를 가능성이 커졌다. 보통 주고받던 초콜릿 제품은 이제 상대방을 전혀 배려하지 않거나 중요하게 생각하지 않는 상징이 되고 있는 것이다. 이런 현상들은 수제 초콜릿을 구입하기에 경제적 여력이 부족한 이들에게는 상당한 부담이 된다. 한편으로는 상대적 박탈감을 줄 수도 있다. 더구나 직접 초콜릿을 만들어주어야 한다는 부담감도 생기고 있다.

그동안 밸런타인데이에 대한 찬반 논란이 뜨거웠다. 초콜릿 대신에 다른 물품을 주거나 없애자는 논의도 상당했다. 하지만 밸런타인데이는 없어지지 않았고 하나의 문화적 현상으로 자리 잡기에 이르렀다. 그 안에 초콜릿이 여전히 자리 잡았다. 밸런타인데이를 부정하고 거부하기보다는 그것을 문화적 이벤트로 현명하게 활용하는 일이 더 필요한 시점이다.

선물은 상징이다. 밸런타인데이의 초콜릿도 상징이다. 밸런타인데이의 초콜릿은 사랑과 감사를 생각하는 문화적 상징으로 받아들여져야 한다. 내실화와 충실함을 생각한다면 갈수록 비싸지는 초콜릿은 더욱 많은 사람을 경제적으로나 심리적으로 힘들게 할 것이다.

수제 초콜릿이나 공정무역 초콜릿이 직접 자기 손으로 재배한 것이라면 달라질 수 있을 것이지만, 실질적으로 모두 시장의 메커니즘 안에 있음은 다를 바 없다. 아무리 값싼 초콜릿이라도 하나의 관심과 배려, 마음이 담겨 있는 표식이라면 그것으로 족할 것이다. 더 나아가 그것을 표식으로 삼을지 말지는 각자가 선택할 문제다.

∴ 5장 ∴

정치와 제도

거기
빨간 옷 입은 분!

흔히들 도시인은 비정하다고 생각한다. 그게 맞는 것도 같다. 인간
미가 없고 몰인정해 보인다. 거리에서 어려운 일을 당한 사람이 있
어도 잘 도와주지 않는다. 그냥 자기 일을 보기에 바쁘다. 얼굴엔 표
정이 없고 다른 사람에게 주의를 기울이지도 않는다. 범죄가 일어났
을 때 사람들은 신고를 잘 하지도 않는다. 정말 도시인들은 나쁜 사
람들이기 때문일까?

근래 어린이 성폭행이나 여타 폭행치사 사건에서 제노비스 신드
롬을 읽어내는 매체의 보도가 있었다. 이러한 접근은 결국 시민들의
비정함을 질타하게 마련이다. 영화 〈에코〉에서도 어머니의 허름한
아파트에서 지내던 바비는 도움을 요청하는 여성의 비명소리를 들

게 된다. 아무도 도와주지 않는지 그 비명소리는 매일 계속된다. 이 영화는 '제노비스 신드롬'에서 모티브를 얻었다고 알려져 있다.

제노비스 신드롬이란 범죄 현장을 본 사람들은 많았지만 신고를 하거나 도와주려는 사람이 없는 현상을 말한다. 1964년 제노비스라는 여성이 한 남성 범죄자에게 밤새 여러 차례 칼에 찔려 도움을 요청했지만 그녀를 목격한 38명의 주민 중 아무도 신고를 하지 않았고, 결국 그녀는 숨지고 말았다. 이러한 방관자 현상을 제노비스 신드롬이라고 이르기도 하는 것이다(제노비스 사건은 〈뉴욕타임스〉가 극적인 효과를 위해 시민들이 전혀 신고하지 않은 것으로 보도한 것이 나중에 밝혀졌다. 실제로는 몇몇 시민이 신고하기도 했다. 어쨌든 많은 사람이 목격하게 되면 책임감이 분산된다는 맥락은 여전히 유지된다).

이 같은 사실이 〈뉴욕타임스〉를 통해 알려지면서 미국 사회는 커다란 소용돌이에 휩싸이게 된다. 수십 명의 사람이 공개적인 곳에서 참혹한 광경을 목격했음에도 신고조차 하지 않았기 때문이다. 당연하게도 미국 시민들의 몰인정함에 비판의 초점이 맞추어졌다. 하지만 이러한 현상은 곧 두 심리학자의 연구에 따라 일정한 심리적 법칙의 소산이라는 것이 밝혀졌다.

심리학에 기반한 구조 요청의 원칙 _____

뉴욕대학교의 존 달리(John Darley), 컬럼비아대학교의 빕 라타네(Bibb Latane) 교수는 목격자가 많아질수록 책임감 분산 효과가 일어난다는 사실을 알아냈다. 즉 목격자가 많을수록 자신이 아니어도 다른 사람들이 신고했으리라고 생각한다는 것이다. 사람들은 그 광경을 목격한 사람이 자신이 유일하다고 생각할수록 신고를 더 잘했다. 그들의 실험에서 자신 말고 도와줄 다른 사람이 있다고 할 때 70%의 사람이 도와주지 않았고, 자신 말고 도와줄 사람이 없다고 할 때 85%가 도와주었다.

사람들에게서 방관자 효과가 일어나는 또 다른 이유는 도움이 필요한 상황인지 명확하지 않을 때 일어난다. 여러 실험에 따르면 약하고 병에 걸린 사람이라는 확실한 외관상의 표식이 있으면 사람들은 더 잘 도와주었다. 또한 사람들이 잘 도와주지 않으려는 이유는 자신이 과연 도움이 되는 상황인지 파악하기가 모호하기 때문이었다. 사실 제노비스 신드롬의 진실은 시민들의 몰인정함이 아니라 사회 현상을 지배하고 있는 심리 법칙에 있었다.

이러한 맥락에서 심리학 실험의 결과에 따라 구조 요청의 원칙이 바뀌게 된다. 도움을 요청하는 사람에게도 중요한 지침이 내려진다. 위험한 상황에 빠졌을 때 무턱대고 도와달라고 하는 것보다 특정한 사람을 가리키거나 호명하는 것이다. 가령, 손가락으로 한 사람을 가리키거나 "거기 빨간 옷 입은 분!" 하는 식으로 부르는 것이다.

도움의 내용을 구체적으로 밝히는 것도 중요하다. 신고를 하라거나 직접 자신을 도와달라고 부탁하는 것이다. 사실 이러한 이성적인 요청은 위험에 빠진 이들에게 무리한 것일 수도 있다. 하지만 할 수만 있다면, 무턱대고 다른 사람을 원망하는 것보다는 나을 것이다.

한편으로 도시화가 진전됨에 따른 비극적 원인도 있었다. 도시화의 진전에 따른 익명성은 분산 효과를 더욱 부추긴다. 하지만 이 역시 그것은 도시화 속에 포획되어 있는 인간의 딜레마를 말하는 것이지, 인간성 자체의 타락을 의미하는 것은 아니다. 결국 인간은 환경과 상황에 지배를 받는 것이고, 그것이 결국 인간성이라는 평가적 요소에까지 쉽게 영향을 미치게 된다.

사실 이러한 논의에는 심리학의 치명적인 한계도 있다. 도와줄 사람이 옆에 있을 경우 70%의 사람이 도와주지 않았지만, 나머지 30%의 사람은 도와주었다는 점이다. 물론 실험이 아니라 실제 상황에서는 더 낮은 비율을 보이겠지만, 분명한 건 그러한 사람이 존재한다는 사실이다. 2001년 겨울 일본 지하철 철로에 떨어진 일본인을 구하기 위해 뛰어든 이수현은 바로 30%에 해당하는 사람이었다. 그러나 모든 것을 그 소수의 사람에게 맡길 수는 없다. 소수의 사람이 없다고 해서 그것을 비관적으로만 볼 이유는 없는 것이다.

다만 모든 것의 원인을 인간성이나 비정함에 두는 것은 합리적인 해결 방안을 모색하는 데 도움이 되지 않는다. 근래 일어나고 있는 일련의 불행하고 끔찍한 사건들에서 신고가 제대로 이루어지지 않았다는 이유로 시민들의 인간적 비정함을 공격하는 것은 타당하지 않다. 끊임없이 소수의 사람이 되도록 노력하게 하는 것은 물론이거니와 근본적인 치안대책과 우리 사회의 모순을 해결하기 위해 중지를 모으고 종합적인 제도적 장치를 마련하는 것이 더 급선무일 것이다.

그것을 실현해내는 기초는 현실에 대한 정확한 진단이다. 착한 사람조차 악한 사람이 되고 마는 어떠한 구조나 환경에 대한 진단이 필요하다. 그 상황이나 구조를 해결하기 위한 정책적·제도적 개입인 '넛지(nudge)'가 필요하다는 뜻이다. 리처드 탈러(Richard H. Thaler)와 캐스 선스타인(Cass R. Sunstein)이 저술한 책의 제목이기도 한 넛지는 '사람들의 선택이나 행동을 강압적으로 하지 않고 부드러운 개입을 통하여 해야 한다'는 의미다. 이를 위해서는 그러한 사람들을 리더나 대표자로 잘 선출해야 한다. 감정에 치우쳐서 무조건 구호만을 외치는 리더는 피해야 한다. 사람들의 악성(惡性)만을 집어내 공격하고 이에 대한 반사 효과로 정치적 지위를 가지려는 이들도 경계해야 한다.

세상을 이끌어가는 두 세력, 충동파와 신중파

"당신은 충동적인 사람이야"라거나 "충동적 성격의 소유자는 피해!"라는 말을 종종 듣는다. 충동은 나쁜 것, 억제해야 할 것으로 여긴다는 뜻이다. 그래서 스티브 잡스, 빌 게이츠, 리처드 브랜슨(Richard Branson) 등이 충동 때문에 성공했다는 사실을 접하면 딜레마를 느끼게 된다.

신경경제학의 세계적인 권위자인 그레고리 번스(Gregory Berns) 교수는 스티브 잡스, 놀런 부슈널(Nolan Bushnell), 리처드 파인만(Richard Feynman), 파블로 피카소, 조너스 소크(Jonas Salk)처럼 역사적으로 한 획을 그은 걸출한 인물들의 뇌는 실패에 대한 두려움을 표상하는 편도체를 제압할 만큼 전두엽이 발달해 있다고 했다. 이럴

수록 앞으로 추동해가는 행태가 강하다.

스티브 잡스의 전기 《스티브 잡스》를 집필한 월터 아이작슨(Walter Isaacson)은 스티브 잡스에게는 하나의 철학적 원동력이 있다고 했다. 즉 열정과 맹렬한 추진력이다. 그 덕에 혁신적인 제품들이 나올 수 있었다고 했다. 이는 누구나 동의하는 바다. 하지만 매킨토시 엔지니어들은 진실왜곡장(reality distortion field)을 언급하며 괴로운 심정을 말하기도 했다. 진실왜곡장은 우주에서 빛보다 빠른 속도로 점핑하며 급격하게 공간이동을 할 때 언급되는 개념이다. 즉 무리한 주문을 했기 때문에 곤란한 지경에 빠진 적이 한두 번이 아니었다는 뜻이다. 그들에게 스티브 잡스는 완벽에 대한 저돌적인 충동이 가득한 사람이었다. 때론 그러한 저돌적인 충동에 따른 추진력은 현실과 거리가 멀었고, 그를 독불장군으로 보이게 했다.

한국에서뿐만 아니라 공산당이 집권한 중국에서도 경이적인 판매고를 올리고 있는 책이 바로 《스티브 잡스》로, 잡스 자신이 인정하기도 했다. 그렇다면 스티브 잡스는 과연 진보일까, 보수일까. 처음에는 단순히 독단적인 미국의 기업 자본가에 불과했지만, 이제는 그를 진보와 보수의 관점에서 볼 수 없게 되었다. 그런 면에서 본다면 새로운 프레임이 필요할 것이다.

그런 의미에서 충동이나 모험의 추구에 대한 해석을 바꾸어야 한다. 그것은 낡은 진보와 보수적 관점을 이동시키는 것과 밀접하다. 그러한 점은 아방가르드(avant-garde)나 혁신에 매우 밀접한 단어이며, 진보적인 행태와 맞물려 있기 때문이다. 한국에서 진보와 보수 개념은 완전히 이데올로기적인 이해관계에 따른 것이고, 물적 변화에 대해서는 전혀 도외시하고 있다. 오히려 진보가 보수가 되고 보수가 진보가 될 수도 있다.

처음부터 열정과 충동은 진보와 어울려 보이지 않는다. 개인들의 성공과도 거리가 멀어 보인다. 동양의 선현들에게 충동은 억제와 추방의 대상이었기 때문이다. 하지만 그 때문에 서구에 수백 년을 뒤지게 된 측면이 있다. 하지만 스티브 잡스의 행동들은 아무도 가지 않은 길을 가야 할 때는 열정과 충동이 반드시 필요한 요소임을 알게 한다.

우리는 대안 모색에 이어 의사결정을 신중해야 성공한다는 말에 익숙하다. 스티브 잡스의 주위에 있던 사람들은 그러한 특징을 가지고 있었다. 경쟁사들도 그러했다. 하지만 그들은 결국 새로운 경지를 확실하게 여는 데 실패하고 만다. 충동의 인정과 나름의 가치 발견이 필요하다.

위험 vs. 모험 _____

인간 문명의 발달과 진보는 바로 이러한 충동 때문에 가능했다. 만약 충동이 없었다면 인간은 문명의 진보는 물론 생존도 어려웠으리라고 말한다. 새로운 시도와 혁신은 존재하지 않았을 것이다. 그에 따라 진보와 보수의 낡은 개념은 재구성될 필요가 있다.

유전학과 생물학적 근거를 보아도 충동은 유전자에 이미 포함되어 있고 인간의 매우 중요한 특징이다. 즉 충동은 인간의 유전자에 확고한 근거기반을 가지고 있으며 이는 진화적 힘이다. 리처드 엡스타인(Richard Ebstein)은 충동에 관한 D4 유전자를 '탐색 추구 유전자(the novelty-seeking gene)'라고 했다. 이 유전자는 우연히 돌연변이로 출현해 적응에 성공하여 오늘날까지 지속적으로 세력을 확장하고 있다.

하지만 이러한 유전자를 지니고 있는 사람들이 특이한 것은 아니다. 다수 존재하며, 심지어 전체 인구의 25%는 이러한 유전자 때문에 충동성을 크게 가지고 있다. 이들은 한계를 뛰어넘고 그 노력으로 큰 성공을 이루기도 한다. 이들은 충동으로 성공의 기회를 잡는 것이다.

예컨대, 빌 게이츠가 하버드대학교를 그만둔 것은 주도면밀한 계획에서 이루어진 것이 아니라 충동에서 이루어졌다. 그런데 그것이 성공의 기회를 잡아채는 데 긍정적인 기능을 했다. 스티브 잡스가 대학을 그만두고 청강생 활동을 한 것도 주도면밀한 계획에 따른 것은 아니다.

솔로몬 아시(Solomon Asch)의 실험을 보자. 세 가지 선 중에 어느 것이 가장 길어 보이는가 하는 질문에 나머지 4분의 3은 남에게 동조했지만, 4분의 1은 남의 견해에 따르지 않았다. 즉 다수추종주의와는 관계없이 자신의 의견을 고수했다. 또한 아모스 트버스키

(Amos Tversky)와 대니얼 카너먼(Daniel Kahneman)의 유명한 손실회피 실험에서도 4분의 1은 위험과 손실을 감수했다. 소수의 응집성과 함께 충동적인 사람들은 다른 결정을 하게 된다. 충동의 감정에 몰입하면 위험 경고는 무용지물이다.

모든 충동이 같은 결과를 낳는 것은 아니다. 스콧 딕먼(Scott Dickman) 교수는 실용적(functional) 충동성과 역기능적(dysfunctional) 충동성으로 개념을 구분했다. 즉 유익하고 좋은 결과로 이어지는 충동성과 파괴적이고 부정적인 결과를 일으키는 충동성을 구분하는 것이다. 예컨대, 음주운전을 감행하는 이들은 실용적 충동성이 아니라 역기능적 충동성을 더 갖고 있는 것이다. 여기에서 중요한 것은 충동을 실용적 충동으로 전환시키는 것이다. 빌 게이츠처럼 이원적 사고를 가져야 한다.

자신의 판단이 맞을 수도 있고 틀릴 수도 있다는 겸손한 자세가 필요하다는 것이다. 역기능적 충동이 강한 이들은 지금 가고 있는 길과 방법 외에는 관심이 없다. 즉 맹목적이다. 하지만 스티브 잡스는 그 맹목이 나름의 충동적 확신에 따른 것이기도 했다.

충동의 반대개념도 다시 보아야 한다. '충동적인 사람들'의 반대말은 '신중한 사람들'이라고 해보자. 사람들이 아무리 신중하다고 해도 충동을 갖게 된다. 사람들은 유행에 빠지거나 투기의 군중심리에 휩쓸리는 상황이 있다. 튤립 버블이 대표적이다. 이른바 조건적 충동성(conditional impulsity)이다. 트버스키와 카너먼의 위험회피와 선호의 실험 중 손실이 확연하게 예상되는 상황에서는 신중파와 충동파의 구분 없이 모두 위험 선호적이었다. 즉, 모두 충동성에 휩싸였다.

신중한 사람들에겐 장점이 있다. 무리에서 앞서나가기 위해 서두르지 않는다. 무리와 발맞추어 안전하게 행동한다. 하지만 그러한 안전이 정말 안전한 것인지 의문스러울 때가 있다. 일정한 버블을 만들어낸 사람들은 돈을 많이 벌지만 신중하게 고민하던 이들은 나중에 뛰어들어 전 재산을 날리기도 한다. 후발주자들은 안전 지향형인 경우가 대부분이다.

더구나 이들은 위험 상황을 다루는 데 익숙하지 않기 때문에 그러한 상황에서도 서둘러 빠져나오지 못하고 만다. 신중한 선택을 하는 사람들은 위협에 과잉 반응하게 되고 더 충동적이다. 그간의 신중한 노력을 일거에 날려버린다. 결국 안전파는 위기 상황에서는 충동파보다 더욱 비정상적으로 충동적이다. 더구나 사람은 소유 효과 (endowment effect) 때문에 더더욱 손실에 연연하여 그것을 의식한 비합리적인 충동 행위를 더 많이 하게 된다. 생각하면 할수록, 고민하고 만지작거릴수록 소유 의식이 강해지기 때문이다.

충동과 신중 중에서 어느 것이 더 좋거나 나쁘다는 말이 아니다. 충동과 신중은 각자의 역할이 있다. 이 때문에 사람마다 의사결정 스타일이 다르고, 이는 단순한 성향이 아니라 유전자와 뇌과학적 이론에 근거하기도 한다.

의사결정의 두 가지 스타일 _____

의사결정 스타일은 크게 두 가지다. 이는 진보와 보수의 의사결정을 대변할 수 있고 스티브 잡스와 그 외의 사람들에게 해당하는 유형이기도 하다. 바로 위험관리형과 모험추구형이다. 위험관리형은 4분의 3에 해당한다. 이들은 위험 대비에 만전을 기하면서 대안을 오랜기간 탐색한다. 안정적이고 지속적인 수익을 찾는다. 단기간에 부를 얻을 방법을 타인에게 양보하기도 한다. 실패의 위험을 경계하기 때문이다. 미지의 세계에 몸을 던지지도 않는다. 하지만 지나치게 오래 기다리기 때문에 기회를 자주 잃어버린다. 이 때문에 그동안의 분석과 준비가 물거품이 되는 경우도 종종 있다.

　모험추구형은 소수의 사람에게 나타난다. 그들은 자신감이 넘치고 단호함을 즐긴다. 새로운 방식에 집요한 관심을 갖기에 몽상가라는 평을 받기도 한다. 기회비용을 우선하고 단기적인 수익의 폭발이 장기적으로 손실을 가져온다는 사실에 관심이 없다. 자신의 결정이 타인에게 미칠 영향을 생각하지 못한다. 공감 능력이 부족해 보이고 이기적으로 보인다. 자신의 충동 외에는 관심을 기울이지 못하기 때문이다. 자신의 감정 외에는 다 무시하게 되는 이들이다. 이는 부정적인 충동성이다. 효율적인 모험추구자라면 다른 이들을 배려하는 것이 장기적으로 큰 이득이라는 사실을 알게 된다. 이른바 통찰적 충동의 중요성을 말한다. 바로 실용적 충동으로 전환하는 것이 필요한 대목이다.

중요한 것은 이러한 두 가지 유형 중에 본인이 어느 쪽에 해당하는 가이다. 본인만이 아니라 주변 혹은 조직 구성원이 어느 쪽인가 따져보는 것도 중요한 문제다.

모험추구자들은 신속하게 결정을 내리면서 기회를 포착한다. 이들은 시간에 쫓길 때 더 좋은 선택을 하는 경향이 있다. 순간 몰입도가 강하다. 위험관리형은 반대다. 오히려 결과가 안 좋고, 스트레스로 작용한다. 모험추구자들은 대상을 열정적으로 공략하기 때문에 뜨뜻 미지근한 위험관리자보다는 장점이 있다.

낯선 것을 싫어하는 인간의 뇌 _____

그레고리 번스 교수는 창조적인 사고를 하지 못하는 이유로 우리의 뇌가 익숙한 것을 좋아하고 낯선 것을 싫어하며, 자신의 아이디어가 조롱받을지 모른다는 가능성에 더 무게를 두고, 성공적인 아이디어를 가지고 있음에도 그것을 설득하여 현실화하는 데 주저하기 때문이라고 밝혔다. 이를 잘 추구한 것이 스티브 잡스 같은 맹렬한 열정과 충동력을 가진 모험추구자들이었다.

하지만 모험추구자들에게도 오랜 기간의 경험이나 지식의 축적이 없다면, 실제로 활용하기가 어렵게 된다. 오랜 경험과 지식이 있어야 남의 의견을 경청할 때 충동성에서 오는 오류를 극복하고 선택한 행동의 위험성을 방지·보완할 수 있다. 무엇보다 방향을 설정하고 움직이고, 움직이고 나서도 시시때때로 반성과 성찰을 해야 한다.

위험관리자는 지레짐작으로 공포감이나 두려움에 휩싸이는 경우가 많다. 더구나 긴박한 상황일수록 모험추구적인 사람보다 집중력이 떨어진다. 이 때문에 위기 상황에서 올바른 판단을 하지 못하고 더 충동적이 된다. 무엇보다 자신감을 갖는 것이 올바른 판단으로 적절한 기회를 잡아서 성공하는 지름길이다.

선거에서 중요한 것은
인물이 아니다

　한나 아렌트(Hannah Arendt)는 전체주의의 기원을 끈질기게 추적하여 '예루살렘의 아이히만: 악의 평범성(the banality of evil)에 관한 연구'라는 보고서를 내놓았다. 연구 과정에서 아렌트는 당혹과 어이없음 그리고 분노를 느꼈다. 그녀는 제2차 세계대전 중 수백만의 유대인을 학살한 장본인인 아이히만이 너무나 평범한 사람이라는 점을 털어놓았다.

　그는 명령에 복종하고 성실하게 업무를 수행하는 사람이었다. 아렌트는 그에게 말하기의 무능함, 사유의 무능함, 타인 입장에서 생각하기의 무능함이 있었다고 말했다. 그는 자신이 하는 일이 무엇인지도 모르면서 수많은 사람을 가스실로 가는 기차에 태워 보낼 뿐이었다. 하지만 그가 자신이 하는 일이 무엇인지 정말 몰랐을까?

영화 〈본 레거시〉에서 마르타 셰어링 박사는 살인병기를 만들어내는 프로그램에 대해서 전혀 모른다고 말한다. 단지 자신은 과학자로서 자기 일에 열심이었을 뿐이고, 그 프로그램이 무엇인지 어떤 영향을 낳는지 전혀 몰랐다고 말했다. 이는 과학자의 비도덕적·비윤리적인 행동이 왜 발생하는지 짐작하게 해주는 말이다. 과학은 객관주의에 빠지기 쉽고 과학자도 자신의 연구가 어떻게 활용되는지 무관심할 수 있기 때문이다. 하지만 그녀의 말은 거짓말이었다. 그녀는 자신의 연구가 어떻게 활용될 수 있는지 잘 알고 있었다. 그녀에게는 일이 필요했다. 다만 그 결과에 대해서는 둔감하고 무감각해지기를 바랐는지 모른다.

영화 〈남영동 1985〉에서 고문에 가담한 한 형사는 "이 짓도 못해먹겠다"고 말한다. 그러자 김종태가 다른 일을 찾으면 되지 않느냐고 말한다. 그러나 형사는 "너 같은 고학력은 가능할지 모르지만 나 같은 사람은 어디 갈 데가 없다"고 말한다. 그리고 폭행을 가한다. 한편으로는 미안한 감정을 가지고 있었지만 그는 자신이 몸담고 있는 조직에 순응하여야 생존을 모색할 수 있다고 여겼다.

1961년 예일대학교 심리학과 조교수 스탠리 밀그램(Stanley Milgram)의 권위에 대한 복종 실험은 사람들이 왜 부당한 명령에 복종하는지 잘 알려주고 있다. 1971년 필립 짐바르도(Philip Zimbardo)가 스탠퍼드 감옥 실험으로 확장한 이 실험은 사람들에게 적절한 명분만 주어지면 얼마든지 잔혹한 행동을 할 수 있으며, 나아가 이는 자신들의 통제감을 발휘하는 한에서 유지된다는 것을 말해주었다. 여기에서 중요한 것은 그들의 위치와 주어진 힘이었다.

독일의 사회학자 막스 베버(Max Weber)는 관료제 비판을 통해 사람 자체보다는 제도의 메커니즘을 연구했다. 사람의 악성보다는 제도, 예컨대 관료제와 같은 제도 때문에 악이 발생한다는 것이다. 그는 독일의 나치즘이 저지른 악은 관료제의 폐해에서 비롯된 것이라는 점을 갈파했다. 관료제는 인간적인 면모보다 효율성을 추구하는 데 적합하다. 유대인이 죽건 말건 실적을 올리거나 달성하면 되기 때문이다. 하나의 기계라고 본 이유다.

기반과 제도적 토대를 봐야 한다 _____

인간이 기계의 부속품이 되는 현상은 관료제에서 충분하다. 그런데 여기에는 내적 동인이 빠져 있다. 관료제 안의 사람들은 안정적인 월급, 나아가 승진과 지위를 추구한다는 사실이다. 이를 위해서는 업적 달성이 필요하다. 〈남영동 1985〉의 고문 형사들과 서장이 조작을 일삼은 것도 이 때문이다.

영화 〈26년〉은 '그 사람'에 대한 역사적 사건 피해자들의 사적인 복수를 담고 있다. 여기에서 '사적'은 '사적(私的)'과 '사적(史的)'이라는 중의를 가지고 있다. 영화의 문제의식은 한 개인의 발포 명령으로 이루어졌다는 전제, 또는 적어도 한 사람이 책임을 져야 한다는 논리다. 그러나 '그 사람'이 유지되는 것은 관료제와 같은 제도 혹은 시스템 안에 들어찬 개인들의 동기다. '그 사람'은 경호실장 같은 인물 때문에 계속 존속할 수 있다. 자신의 삶이 옳았음을 증명하기 위해 그 사람을 계속 유지시키는 것이다. 한 사람에 대한 복수가 전적인 대안이 되지 못하고 해결될 수 없는 무엇인가가 존재한다는 것이다.

더 급진적으로 모든 변수를 거세하는 영화도 논란을 일으켰다. 영화 〈돈 크라이 마미〉에는 성폭행을 당한 여고생의 어머니가 미성년 가해자들을 칼로 한 명씩 복수하는 내용이 담겨 있다. 미성년 가해자들의 인간적인 면모나 사회적 상황 등은 배제된다. 오로지 개인의 개인들에 대한 복수만이 존재한다. 미성년 가해자들에 대한 제도적 방책을 모색하는 것은 거의 등장하지 않는다. 절대악의 존재에 초점을 맞추고 모성성의 극한을 개인의 차원에서 적용하고 있다.

이러한 측면은 정치나 정책의 영역에서 빈번하게 노출되는 '대중적 정서'라고 볼 수 있다. 모든 책임을 특정 개인에게만 몰아붙이거나 그 반대인 특정 사람을 부각시키면서 공격이나 복수를 하려 한다. 그 목적은 그에 상응하는 보상이다. 정치적 세력은 한 개인에게 모든 책임을 떠넘기고 자신들은 숨거나 아니면 반사적인 이익을 노리는 경우가 많다. 이러한 점은 대선과 같은 선거전에서 매번 애용되는 것이다. 누군가를 내세우고 뒤에서 자신의 이득을 챙긴다. 그리고 자신들은 그 책임에서 벗어나면서 실익을 누린다.

선택에서 중요한 것은 단순히 개인 차원이 아니라 그 개인이 딛고 있는 기반이자 세력, 그리고 제도적인 토대다. 개인의 인품이나 능력, 생각도 중요하지만 그가 배경으로 하고 있는 혹은 처한 환경, 그리고 그에 따른 동기의 융합이 중요하다. 그것을 보지 않으면 한 개인에 대한 극렬한 지지와 혐오가 교차하면서 '진실'을 외면하게 된다. 그것은 결국 국민과 시민의 삶을 피폐하게 만들 수 있다. 진정 책임을 져야 할 사람은 다 놓치고 말이다.

왜 유능한 소방관은 죽어야 해?

영화 〈타워〉의 투자배급사 CJ엔터테인먼트는 미래의 소방관을 꿈꾸는 어린이들을 위한 소방 체험 교실을 연 적이 있다. 일종의 사회적 기부 차원에서 실시한 것으로 그 사회적 가치는 충분히 있다고 본다. 그런데 중요한 것은 사회적 기부 자체가 아니라 영화가 그려내는 현실이 이런 미래의 꿈나무들에게 미칠 영향이다. 영화 〈타워〉를 보는 어린이들은 자신의 몸을 던져 산화해야 할 것 같다고 느낄 것이다.

이런 말을 했을 때 생각나는 이들은 군인이다. 그들은 자신의 죽음으로 사람들을 살려야 한다. 사실상 소방관들은 군대와 같은 조직에 있지만 이것이 종종 간과된다. 하지만 아무리 그렇다지만 죽음을 강요하거나 당연한 것처럼 극적 미화를 하는 것은 적절하지 않아 보이며, 그것은 알게 모르게 공공의 업무에 종사하는 이들의 희생을 정당화하는 기제를 강화해왔다. 이러한 점은 〈타워〉에서도 마찬가지였다.

〈타워〉에서 소방대장 강영기는 아내에게 마지막 말을 휴대전화로 녹음하고 산화한다. 그는 못난 놈 만나서 고생 많았다고 밝힌다. 그는 본래 쉬는 날이었지만 화재 소식을 듣고 진압 작전에 뛰어든다. 그는 평소 소방 후보생들에게 살아 있는 전설로 불리는 인물이다. 최고의 소방관에게 기다리고 있는 것은 죽음이었다. 돌아오지 않는 그를 찾아 현장에 간 그의 아내는 오열하고 만다. 그가 실존 인물이었다면 남아 있는 아내는 많은 고생을 할 것이다. 소방관을 만나 고생을 한 셈이지만 남편은 영웅이나 전설이라는 말에서 알 수 있듯 불멸성을 갖게 되었다.

드라마 〈시크릿 가든〉에서도 길라임의 아버지는 주원을 구하고 죽는다. 그는 소방관이었다. 만약 아버지의 희생이 없었다면 두 사람의 사랑은 불가능하고 드라마 자체가 성립되지 않았을 것이다. 웬만한 소방관 등장의 영화에서는 소방관이 희생된다. 그것도 능력이 있는 소방관, 가장 훌륭하다는 소방관이 희생된다. 이런 장면들을 자주 접하다 보면 훌륭한 소방관은 죽어야 하는 듯싶다.

죽음으로써가 아니라 살아남아서 지키는 것 _____

사실 소방관은 군인과 다름없다. 오히려 군인보다도 사고를 많이 당하는 공무원이라고 할 수 있다. 군인들이 실제 전투를 수행하는 경우는 많지 않다. 하지만 소방관들은 재난 상황에서 더 전투와 같은 상황을 맞이한다. 군인이 총을 가지고 있다면 소방관들은 소방호스와 소화기를 지니고 있으며, 폭약을 다룬다는 점에서도 군인과 비슷하다. 소방관들은 도시의 일상 속에서 전투를 수행하는 셈이다.

군인은 죽는 존재가 아니라 사는 존재여야 한다. 살아서 다른 이들을 끝까지 지켜줘야 한다. 군인이 민간인을 위해 존재하는 이유다. 최고의 군인은 죽는 이들이 아니라 살아서 많은 이들을 지켜내는 이들이다. 많은 전쟁 영화에서 죽는 군인을 미화하는 것이 적절하지 않은 이유다. 마찬가지로 소방관이 전쟁 같은 상황에 빈번하게 노출된다면 죽음과 같은 희생의 미담 주인공으로 등장해서는 안 된다.

단적으로 말해, 이 영화를 보고 과연 소방관과 결혼하겠다고 할 여성이 얼마나 될까. 이러한 의문이 생기는 이유는 최고의 소방관에 이르게 하는 연출 방식 때문이다. 자신은 영웅이 되지만 아내와 가족을 고생시키는 소방관, 심지어 죽음을 맞는 소방관이라면 선택에서 꺼려진다. 그가 무엇보다 정점에 있기 때문에 더욱 그러하다.

119안전센터에 부임한 신입 소방관 이선우는 훌륭한 소방관을 꿈꾼다. 그 롤모델은 바로 강영기다. 그렇다면 그에게 기다리고 있는 것은 죽음이다. 좋은 소방관, 최고의 소방관에게 기다리고 있는 것이 죽음이라면 얼마나 많은 어린이가 성장해 소방관이 되고 싶어 할까? 아마 점점 포기하는 숫자가 늘어날 것이다.

최고의 소방관은 살아남아야 한다. 그것이 오히려 많은 어린이가 소방관이 되게 한다. 희생과 죽음을 아름답게 포장하는 것은 위선이다. 그 자체는 아름답게 포장될지라도 본인이나 남은 가족에게는 불행이다. 어떻게 해서든 많은 사람을 살리고 본인도 살아남는 방식을 그려야 한다. 최고의 소방관이란 자기의 목숨을 버리거나 포기해야 하는 사람이 아니라 어떻게든 방법을 찾아 자신도 살고 다른 이들도 살리는 사람이다. 그래서 결국 강영기는 훌륭한 소방관이 되어서는 안 된다.

희생을 미화하지 말자 _____

결론적으로 〈타워〉가 불가항력적인 상황을 만들어 최고로 불리는 소방관의 희생을 감동적으로 그려낸 것은 타당하지 않으며, 이는 향후 모든 재난 영화에서 그들의 희생을 미화하거나 영웅화하지 말아야 하는 이유다.

많은 영화에서는 소방관들이 죽어간다. 사실 한 사람의 소방관이 프로가 되려면 많은 시간과 노력도 들어가지만 국가적으로 예산이 엄청나게 투입된다. 어떻게 보면 그들은 혼자만의 몸이 아닌 것이다. 죽고 싶어도 죽을 수 없는 운명에 있는 것이다. 소방관의 희생을 강조하기 위한 사회적 기제의 작동이지만 그것이 당연한 희생을 강요하는 것은 아닌지, 항상 경계가 필요한 대목임에는 분명하다.

어디 소방관만 그럴까. 공공 부문에 있는 모든 이들은 원래 그래야 한다. 쉽게 죽기보다는 끝까지 살아서 더 많은 이들을 구출해야 한다. 물론 구출은 하지 않고 오로지 자기만을 생각한다면 그 소명을 다하지 못하는 일임에는 분명하다.

막후정치의 대가,
그대 여성이로다

진화생물학자들은 본래 인간의 근원은 암수동체였다고 말한다. 진화 과정에서 암수가 분리된 생명체들이 살아남았고, 그것이 인류의 형태로 진화했다고 본다. 이때 남성은 여성을 보호하기 위한 장치나 도구라고 한다.

생물학적으로 수정 후 암컷이었다가 이후 수컷으로 변하는 과정이 이를 말해준다는 과학자도 있다. 여성이 먼저이고 남성이 나중이라는 것이다. 리처드 도킨스(Clinton Richard Dawkins)의 말대로라면 인간 유전자를 안전하게 후대에 남기기 위한 수호 장치로 남성이 나중에 발달한 셈이다.

플라톤은 〈향연〉에서 인간은 스스로 유한하다는 사실을 알기 때문에 불멸성을 꿈꾼다고 한다. 이 불멸성은 대체로 종족의 번식, 즉 자식의 출생과 성장으로 나타난다. 물론 종족이 가장 안전하고 성공적으로 전해지기 위해서는 안정적인 경제적 토대가 확보되어야 한다. 이것이 과거에는 왕권이었다. 적어도 왕권을 확립하면 그 일가친척의 유전자는 안정적으로 물려줄 수 있다. 즉 가문이나 세가로 이어진다. 신라의 경주 김씨나 김해 김씨들은 최고의 권력에 있었을 뿐만 아니라 배후 권력 세력으로 살아남아 대한민국에서 가장 많은 씨족을 가지고 있다.

여성이 불멸을 이뤄가는 방법 _____

이러한 종족의 번식에서 가장 중요한 역할을 하는 것은 여성이다. 매체문화학자 헨리 젠킨스(Henry Jenkins)에 따르면 여성들은 남성다운 여성을 영웅으로 선망하지 않는다고 했다. MBC 드라마 〈선덕여왕〉의 미실처럼 여성성을 유지하면서 막후에서 세상을 지배하는 캐릭터를 여성 영웅으로 떠올릴 수 있는 이유가 된다. 그 막후의 지배자는 왕후, 대비일 것이다. 자식을 통한 불멸성 추구는 남녀 다를 바 없지만 생물심리학적으로 결정적인 차이가 있다. 근본적으로 남성은 자신의 자식인지 알 수 없으나 여성은 자신의 아이를 안다. 당연하게도 자신이 임신하여 출산을 하기 때문이다. 자신의 자식을 낳을 수 없고 자신의 유전자가 계승된 아이를 알 수 없는 남성들의 '근본적인 불안'은 영화와 드라마, 사극에서 단골로 사용되어왔다. 그

근본 불안은 여성에 대한 정절 감식과 제도적 통제, 문화적 억압으로 나타났다.

여성도 자신의 한계를 알기 때문에 불멸성을 꿈꾼다. 그것은 자신의 아이가 왕위에 오르는 것이다. 그 자식은 자신이 못 하는 혹은 꺼려지는 행동들을 일선과 전위에서 헤쳐나갈 수 있다. 남편이 들어주지 않던 것까지도 아들이 들어준다. 다만, 아들을 며느리에게 뺏기지 않아야 한다. 자신이 직접 사람을 살해하지 않아도 그것을 대행해주는 남성성이 필요하고 그것은 여성성의 장점과 매력을 통해 가능한 것이다. 즉 직접 피를 묻히지 않고도 자기 일신의 안녕은 물론 자신의 유전자를 후세대에 남길 수 있다.

여성이야말로 가장 정치에 적합하다. 정치는 칼 없이 상대방을 제압하고 이익을 챙기는 것이다. 전쟁은 남성에게 맞는지 모른다. 직접 무기를 들고 이익을 뺏고 빼앗기기 때문이다. 흔히 여성 정치를 암투라고 한다. 하지만 정치는 전면이 아니라 막후에서 은근히 지배하는 것이다. 애써 앞에 드러날 필요가 없는 것이다. 앞에서 드러나서 하는 것은 위험한 일이다. 비록 명예는 얻을지 모르지만 실속이 없기 쉽다.

생물학적으로 남성보다 더 뛰어난 완력과 운동신경을 가진 여성들이 있다. 하지만 여성성이 가지고 있는 장점이 분명 존재한다고 하면, 단지 남성성과 대응하는 차원에서 리더십이 부각되는 것은 특별한 가치를 지니지 못한다. 남성과 같은 혹은 그 이상의 특징은 애써 여성 리더십이라는 이름으로 불릴 만하지 못하게 된다. 정치적인 차원의 리더십만 강조하는 것은 정치 과잉 의식을 나타내게 된다. 또한 리더십이 정치적 영역에서만 발휘되어야 함을 강조하는 것은 편견을 강화할 수도 있다. 일상생활이 조직의 생활이며 사회와 국가의 운영원리와 연결된다. 따라서 정치적인 거대 담론을 움직이는 리더십은 본질적으로 리얼리티의 커다란 결함을 가지고 있다. 그렇다고 일부러 정치 영역에서 여성을 배제하는 것도 타당하지 않다.

완력이 아니라 부드러움으로 ____

드라마 〈대장금〉의 한 상궁은 장금에게 물을 떠오라고 시켜놓고, 계속 다시 떠오라고 한다. 영문도 모르고 수없이 물을 떠오지만 한 상궁은 아니라고 하며 다시 떠오라고만 한다. 그 이유를 생각하던 장금은 어린 시절 어머니가 비가 오는 때면 물을 끓여주던 것을 기억해낸다. 그래서 이번에는 물을 들고 가지 않고, 한 상궁의 몸 상태를 묻는다. 한 상궁이 목이 아프다고 하자, 소금을 넣은 따뜻한 물을 가지고 온다. 이를 본 한 상궁이 이렇게 말한다. "먹을 사람의 몸 상태와 좋아하고 싫어하는 것, 모든 것을 생각해 음식을 짓는 마음, 그게 요리임을 얘기하고 싶었다."

한 상궁은 무술이나 완력이 강한 것도 아니다. 그렇다고 외향적인 성격도 아니다. 항상 조용하게 말하고 행동한다. 하지만 자신만의 확실한 가치와 세계관을 가지고 실천하며 다른 이들을 목적 달성의 경지로 이끌어간다. 이러한 면이 부드러운 카리스마로, 통상 이야기되는 여성 리더십의 특징이다. 온화하면서도 기품이 있고 상대방을 적극적으로 움직이고 목적을 이루게 하기 때문이다. 이러한 면은 왜 〈천추태후〉나 〈자명고〉보다 〈선덕여왕〉이 인기를 끄는지를 가늠하게 한다.

미실은 아름답고 온화하다. 언제나 웃음을 띠고 부드럽게 말하고 행동한다. 주위의 남성들처럼 무술이나 완력을 쓰지도 않는다. 하지만 언제나 수많은 남성을 움직인다. 이러한 점이 보통 말하는 여성성이라는 것이다. 그것이 남성이 환상으로 만들어낸 것이라는 비판도 있지만, 통상 알고 있는 남성성과는 많이 다른 것임에는 분명하다. 그리고 현실에 존재하지 않는다고 해도 그것이 현실의 남성에게 부족하기 때문에 상상해내는 것이다.

예전 대학가에서는 대동제 고사를 지낼 때 여학생들이 남자 두루마기를 입는 것에 대해서 논란이 일었다. 남성과 동등해져야 한다는 논지에서 두루마기를 입었지만, 다른 쪽에서는 그것이야말로 남성성에 대한 열등감이며 복종이라고 비판했다. 생물학적인 여성성과 남성성은 존재하며, 그것은 중범위에서 유전자와 뇌, 호르몬의 차이로 발생한다. 물론 100%라는 절대적인 기준은 없으며, 대체적인 경향성이다. 이 때문에 많은 이들이 평균적으로 많이 보는 대중문화에서 더욱 강하게 나타난다. 중요한 것은 21세기에 왜 이러한 리더십이 필요한 것인가이다.

앞에서 칼 들고 힘을 쓰는 완력의 리더십이 아니라 감성의 리더십이 중요해졌다는 것이다. 사회는 갈수록 복잡해지고 사람들의 욕구와 이해관계도 세밀화되기 때문이다. 그것은 여성에게만 필요한 것도 아니며 남성과 여성 모두에게 필요한 것이다. 그렇지만 현재로써는 여성이 더 뛰어난 잠재력을 가질 수 있으니, 남성들의 위기는 더욱 크다 하겠다. 그래서 사극에는 남성화된 리더십만 나오는지 모르겠다.

사냥하는 남자, 아이 키우는 여자 _____

진화심리학 관점에서 여성 리더십을 드라마 〈선덕여왕〉의 미실과 덕만이라는 캐릭터를 통해 좀더 살피자. 여성들 가운데는 로봇을 좋아하는 남성을 이해하지 못하는 경향이 있다. 〈로봇 태권브이〉에 열광하거나 예술품을 조립하듯 온 신경을 집중하는 프라모델 조립에서 남성들의 진지한 열정은 우습게 여겨지기도 한다. 영화 선택에서도 남성들은 총이나 칼, 주먹으로 싸우는 걸 선호한다. 그런 면에서 사극은 이전부터 남성의 전유물이었다. 칼싸움이나 주먹싸움이 많기 때문이다. 하지만 요즘 사극, 특히 〈선덕여왕〉은 여성들이 많이 보는 경향이 있다.

그렇다면 왜 여성들은 사극을 보는 것일까. 화려한 복색이나 장신구가 많이 등장하고 멜로 라인이 강화되었기 때문일까? 아니면 여성들이 주인공으로 전면에 등장하기 때문일까? 일종의 여성 리더십이 부각되기 때문일 수도 있겠다. 그런데 이러한 여성 리더십은 〈천추태후〉나 〈자명고〉 등과 비교해볼 때 다른 점이 관찰된다. 특히 미실과 덕만의 지략 싸움에서 드러난다. 사실상 이러한 지략 싸움이 당대의 리얼리티를 반영하는 것으로 볼 수 있다.

진화심리학에서는 남성들이 로봇을 좋아하는 이유를 원시 사냥의 본능에서 찾는다. 남성들은 대개 사냥감을 추적하고 획득하는 것이 주 활동목적이었다. 따라서 어떻게 하면 효율적으로 많은 사냥감을 얻는가에 골몰했다. 이를 위해 더 효과적인 사냥 수단을 만들어내기 시작했다. 인간의 물리적 한계를 잘 알기 때문에 그러한 한계를 보충해주는 도구가 필요했던 것이다. 진화심리학자들에 따르면, 그러한 도구들이 진화한 것이 오늘날 남자들이 좋아하는 자동차와 권총, 그리고 로봇이라는 것이다.

그런데 여성들은 사냥보다는 마을에 남아서 아이를 키우고 다른 사람들과 지내야 했기 때문에 일찍부터 인적 관계에 익숙해야 했다. 따라서 단순 명확한 목표와 그것을 획득하는 단순한 행위보다는 일찍부터 사람 사이의 행동 분석과 심리 파악, 그리고 그에 따른 대응력을 기르는 훈련을 하게 된다. 미묘한 감정의 변화와 표정에 예민하게 반응한다. 물론 뇌과학에서는 이를 뇌 구조의 차이로 분석하기도 한다.

어쨌든 여성들이 남아 있는 공간은 적과 아군의 경계가 모호하다. 때론 그것이 바뀌기도 한다. 따라서 항상 그것을 탐지하고 대응해야 한다. 자신이 살아남기 위해서는 자신의 편을 모아야 한다. 이를 위해서 필요한 것이 말과 대화, 즉 수다인 것이다. 여성들은 끊임없이 말하고 대화하면서 사안에 대한 이야기를 나누고 그것을 통해 적과 아군을 구분하고 자신의 편을 만들어 상대에 대처한다. 진화심리학자들의 말이 맞아서인가. 남성들이 즐겨 보는 콘텐츠에는 적에 대응하는 의리와 정의의 주인공을 다룬 내용이 많지만, 여성들이 즐겨 보는 콘텐츠 중에는 인간관계 사이의 사소한 사안들에 대한 형상화가 많다.

'궁중 암투'라는 말이 있다. 여성들이 정치 배후에서 벌이는 정치적 싸움을 가리킨다. 부정적인 분위기가 묻어 있지만, 이것은 어쩌면 당연한 것인지도 모른다. 부정적으로 볼 필요가 없다는 말이다. 또한 권력에서 밀려난 여성들이나 하는 하찮은 것으로 볼 수도 없다. 고도의 지략과 책략이 필요한 것이기 때문이다. 어쩌면 가장 뛰어난 인류의 정치 게임이기도 하다. 여성들이 남성들을 뒤에서 움직이는 것이 고대 정치의 핵심일 것이다. 남성들은 전쟁 그 자체에 더 쓸모가 있는 기계들이기 때문이다.

드라마를 통해 보는 여성의 리더십 _____

그렇다면 사극에서 여성 리더십의 현실적인 모습은 어떤 것일까. 한동안 여성의 주체적인 리더십을 강조하면서 말을 타고, 무술 하는 여성들이 사극의 전면에 나섰다. 드라마 〈다모〉를 필두로 〈주몽〉의 소서노, 〈자명고〉의 낙랑과 자명공주, 〈천추태후〉의 천추태후를 들수 있다. 하지만 이들은 지략과 책략을 보여주지 못했고, 오히려 사랑 앞에 힘없이 무너지는 캐릭터를 보여주었다.

완력이 뛰어나고 무술은 잘하지만 결국 사고체계의 합리성과 특출난 점은 없었다. 또한 구체적이고 세세한 일상의 관계들을 해결하기보다는 관념적인 명분과 정의에 함몰되었다. 그것은 또 다른 남성의 탄생이거나 남성 콤플렉스의 변형이었고, 그것이 정작 여성들을 위한 비전을 준다고는 생각되지 않았다.

드라마 〈선덕여왕〉에서는 이러한 모습이 퇴조되었다. 음지의 여성 정치가 전면에 등장했다. 일단 한동안 유행했던 말 타고 무술하는 여성들은 자취를 감추었다. 덕만은 사내아이로 변장하여 살지만, 무술을 그렇게 잘하는 것도 남성에 비해 완력이 나은 것도 아니다. 항상 부족하다. 하지만 지혜와 명민함으로 헤쳐나간다.

모든 남성을 휘어잡는 미실은 무술을 전혀 하지 못한다. 좀더 세밀하게 말하면 하지 못하는 것이 아니라 하지 않는다. 그렇게 하지 않아도 다른 이들을 얼마든지 지배할 수 있으며, 자신의 의도에 맞게 통제할 수 있기 때문이다. 미실은 언제나 고고하게 앉아 있거나 조용하게 말할 뿐이다. 얼굴에는 항상 웃음이 끊이지 않고, 화를 내는 경우도 거의 없다. 미실이 강력한 힘을 발휘하며 권력의 정점에 있게 하는 것은 바로 관계 파악과 대응 능력이다. 미실의 공간은 궁의 공간이며, 그 공간은 조밀한 사람 사이의 공간이다. 자칫하면 한 방에 날아간다. 미실은 미세한 표정과 감정의 변화도 어김없이 파악하고 그것을 분석해 대응 방안을 만들어낸다. 그녀는 사람과 사람 사이의 관계를 만들고, 그것을 잘 관리할 줄 안다. 물론 자신의 생존을 위해서다. 살아남으려면, 그렇게 해야 한다. 궁이라는 좁은 공간은 전쟁에 나가서 적만 쳐부수면 되는 곳과 다르다. 겉으로는 모두 같은 편이지만 사실은 그렇지 않다.

전쟁이나 사냥에서는 목표물과 싸워야 할 대상이 명확하다. 하지만 집 안이나 궁에서는 적과 아군이 시시때때로 변화한다. 때로는 적과 아군의 구분이 되지 않는다. 오로지 끊임없는 탐색에 생존의 길이 있고, 그 탐색과 대응 수단 가운데 하나가 대화나 수다다. 미실은 적과도 언제나 웃으며 대화한다. 그리고 그 대화에서 상대를 파악하고, 상대에게 자신의 존재감을 부각하거나 위협을 가하기도 한다. 미묘한 표정과 부드러운 말 한마디로 상대를 무력화하기도 한다. 오히려 덕만과 그의 세력은 대화와 수다에 서툴다.

덕만은 자신이 미실과 같아지기를 바란다. 정말 같아지기를 바라는 것이 아니라 미실을 이기기 위해 인간 사이의 현실적 전략들을 추구하려는 것이다. 미실은 인간 사이의 공간 정치학에서 산전수전 다 겪으며 정점에 이른 최고의 베테랑이다.

미실이 가진 장점은 어쩌면 밖으로만 나다니며 사내같이 산 덕만의 치명적인 약점일 것이다. 외향의 공간에 익숙한 덕만에게 내향의 밀실 공간에서 수십 년 동안 권력자로 살아남은 미실은 거대한 벽일 수밖에 없다. 최소한 덕만이 미실을 이기게 되는 과정에서 진화심리학자들의 지적은 반영해야 할 필요가 있지 않을까 싶다.

여기에서 여성 리더십의 전형을 다시 한 번 생각해봐야 한다. 드라마 〈대장금〉과 마찬가지로 여성 리더십은 복잡한 힘의 관계 속에서 얽힌 인간관계를 얼마나 지혜롭게, 때로는 전략적으로 잘 풀어내는가에 있다. 주체적이고 당당한 여성 리더십은 외향적인 강함에서 나오는 것은 아닐 것이다.

표절 논란에서
흔히 빠지는 핵심은 이것

깔때기 이론이라는 게 있다. 아무리 많은 화제가 오가도 결국에는 하나의 주제로 모이는 것이 깔때기 모양 같다고 해서 만들어진 말이다. 깔때기 이론은 다른 분야에도 적용이 가능하다. 드라마가 다양한 시도를 해도 결국은 출생의 비밀로 모인다. 한국 남자들의 술자리는 이야기를 하다 보면 결국 군대 이야기와 여자 이야기로 모인다. 매체들의 보도는 매우 다양한 점들을 다루어도 연예인이나 문화예술인들에게 모인다. 왜냐하면 그들이 유명한 사람들이기 때문이다. 유명인들을 다루면 아무래도 이목을 집중시킬 수 있기 때문이다.

표절 논란도 마찬가지다. 정치권에서 시작된 논란은 연예인을 거쳐 문화예술 쪽으로 번진다. 창작을 하는 이들이 논문을 표절하다니! 다만 개인만이 학교의 행태와 시스템도 문제라는 점을 생각할 수 있다. 아울러 중요한 것은 학위가 문화예술인들에게 필요한 점인가 하는 점이다.

창조경제 시대에 정작 창작자들이 어떤 위치에 있는지 단적으로 나타낼 수 있는 사안이기 때문이다. 일단 제도적 시스템에서 그림이나 소설 창작으로 열심히 작품 활동을 한 사람도 강단에 서려면 학위가 있어야 한다. 일단 학위가 필요한 것은 자격요건이라서 수긍한다고 해도, 학위를 이론적인 내용의 논문을 통해 받아야 하는지는 생각해봐야 한다. 이런 현상은 창작자는 강단에 서지 못하고 이론을 알고 있는 이들만 강단을 점령하는 사태를 낳는다. 학생들이 배우고 싶은 것은 '창작'인데 강단을 지배하고 있는 이들은 창작과 거리가 먼 이론가들이 차지하는 일들이 벌어진다. 창작의 주체, 예술가들은 정식으로 강단에 서지 못하고 시간 강사로 돌기만 한다.

대학에서 비평가가 득세하는 상황은 수요자인 학생이나 예술 창작자들에게도 바람직하지 않다. 창작자들이 후학을 가르치고자 하면 논문을 써야 한다. 논문이란 이론과 비평이다. 자신의 창작 노하우나 경험, 작품 자체는 배제하고 이론 틀과 분석 방법을 써서 결과를 원하는 방향으로 도출해야 한다. 이 과정에서 표절이 발생한다. 필요 없는 것을 억지로 강제하는 상황도 작용하는 것이다.

선택지는 두 가지다. 억지로 이론을 구성하는가, 아니면 후학을 가르치는 걸 포기하는가이다. 현실적으로 창작자에게 강요되는 학위 논문 그 자체만으로 현실을 다루는 것이 한계다. 잘 이야기되지 않는 문제가 있다. 즉 학위와 논문 표절 논란은 창조성이 뛰어나지만 가난한 예술가들의 생존 및 노후 보장 문제와 결합되어 있다는 것이다. 그런 상황에서 결단을 내려야 하지만 그 상황을 만드는 것은 본인 스스로가 아니라는 점이 포인트일 것이다.

요컨대, 창작자가 강단에 설 때 학위가 꼭 필요한가의 문제제기가 이루어져야 한다. 두 번째는 학위가 필요하다고 해도 논문 제출과 이에 대한 판단이 이루어져야 하는가이다. 반드시 논문이 아니라 다른 결과물일 수 있을 것이다. 자신의 작품에 대한 창작 배경이나 동기, 의도, 기법, 창작 과정, 노하우를 기술하는 것 자체가 학위 논문보다 더 창작적 의미와 가치가 있을 것이다. 창작자들 하나하나는 그 자체로 다른 창작자나 분석가, 후학들에게 존재론적 함의와 실제적 유용성을 주기 때문이다. 논문이 아니라 에세이일 수도 있고 단순한 서류작업일 수도 있다. 일정한 조건만 갖추면 학위가 주어져야 한다. 명예박사 학위처럼 남발만 되지 않도록 제도적 문제를 보완해야 한다. 학위가 없어도 예술가들이 대학에 자리를 잡도록 해야 한다.

단순히 깔때기 이론에 따라 그들의 유명세에 기댄 설왕설래는 현실적으로 누구에게도 이롭지 못할 것이다. 근본적으로 다시 물어야 할 것이다. 미술가, 뮤지컬 배우가 반드시 학위 논문을 써야 하나?

유명인을 향한 표적 사냥, 유명인의 책임인가? _____

이런 유명인들의 표절 논란을 대하면 사회적으로 인지도가 있는 이들에 대한 의도적 표적 검증이라는 지적도 나온다. 무엇보다 단순 기술의 표절과 전체적인 학문적 공헌의 분석이 구분되지 못하기도 한다. 무엇보다 핵심은 그 개인의 행태에도 있지만 그들의 행태를 방조하고 조장한 시스템도 크다. 즉 과연 개인이 모든 책임을 져야만 하는 것인가 하는 점이다. 유명세로 가리는 무엇인가가 있는 셈이다.

우선 표절 논란은 대개 유명한 사람, 사회적으로 인지도가 있는 이들에게 발생하고 있다. 사실 그들이 사회적으로 알려지지 않았다고 한다면 불거지지 않았을 것이다. 이러한 측면은 일견 설득력이 있으면서도 자칫 오류에 빠지게 할 가능성이 있다. 그들이 아무리 유명해도 학생이며, 그 학생에 대한 전반적인 책임은 학과의 지도교수와 심사위원들에게 존재하기 때문이다.

학생이 잘못했다 하더라도 교육기관에서 책임은 분명 담당 교육자들에게 있다. 이러한 측면이 학술지에 실리는 논문과는 좀 다른 점이기도 하다. 학위 논문은 자격을 부여하는 것이기 때문에 더욱 그러하고, 그 자격 부여는 본래 엄정한 절차에 따라 이루어져야 한다.

대학원의 논문은 지도교수의 책임 아래 작성된다. 논문의 콘셉트는 물론 주제, 제목 그리고 연구 방법에 이르기까지 전반적인 책임은 일차적으로 지도교수에게 있다. 하지만 지도교수 개인이 논문을 통과시켜줄 수는 없다. 3명 이상의 교수가 논문 심사를 해야 한다. 학술 논문으로 가치가 있는 것인지 없는 것인지 따져 묻는 자리가 열리게 된다. 여기에서 통과되면 논문 작성이 이루어지고 그 논문에 대해서 다시 인정과 통과 여부를 검토하는 심사가 이루어진다. 만약 이러한 시스템에서도 대규모 표절이 일어난다고 한다면 그것은 누구의 책임이 크다고 할 것인가? 학위 논문을 작성한 개인에게도 있지만 그런 논문을 통과시킨 학과 교수와 심사운영진, 시스템에도 존재하는 것이다. 본래 그것을 걸러내고 방지하기 위해 존재하는 것이기 때문이다.

사실 이렇게 말하면 학과에서는 억울한 측면이 있다. 대학에서 정책적으로 대학원 팽창을 독려하기 때문이다. 수많은 업무가 중첩되는 가운데 일반 대학원보다 특수 대학원에 대한 심사를 부차적으로 생각하는 게 관행이기도 하다. 특히 특수 대학원은 별다른 비용을 들이지 않더라고 큰 수입을 얻을 수 있을 뿐만 아니라 사회적으로 지도층 인사, 유명 인사를 네트워크로 삼을 수 있기 때문에 대중적 이미지 면에서도 큰 효과를 발휘한다. 1석 2조가 아니라 1석 5조 이상이다. 대학원이 학술연구가 아니라 하나의 상징 취득의 공간으로 변해버린 상황에서 벌어지는 일들이다.

하지만 표절 논란의 제기로 이러한 관행에 브레이크가 걸리게 되었고 학술적인 점을 중시하는 대학 구성원들은 환영하기도 한다. 무엇보다 유명인들을 적당히 활용하려던 행태들이 그 개인만이 아니라 학교에도 악영향을 주었다. 자칫 우려되는 것은 유명하기 때문에 표적이 되어 학업을 더 하고 싶어 하는 이들의 의지를 꺾어버리는 일이다. 옥석은 가려져야 한다. 유명세를 이용하는 것이 아니라 도움을 주는 대학원이어야 한다. 유명세를 적당히 이용하려는 측면이 개개인만이 아니라 대학에도 결국 부정적인 결과를 낳기 때문이다. 학생들은 한 학기에 수백만 원, 학위를 받기까지는 수천만 원의 등록금을 낸다. 따라서 좋은 논문을 지도받고 작성해야 할 권리와 의무가 있다. 현업에 있는 이들이 자신들의 실전 경험이나 사례들을 학술적으로 승화시킬 수 있는 여건도 갖추어야 하지만, 그런 측면은 현재로써는 생각할 수 없고 오히려 영합하도록 만들기도 한다.

개인의 도덕성만이 아니라 그들을 오히려 하나의 수단으로 이용하고 표절과 모방을 방조하는 대학 시스템의 개선도 병행되어야 한다. 연구 문화가 표절이 아니라 올바른 방향으로 정착될 수 있도록 우리 모두가 중지를 모아야 할 때이지 특정 개인을 폭로하여 상대적·도덕적 우월감으로 만족하는 것에 그칠 때는 아니다.

핵심은 학술적 기여를 하는가이다 _____

한 가지 덧붙여야 할 것이 있다. 많은 표절 논란에서 핵심이 빗나가는 것이 바로 학술적인 논의다. 처음부터 학계의 권위자들이 이를 제기하는 것이 아니라 비학술적인 단체나 개인이 제기하기 때문에 일어나는 일이다. 그 이유는 대개 정치다. 누군가를 욕보이거나 비난하기 위한 수단으로 논문 표절 문제가 제기된다. 연예인, 정치가 등 유명인들이 표적이 되는 것은 정치적인 의도가 있기 때문이다. 표절이 문제가 되는 건 대체로 사회과학 분야다. 그런데 이 분야에서는 엄밀하게 보면 표절 논의에서 문장이 똑같은 것은 별로 의미가 없다. 대체로 사회과학적인 논문의 경우에는 대부분 자료나 데이터, 이론을 구성하고 가설을 검증하거나 논증하는 방식을 사용하기 때문이다. 소설이나 시와 같은 문학처럼 문장의 유사 여부를 가지고 판단할 수 없는 점들이 많다. 문장의 유사 여부로 표절을 검증하는 것은 별로 가치가 없는 것이다. 핵심적인 아이디어가 무엇이고, 그것이 얼마나 학술적인 기여를 하는가가 중요하다. 거꾸로 만약 문장이 하나도 유사한 것이 없지만 학술적인 기여점이 없다면 그 논문은 가치와 의미가 없는 것이다.

정치적 논의 이전에 학술적 논의가 필요하다. 물론 그 학술적인 논의가 폐쇄적으로 이루어져서는 안 될 것이다. 아울러 정치적인 생색을 위해 학술 논문이 도구화되는 것을 원천적으로 차단하려는 노력이 있어야 한다. 이제 학위는 다른 사람들의 위에 서려는 지위의 도구에서 내려와야 한다. 나아가, 정말 공부할 사람이 학위를 갖고 학술 논문을 써야 한다. 하지만 학술적인 노력을 아무리 열심히 기울여도 표절 논문이 정치적 목적을 달성하기 위한 수단으로 전락하는 한 학술적으로나 정치적인 발전은 난망할 따름이다.